Sören Kierkegaard
Religion der Tat

SEVERUS Verlag

Kierkegaard, Sören: Religion der Tat. Kierkegaards Werk in Auswahl.
Hamburg, 2013
Neuauflage der Ausgabe von 1948
ISBN: 978-3-86347-607-6

Umschlaggestaltung: SEVERUS Verlag

Bibliografische Information der Deutschen Nationalbibliothek: Die
Deutsche Nationalbibliothek verzeichnet diese Publikation in der
Deutschen Nationalbibliografie; detaillierte bibliografische Daten
sind im Internet über https://dnb.de abrufbar.

Der Verlag behält sich das Text- und Data-Mining nach § 44b UrhG
vor, was hiermit Dritten ohne Zustimmung des Verlages untersagt ist.

Der Severus Verlag ist ein Imprint der Bedey & Thoms Media GmbH,
Hermannstal 119k, 22119 Hamburg
E-Mail: kontakt@bedey-media.de

SEVERUS Verlag, 2013
http://www.severus-verlag.de
Gedruckt in Deutschland
Der SEVERUS Verlag übernimmt keine juristische Verantwortung
oder irgendeine Haftung für evtl. fehlerhafte Angaben und deren
Folgen.

Sören Kierkegaard

Religion der Tat
Kierkegaards Werk in Auswahl

Nach einer Bleistiftskizze seines Vetters N. C. Kierkegaard
Kopenhagen, Privatbesitz

SÖREN KIERKEGAARD

RELIGION DER TAT

Sein Werk in Auswahl

―――

Übersetzt und herausgegeben von

Eduard Geismar

Der Übersetzer und Herausgeber, D. Eduard Oswald Geismar, geb. 12.2. 1871 in Randers (Dänemark), war Professor der systematischen Theologie und Religionsphilosophie in Kopenhagen, wo er am 14. 5. 1939 starb

Inhalt

Einleitung des Herausgebers . . . . Seite VII

Die Unzulänglichkeit des Nur-Menschlichen . . .   1
Der höchste Wert — das religiöse Verhältnis . . 91
Das religiöse Leben 151
Wahrheit und Leben müssen sich decken 201
Persönliches 263

Nachweise 275

Einleitung

Es enthält eine ganz eigentümliche Schwierigkeit, eine kurze Einleitung zu einer Kierkegaardauswahl zu schreiben. Wenn man in einer solchen Einleitung einen Grundriß von Kierkegaards Gedanken geben wollte, so würde man völlig gegen den Geist Sören Kierkegaards handeln; denn nichts war ihm mehr zuwider, als wenn Menschen Gedanken nachsprachen, ohne daß sie zugleich Ausdruck ihres persönlichen Handelns waren. Nur das Eigene, Ursprüngliche hat nach ihm Wert. Diese Grundanschauung, die aus dem ganzen vierten Teil dieses Buches hervorgeht, hat sogar bewirkt, daß Kierkegaard seine bekanntesten Bücher pseudonym schrieb, nicht damit niemand seinen Namen kenne — denn alle kannten ihn —, sondern um damit zu bezeichnen, daß die in diesen Büchern dargestellten Gedanken nicht direkt seine eignen seien: er hatte sich in Lebensweisen, die der seinigen ganz entgegengesetzt waren, hineingedichtet, hatte sie ihrem Wesen nach dargestellt. Und indem er so die verschiedenen prinzipiellen Lebensweisen veranschaulicht, überläßt er es den Lesern, die Wahl unter persönlicher Verantwortung zu treffen. Wer das Leben ästhetisch leben will, kann nicht sagen, daß Kierkegaard ihm das empfohlen habe: Kierkegaard hat dies Leben nur anschaulich in einer Person dargestellt. Wer für die Ehe und den bürgerlichen Beruf sich opfern will, auch der kann bei Kierkegaard eine Schilderung dieser Lebensart finden. Kierkegaard selbst aber stand außerhalb dieser beiden Lebensweisen. Sein Wesen war in den religiösen Werten verankert. Im ersten Teil dieses Buches wird man seine Gedanken darüber finden, weshalb er diese andern Lebensformen dargestellt hat: diese Methode war ein Versuch, eine ästhetisch begeisterte Zeit auf das Christentum in seiner wahren Gestalt aufmerksam zu machen; denn das kirchliche Christentum ist nach ihm eine ganz verweltlichte Verfälschung des neutestamentlichen Christentums. Doch sagte er zum Anfang auch dies nicht direkt: auch dieses sollte niemand ihm nachsprechen können; denn jede Art von Nachsprechen sei eine Verfälschung der Grundrichtung des Lebens, in dem alles auf Ursprünglichkeit, Tat, Leben ankäme.

Aus dieser Mehrheit dargestellter Lebens-Formen und -Anschauungen ist es zu erklären, daß seine Zeitgenossen ihn eigentlich gar nicht verstanden: sie wußten nicht, in welchem Grade sein ganzes Leben religiös bestimmt war, auch wenn er z. B. begeisternd über die sinnliche Liebe schrieb.

Auf dieser Sachlage beruht es, daß wir in diesem Buch, in dem wir ein Bild von den Gedanken Kierkegaards zu geben versuchen, indem wir ihn selbst sprechen lassen, diese pseudonymen Schriften nicht so viel benutzen konnten, wie sie verdienen; denn sie enthalten nicht seine eignen Gedanken, jedenfalls kann man nicht ohne genauere Untersuchung voraussetzen, daß er persönlich für das einsteht, was die Pseudonymen sagen. Hätte unsre Aufgabe die Frage nicht so gestellt: was sagt Kierkegaard?, so hätten wir viel mehr aus diesen überaus interessanten Darstellungen auswählen können. Doch ist, namentlich im ersten Teil, so viel davon gegeben, daß man eine Vorstellung von ihnen und dadurch die Lust bekommt, sich selbst mit diesen nicht leicht verständlichen Schriften zu beschäftigen.

Es ist ferner durch diese Sachlage bedingt, daß dieser von der Mitwelt unverstandene Mann von dem Witzblatt „Der Corsar" zum Gelächter der ganzen Stadt Kopenhagen gemacht werden konnte, ein Schicksal, das ihn überaus kränkte. Dies geschah im Jahre 1846, als er gerade seine pseudonyme Schriftstellerei vollendet hatte. Von jeher hatte er den „Corsaren" als den Krebsschaden am geistigen Leben Kopenhagens angesehen. Der Ironie des „Corsaren" fehlte gerade die persönliche Überzeugung der Wahrheit, die Kierkegaards Ironie kennzeichnete; seine konservative Natur empörte sich auch gegen die Opposition des „Corsaren" allem Bestehenden gegenüber. Als nun ein Mitarbeiter des „Corsaren", der Literat P. L. Möller, über ein Buch Kierkegaards eine sehr schlechte Kritik schrieb, verlangte Kierkegaard, öffentlich im „Corsaren" gebrandmarkt zu werden. Seinem Wunsche kam man umgehend nach und die Angriffe dauerten ein halbes Jahr hindurch. Dies Geschehnis trug wesentlich dazu bei, aus Kierkegaard den großen Verächter der „Menge" zu machen. Als es geschah, hatte er seine pseudonyme Schriftstellerei vollendet; er blieb in Kopenhagen, um dem Unwetter Trotz zu bieten und wirkte jetzt einige Jahre hindurch als Verfasser christlicher Schriften, die den Zweck hatten, durch die Darstellung der Herrlichkeit der christlichen Ideale die Herzen zu tiefer Demütigung und zu entschlossener Nachfolge Christi zu bewegen. Diese Zeit seines Lebens gab ihm nun die Möglichkeit, direkt das auszusprechen, was ihm das Leben war; und aus diesen Schriften, namentlich dem „Leben und Walten der Liebe" und der langen Beichtrede „Die Reinheit des Herzens" sind viele Bruchstücke hier abgedruckt.

Aber immer mehr wurde er davon innerlich überzeugt, wie morsch das ganze offizielle Christentum der „Christenheit" sei. Seine Schriften bekamen einen ernsteren Klang, ein Gepräge von Gericht, namentlich wo er seinen Grundgedanken geltend machte, daß kein Gedanke Wert habe, der nicht das Leben von Grund aus bestimme; die Bewährung im Leben sei es, worauf alles ankomme. Nur solche im Leben bewährte Christen könnten Wahrheitszeugen sein.

In dieser Zeit (1854) starb der alte Primas der dänischen Kirche, der Bischof Mynster, und in der Gedächtnispredigt nannte Professor Martensen, der sein

Nachfolger wurde, ihn einen Wahrheitszeugen, einen von der heiligen Kette, die von den Tagen der Apostel bis auf unsere Tage sich erstreckt. Das wirkte wie Feuer auf eine Lunte. Für Kierkegaard, nach dessen Meinung nur Märtyrer Wahrheitszeugen im strengen Sinne sein konnten, schien jetzt die Zeit gekommen, seine innerste Meinung auszusprechen, nämlich die, daß der ganzen Kirche der Heroismus fehle, und daß sie ganz verweltlicht sei. Er schrieb sogleich einen sehr scharfen Angriff auf Martensen, den er aber vorläufig liegen ließ und erst beinahe nach einem Jahre veröffentlichte. Damit eröffnete er den Angriff auf die dänische Kirche, der seine letzten Kräfte erschöpfte. Die Dimensionen und die Wucht dieses Angriffes sind derart, daß es ihnen gegenüber eine Frage zweiter Ordnung ist, wie Mynster und Martensen tatsächlich gewesen sind. Der Angriff galt dem gesamten Kirchenwesen überhaupt, über die Jahrhunderte hinweg, und gipfelte in der einen These, daß das neutestamentliche Christentum gar nicht existiere. Namentlich der vorletzte Teil dieses Buches zeigt den Ernst und den bissigen Spott, in dem dieser Angriff geführt wurde. Jetzt erst bekam dieser eigentümliche Mann, der nur von wenigen verstanden worden war, eine Stimme, die im ganzen Lande widerhallte. Jetzt erst sagte er ganz direkt, was durch mehrere Jahre eine ihn qualvoll ängstigende Überzeugung gewesen war.

Dieses sind in aller Kürze die Phasen seiner Schriftstellerei. Sein Leben verfloß, äußerlich betrachtet, sehr ruhig. Einige Male war er in Berlin, sonst kam er nicht über die Grenzen Dänemarks hinaus. Sein ganzes Leben nahm seine Schriftstellerei in Anspruch, die immer den Zweck verfolgte, Ernst und Innerlichkeit in der bestehenden Christenheit zu wecken. Ganz erstaunlich ist es, wie weit dieser intensiv religiös angelegte Geist spannen konnte. Alle Töne spielt sein Instrument, und sein außerordentlicher psychologischer Tiefblick spürt die religiösen Werte ebenso wie die Niederträchtigkeiten des geistigen Lebens auf. Die kommenden Beispiele sind so gewählt, daß sie einen möglichst reichen Eindruck geben können von dieser Vielseitigkeit, die sich bei ihm mit der Grundrichtung auf die Innerlichkeit und mit dem scharf- und tiefsinnigsten Denken verband.

Welche Bedeutung der Angriff des „Corsaren" und die Begebenheiten, die sich an den Tod des Bischofs Mynster anschlossen, für Kierkegaards Wirksamkeit hatten, haben wir besprochen. Ein wirklich tiefes Verständnis seines Wirkens und Wesens müßte zur Voraussetzung haben, daß man auch damit vertraut wäre, wie die wenigen Begebenheiten seiner Jugend seinen Geist geformt haben. Aber dies darzustellen ist mit großen Schwierigkeiten verbunden. Zwar haben wir von seinen frühesten Studentenjahren an Tagebuchaufzeichnungen, von denen auch einige in dieser Anthologie benutzt sind; — durch diese Tagebücher können wir sein ganzes Leben kennen lernen, oft von Tag zu Tag — und doch haben wir keine rechte Klarheit darüber, was ihn im Innersten bewegt hat. Zwei Menschen, und nur diese zwei hatten entscheidende Bedeutung für die Formung seiner Persönlichkeit, sein Vater und seine Verlobte.

Vom Vater hat er die tiefe, krankhafte Schwermut geerbt, die sein „Pfahl im Fleisch" das ganze Leben hindurch war. Sowohl diese Erbschaft wie die Erziehung dieses merkwürdigen Vaters bewirkte, daß er nie Kind gewesen ist. Zudem war er in den letzten Jahren, in denen der Vater lebte, in dessen Geheimnisse, die wir nur teilweise kennen, eingeweiht worden, und auch das hatte ihm die Lebensfreude geraubt. Doch seine Freunde merkten davon nichts, er schien der geistreichste und witzigste unter seinen Genossen. Es ist besonders der Beachtung wert, daß sein Vater, wenn er darauf hinarbeitete, dem Kinde eine tiefernste Auffassung des Christentums beizubringen, namentlich hervorgehoben hatte, daß die Tatsache, daß man Jesus Christus kreuzigte, ein Beweis für die Bosheit der Menschen war, namentlich wenn sie sich zusammenrotteten. Gott und die Welt sind Gegensätze.

Im Alter von 27 Jahren, nach Abschluß seines theologischen Studiums, verlobte er sich mit einem ganz jungen Mädchen, Regine Olsen. Diese Verlobung wurde die große Tragödie seines Lebens. Nach kurzer Zeit sah er ein, daß es eine Sünde war, dieses junge Mädchen an seine Schwermut zu binden, namentlich weil sein Gemüt Geheimnisse barg, die er ihr nicht zu offenbaren wagte. Aber dann war es zu spät; sie liebte ihn mit einer innigen Liebe, und das wurde ihm ein Leiden über alle Maßen. Zuletzt erfand er, um ihr die Liebe zu rauben und sie frei zu machen, die Komödie, daß er ein nichtswürdiger Mensch sei, der nur mit ihr habe spielen wollen. Diese in einem ganz eigentümlichen Sinne unglückliche Liebe erweckte in ihm eine tief innerliche Religiosität und öffnete zur selben Zeit in ihm eine reiche dichterische Quelle, aus welcher er seine Gestalten schöpfte, die in die Werke seiner ersten, pseudonymen Schriftsteller-Epoche übergingen.

Dieses sind die wenigen äußeren Begebenheiten, die entscheidenden Einfluß auf sein Leben und seine Wirksamkeit gewannen. Doch wird das kaum aus dieser kurzen Darstellung wirklich verstanden werden können. Um Kierkegaard im Innersten begreifen zu können, müßte man aber sowohl sein schriftstellerisches Werk nach seinem gedanklichen Gehalt zusammenfassend beschreiben, als auch seinen inneren Wandlungen an Hand der Tagebuchaufzeichnungen nachgehen. Doch auch wer ihn am gründlichsten studiert hat, steht vor Rätseln, die noch niemand lösen konnte.

Schließlich ist aber auch nach Kierkegaards eigener Auffassung Kierkegaard gleichgültig; denn ihn soll man ja nicht nachsprechen. Gerade in dem scharfen Angriff wollte er keine Nachsprecher haben, die quasi Reformatoren sein möchten. Er wollte wahre Religiosität, er wollte Menschen zu religiöser Echtheit und Tiefe wecken, deshalb ist es auch nicht wertvoll im absoluten Sinne, ihn im Tiefsten seines persönlichen Lebens zu verstehen, wenn er nur etwas von der entschlossenen Energie mitteilt. Die Behauptung, daß das Christentum von heute eine Verfälschung sei, klingt ja für uns, die die großen Weltkatastrophen erlebt haben, lange nicht so ungereimt, wie sie den Ohren seiner Zeitgenossen und wie sie der Welt während der optimistischen Kurseligkeit klang. Wir stehen vor einer großen Revisionsarbeit in der Welt des Geistes, wo wir mit der vergangenen Zeit und deren Idealen aufräumen müssen, um unsre eignen Wege zu finden. Ich bin der Überzeugung, daß Kierkegaard gerade zu dieser Arbeit in hohem Grade Anstoß geben kann. Würde diese kleine Sammlung seiner Aussprüche daran mithelfen, dann ist ihr Zweck erfüllt. Ich schließe mit der Hoffnung, daß mancher durch das Lesen dieses Buches die Lust bekommen wird zu der weit schwierigeren, aber auch weit ausgiebigeren Arbeit, Kierkegaards Schriften selbst im Zusammenhang zu studieren.

Kopenhagen, im Winter 1930

Eduard Geismar

DIE UNZULÄNGLICHKEIT DES
NUR-MENSCHLICHEN

Das glaube ich fest: so viel Verworrenes, Böses und Abscheuliches in den Menschen auch wohnen kann, wenn sie zum verantwortungs- und reuelosen „Publikum", zur „Menge" und dergleichen werden, so viel Wahres und Gutes und Liebenswertes ist in ihnen, wenn man erreichen kann, daß sie Einzelne werden. Ach, und wie würden die Menschen nicht — Menschen werden, Menschen, die man lieben müßte, wenn sie Einzelne vor Gott würden.

*

Wenn der Gute klug ist, weiß er, wie die Welt das Gute haben will: unwahr, angenehm gemacht; weiß er, wie die Menge gewonnen werden will, die gefürchtete, die fordert, „daß der Lehrer vor den Zuhörern zittere und ihnen schmeichle": dies alles weiß er — um nicht danach zu handeln, sondern um durch das entgegengesetzte Verhalten womöglich auch die Täuschungen des Scheins zu meiden, damit er weder selbst auf unerlaubte Weise vom Guten Vorteil ernte (Geld, Auszeichnung und Bewunderung sich erwerbe), noch jemanden durch den Anschein betrüge. Lieber wird er möglichst das Gute einer Berührung durch die Menge entziehen, sie zu zerteilen suchen, um den Einzelnen zu finden, oder einen jeden zu einem Einzelnen zu machen. Er wird so denken, wie der gute Weise des Altertums sagt: „Wo die Menschen in großer Menge zusammenkommen, in Volksversammlungen, bei Schauspielen, in Lagern, oder wo sonst eine Zusammenkunft der Menge stattfindet, wo sie mit großem Lärm, was gesagt und getan wird, tadeln, anderes loben, stets mit großem Geschrei, Tumult und Applaus, da, wo sogar die Steine und der Ort, an dem sie versammelt sind, im Getöse mitklingen und verdoppelt den Lärm des Beifalls und des Tadels widerdröhnen: wie sollte da, wie es heißt, das Herz des Jünglings höher schlagen!" Und es ist ja, um das Gute wirklich zu wollen, doch gerade nötig, daß das Herz dem Manne höher schlägt, doch mit der Unverdorbenheit des Jünglings. Und darum wird der Gute, wenn er zugleich der Kluge ist, einsehen, daß, wenn etwas für das Gute getan werden soll, er die Menschen zu Einzelnen zu machen suchen muß. Dieselben Menschen, die als Einzelne jeder für sich das Gute wirklich wollen können, sie sind sofort verdorben, wenn sie sich vereinigen und viele werden; und darum wird der Gute auch nicht eine Menge zu Hilfe rufen, um die Menge in Einzelne zu zerteilen, oder eine Menge hinter sich haben, wenn er die Menge vor sich zerteilt.

*

Es gibt eine Anschauung vom Leben, die meint: wo die Menge ist, sei auch die Wahrheit, der Wahrheit sei es Bedürfnis, die Menge für sich zu haben. Es gibt eine andere Anschauung vom Leben, die meint: überall wo die Menge ist, sei die Unwahrheit, so daß sich — die Sache einen Augenblick auf die Spitze getrieben — wenn auch alle Einzelnen, jeder für sich, die Wahrheit im stillen besäßen, doch sofort die Unwahrheit einstellen würde, wenn sie zur Menge zusammenkämen, so daß die „Menge" irgendwie durch Abstimmung, Geschrei und Lärm e n t s c h e i d e n d e Bedeutung bekäme . .

Sieh, es fand sich kein einzelner Soldat, der Hand an Cajus Marius zu legen wagte[1], das war die Wahrheit.

---

[1] Hier wird auf das Wort angespielt, das der römische Feldherr Cajus Marius einem aufrührerischen Soldaten zurief: Wagst du Hand an Cajus Marius zu legen?

Aber drei oder vier Frauenzimmer, mit dem Bewußtsein oder der Vorstellung, Menge zu sein, mit einer Art Hoffnung, daß vielleicht niemand bestimmt sagen könnte, wer es tat oder wer den Anfang machte, sie hätten den Mut gehabt! Welche Unwahrheit! Die erste Unwahrheit ist die: daß die „Menge" tue, was entweder nur der E i n z e l n e in der Menge tut, oder was j e d e r E i n z e l n e tut. Denn eine Menge ist ein Abstraktum, das keine Hände hat, jeder Einzelne aber hat in der Regel zwei Hände, und wenn dieser Einzelne dann seine beiden Hände an Cajus Marius legt, so sind es die beiden Hände dieses Einzelnen und doch nicht die seines Nachbars, noch weniger die der Menge, die keine Hände hat. Die zweite Unwahrheit ist die: daß die Menge „Mut" dazu habe, da doch selbst der Feigste von allen Einzelnen nie so feige war, wie die Menge immer ist. Denn jeder Einzelne, der in die Menge flüchtet, und also feige dem entgehen will, Einzelner zu sein (der entweder den Mut hat, Hand an Cajus Marius zu legen oder doch den Mut, zu gestehn, daß er den Mut dazu nicht hat), der gibt seine Feigheit als Beitrag zu „der Feigheit", die die „Menge" ist. Nimm nun das Höchste, denke an Christus — und nimm das ganze Menschengeschlecht, alle Menschen, die geboren sind und jemals geboren werden; dennoch ist die Situation der Vereinzelung die: als Einzelner, in einsamer Umgebung mit Christus allein, als Einzelner vor ihn hintreten und ihn anspein, — der Mensch, der den Mut oder die Frechheit dazu hätte, ist nie geboren und wird nie geboren; das ist die Wahrheit. Als sie aber zur Menge wurden, da hatten sie den „Mut" dazu — furchtbare Unwahrheit.

*

Daß das Bestehende etwas Göttliches geworden ist, für das Göttliche gehalten wird, ist eine Fälschung, dadurch zustandegebracht, daß es seine eigne Herkunft ignoriert. Wenn ein Bürgerlicher adlig geworden ist, so macht er gewöhnlich alle möglichen Anstrengungen, seine *vita ante acta* vergessen zu machen. Ebenso das Bestehende. Das Bestehende fing auch mit jener Kollision zwischen dem Einzelnen und einem Bestehenden: fing mit dem Verhältnis des Einzelnen zu Gott an; jetzt aber soll das vergessen, die Brücke abgebrochen, das Bestehende vergöttlicht sein.

Und sonderbar: diese Vergöttlichung des Bestehenden ist eben der beständige Aufstand, der stetige Aufruhr gegen Gott. Er, Gott, will nämlich (und das kann man ihm doch nicht verdenken) mit dabei sein, will die Weltentwicklung ein bißchen mit seiner Hand lenken oder das Menschengeschlecht in Entwicklung halten. Die Vergöttlichung des Bestehenden dagegen ist eine selbstgefällige Erfindung des trägen, weltlichen, menschlichen Gemüts, das sich zur Ruhe setzen will und sich einbildet, nun sei lauter Friede und Sicherheit, jetzt haben wir das Höchste erreicht. Und dann, dann kommt ein Einzelner, ein Peter Naseweis, und bildet sich ein, er sei höher als das Bestehende. Doch nein, es ist nicht sicher, daß er sich's einbildet, es könnte ja sein, daß er die „Bremse" ist, die das Bestehende braucht, um nicht einzuschlafen, oder um nicht, was noch schlimmer ist, in Selbstvergötterung zu fallen. Jeder Mensch soll in Furcht und Zittern leben, und so soll nichts Bestehendes von Furcht und Zittern frei sein. Furcht und Zittern bedeutet, daß man im Werden ist; und jeder einzelne Mensch, das Menschengeschlecht ebenso, ist und soll sich bewußt sein, im Werden zu sein. Und Furcht und Zittern bedeutet, daß ein

Gott da ist, was kein Mensch und kein Bestehendes auch nur für einen Augenblick vergessen darf.

*

In ganz Europa hat man sich mit der Eile wachsender Leidenschaft weltlich in Probleme verirrt, die sich nur göttlich lösen lassen, die nur das Christentum beantworten kann und längst beantwortet hat. Mit dem Einsatz des vierten Stands, d. h. aller Menschen, das Problem der Gleichheit zwischen Mensch und Mensch im Bereich des Weltlichen lösen zu wollen, d. h. in dem Bereich, dessen Wesen Verschiedenheit ist — ja, selbst wenn alles Reisen in Europa aufhörte, weil man im Blute waten müßte, selbst wenn alle Minister vom Nachdenken schlaflos würden und jeden Tag ein paar den Verstand verlören und jeden Tag zehn neue da anfingen, wo die andern aufhörten, die dann auch wieder den Verstand verlören: man käme wesentlich keinen Schritt weiter: dieser Weg ist für ewig versperrt, und die Grenze spottet jeder menschlichen Anstrengung, spottet der Vermessenheit des Zeitlichen gegenüber den hohen, herrlichen Rechten des Ewigen, wenn jenes zeitlich und weltlich das erklären will, was im Zeitlichen ein Rätsel sein soll, und was nur das Ewige erklären kann und will. Das Problem ist religiös...

Um das Ewige wiederzugewinnen, könnten wohl Blutverluste und Bombardements nötig sein, item, daß viele Minister den Verstand verlören.. Wie lange Zeit mit dem rein Konvulsivischen vergehen soll, kann kein Mensch wissen..

Wenn dann das neue Ministerium abgeht oder konvulsivisch verdrängt wird, wird man dann wohl zu der Erkenntnis gekommen sein, daß das Unglück nicht in den

Fehlern und Mängeln einer zufälligen Kombination lag, sondern wesentlich darin, daß etwas ganz anderes notwendig war: Religiosität? Nein, dazu wird man nicht gelangt sein. Gleich wird sich eine neue Kombination melden und ein neues Ministerium angesegelt kommen, das die Relativitäten nur kaleidoskopisch etwas verschiebt und sich nun einbildet, das Gesuchte gefunden zu haben. Und man wird, fast regelmäßig, sagen „ja, nein", wie's das vorige Ministerium wollte, läßt sich's nicht machen, doch wenn man nur richtig rechnet, wird's schon gehn..

Wenn dann das Vorläufige, Konvulsivische durchgemacht ist, wird wohl die Menschheit so durch Leiden und Blutverlust ermattet sein, daß „das mit der Ewigkeit" wenigstens in Betracht käme..

Was wie Politik aussah und sich einbildete es zu sein, wird sich als religiöse Bewegung entpuppen. Um die Ewigkeit zurückzugewinnen, wird wieder Blut gefordert werden, doch von anderer Art; nicht das Blut der zu Tausenden erschlagenen Opfer, nein das wertvollere Blut: das der Einzelnen — der Märtyrer, jener mächtigen Toten, die das vermögen, was kein Lebender, der die Menschen zu Tausenden niederhauen läßt, vermag, was nur die Toten vermögen: eine wütende Menge zum Gehorsam zu zwingen, eben weil diese Menge im Ungehorsam den Märtyrer töten konnte.

Dann werden wie Pilze nach dem Regen dämonisch infizierte Gestalten aufschießen, die sich in ihrer Vermessenheit als „Apostel" betrachten, mit denen sie auf gleicher Stufe zu stehn meinen; einige auch mit der Aufgabe, das Christentum zu vervollkommnen, bald als Religionsstifter sogar, als Erfinder einer neuen Religion, die ganz anders die Zeit und die Welt befriedigen könne als die „Askese" des Christentums. Die Zeit der wissenschaftlichen Angriffe auf das Christentum war schon vor 1848 vorbei; wir hatten es schon mit den Angriffen der Leidenschaftlichen, derer, die Ärgernis genommen hatten, zu tun. Allein die sind nicht die gefährlichsten; das Gefährlichste ist, wenn die Dämonischen selbst „Apostel" werden — wie wenn die Diebe sich für die Polizei ausgeben — selbst Religionsstifter werden, die einen schrecklichen Anschluß in einer Zeit finden werden, die so kritisch wird, daß es, im ewigen Sinne über die Zeit gesagt, ewig wahr ist: Religiosität ist's, was not tut, wahre Religiosität nämlich — während die Zeit im dämonischen Sinne über sich selbst sagt: Religiosität ist's, was uns not tut, — dämonische Religiosität nämlich . . Christliche Pfarrer sind's, was not tut . . Pfarrer, die, im Besitz einer wünschenswerten wissenschaftlichen Bildung, geübt sind — nicht so sehr im wissenschaftlichen Exerzieren eins zwei, als vielmehr in dem Kampf, in dem Geistesgegenwart das Entscheidende ist, in dem Kampf, nicht so sehr gegen wissenschaftliche Angriffe und Fragen, als vielmehr gegen menschliche Leidenschaften; Pfarrer, die die Menge zerteilen und sie zu Einzelnen machen können; Pfarrer, die nicht zu große Ansprüche an das Studieren stellen und nichts weniger wollen als herrschen; Pfarrer, die, womöglich mächtig der Rede, nicht weniger mächtig wären zu schweigen und zu dulden; Pfarrer, die, womöglich Herzenskenner, nicht wenige Enthaltsamkeit gelernt hätten im Urteilen und Verurteilen; Pfarrer, die erst die Kunst der Aufopferung gelehrt hätte, in ihrer Vollmacht zu wirken; Pfarrer, die zum Gehorchen und Leiden vorbereitet, erzogen, gebildet wären, so daß sie mildern, ermahnen, erbauen, rühren könnten und auch zwingen — nicht durch Macht, nichts weniger, sondern durch den eignen Gehorsam zwingen, und vor allem die ganze Unart des Kranken dulden könnten, ohne sich stören zu lassen, so wenig sich der Arzt stören läßt durch das Schimpfen und Strampeln des Patienten während der Operation.

*

Politik ist in die Gestalt der Liebe verkleideter Egoismus . .

Dies ist die furchtbarste Täuschung unserer Zeit, daß Egoismus sich für Liebe ausgibt, so daß die Liebe das Fordernde wird, statt das Gebende zu sein. Liebe ist's, wenn einer sagt: wenn auch die andern den oder jenen Vorzug haben, und ich der einzige bin, der ihn nicht hat, ich freue mich doch, daß die andern ihn haben. Egoismus ist's, zu sagen: wenn ich diesen Vorzug nicht habe, soll ihn auch kein andrer haben . .

Gleichheit unter Menschen, ja die will das Christentum in der Tat! Auf zwei Weisen: entweder so, daß du, falls du den kürzeren gezogen hast, dich geduldig dreinfindest — denn, dann fällt ja der Unterschied wesentlich fort; oder so, daß die Begünstigten gutwillig sich dazu entschließen, einen Teil oder alles aufzugeben. Aber das Christentum will, daß man im Guten auszukommen suche — wie sollten auch die Unterschiede des Erdenlebens dem Christentum so wichtig sein, daß es um ihretwillen Zank und Streit wollte?

*

Staatsmännische Klugheit heißt in den modernen Staaten nicht: wie man sich benehmen soll, um Minister zu sein, sondern: wie man sich benehmen soll, um Minister zu werden.

*

„Der Staat" verhält sich direkt zur Zahl (dem Numerischen); wenn daher ein Staat sich vermindert, kann die Zahl allmählich so klein werden, daß der Staat aufhört; der Begriff ist nicht mehr vorhanden.

Das Christentum verhält sich anders zur Zahl; ein einziger wahrer Christ genügt, um die Existenz des Christentums darzutun.

*

Eine Grabschrift

Die Tagespresse ist das Unheil der Staaten, die „Menge" das Böse in der Welt.   Der Einzelne.

*

Die Geschichte des Menschengeschlechts geht ruhig ihren Gang fort, und in dieser fängt kein Individuum an derselben Stelle an wie ein anderes; dagegen fängt jedes Individuum von vorn an, und im gleichen Augenblick ist es da, wo es in der Geschichte anfangen sollte.

*

Wie überzeugt sich der Einzelne davon, daß er berechtigt ist? Es ist leicht genug, das ganze Dasein auf die Idee des Staates oder eine Gemeinschaftsidee zu nivellieren. Tut man das, so kann man auch leicht genug (mit Hegel) mediieren[1], denn dann kommt man überhaupt nicht zu dem Paradoxon, daß der Einzelne als Einzelner höher steht als das Allgemeine. Wenn man in unsrer Zeit gelegentlich eine Antwort in der Richtung dieses Paradoxons hört, dann lautet sie meist: das muß man nach dem Ergebnis beurteilen. Ein Held, der das Ärgernis seiner Zeit geworden ist, ruft, in dem Bewußtsein, daß er

---

[1] Mediieren heißt, Gegensätze (hier den Staat und den Einzelnen) zu vereinen, indem man beiden nur ein relatives Recht zuerkennt.

ein Paradox ist, das sich nicht verständlich machen kann, der Mitwelt getrost zu; das Ergebnis wird beweisen, daß ich recht hatte. In unsrer Zeit hört man diesen Ruf seltner; da sie keine Helden hervorbringt, hat sie übrigens das Gute, daß sie auch weniger Karikaturen erzeugt. Wenn man also in unsrer Zeit hört: das muß nach dem Ergebnis beurteilt werden, dann ist man sofort darüber klar, mit wem man die Ehre hat. Diejenigen, die so reden, sind eine zahlreiche Sippschaft, die ich mit einem gemeinsamen Namen „die Dozenten" nennen will. Ihrer eignen Meinung nach leben sie in einer Welt harmonischer Ruhe; sie haben eine feste Stellung und sichere Aussichten in einem wohlgeordneten Staat, sie haben Jahrhunderte oder gar Jahrtausende zwischen sich und den Erschütterungen des Daseins, sie haben keine Angst, daß sich so etwas wiederholen könnte; was würden auch Polizei und Zeitungen sagen! Ihre Beschäftigung im Leben ist: die großen Männer zu beurteilen, sie nach dem Ergebnis zu beurteilen. Eine solche Behandlung der Großen verrät eine merkwürdige Mischung von Hochmut und Jämmerlichkeit; Hochmut, weil man sich zum Urteilen berufen fühlt, Jämmerlichkeit, weil man sein Leben nicht im geringsten mit dem der Großen verwandt fühlt. Jeder, der bloß ein bißchen erectoris ingeni[1] ist, und ist nicht ganz und gar zur kalten, feuchten Molluske geworden, kann doch, wenn er sich den Großen nähert, niemals ganz vergessen, daß es seit der Weltschöpfung Schick und Brauch gewesen ist, daß das Ergebnis zuletzt kommt, und daß man, wenn man in Wahrheit etwas von den Großen lernen will, gerade auf den A n f a n g merken muß. Wenn derjenige, der handeln soll,

---

[1] Wacheren Geistes.

Der Einzelne und der Erfolg 13

sich selbst nach dem Ergebnis beurteilen will, wird es ihm nie gelingen, anzufangen. Und selbst, wenn das Ergebnis die ganze Welt erfreuen könnte, — dem Helden kann es nichts helfen; denn das Ergebnis erfuhr er erst, als das Ganze vorbei war, und dadurch wurde er kein Held, sondern er war es, indem er anfing.

*

Zuweilen wählten die Menschen eine andre Art Gewißheit als die der Bekümmernis: sie nannten einzelne Kennzeichen, stellten Bedingungen auf, und mit deren Hilfe waren sie der Seligkeit ebenso gewiß, wie man gewiß ist, daß das da ist, was man in der Hand hält. Sie merkten nicht, daß diese zeitliche Gewißheit grade die Täuschung war, sie merkten nicht, daß sie „die Ewigkeit an einem Spinnfaden aufhingen"; sie merkten nicht, daß sie nur einen gefangenen Vogel in der Hand hatten, einen Vogel, der im Begriff war fortzufliegen. Doch indem sie über der sicheren Gewißheit sich immer mehr die Seligkeit des Himmels verscherzten, gewannen sie — das Recht, ihre Bestimmungen auch für andere gelten zu lassen, das Recht, andere auszuschließen. Laß sie das behalten; in Wahrheit ist es das traurigste Mißverständnis, wenn ein Mensch in dem Eifer, andere auszuschließen, so sicher wird, daß er nicht einmal davon träumt, selbst ausgeschlossen zu sein. Was Wunder denn, daß das Zeitliche wieder zur Geltung kam, daß Haß und Zorn und irdisches Vorziehn und weltliche Rücksichten sich wieder in das Ewige hineindrängten, es mit sich selbst uneins und entzweit zu machen! Wer entsetzt sich nicht über eine solche Verkehrtheit, ich habe immer vergebens versucht, sie zu verstehen.

*

„Die Christenheit" ist eine ungeheure Sinnestäuschung.

Jeder, der mit Ernst und einem Blick, der einigermaßen zu sehen vermag, betrachtet, was man gewöhnlich Christenheit nennt oder den Zustand in einem sogenannten christlichen Lande, muß doch unzweifelhaft sofort tief nachdenklich werden. Welchen Sinn hat es, daß sich all die Tausende und aber Tausende ohne weiteres Christen nennen! Diese vielen, vielen Menschen, von denen die weit überwiegende Mehrzahl, sofern man überhaupt urteilen kann, ihr Leben in ganz andern Bezirken hat — wovon man sich durch die einfachste Beobachtung überzeugen kann: Menschen, die vielleicht nie in die Kirche gehn, niemals an Gott denken, niemals seinen Namen nennen, ausgenommen wenn sie fluchen, Menschen, denen es nie klar wurde, daß ihr Leben Gott verpflichtet sein sollte, Menschen, die entweder auf eine gewisse bürgerliche Unsträflichkeit als Maximum oder auch diese nicht für ganz nötig halten! Doch all diese Menschen, selbst die, die behaupten, daß es keinen Gott gäbe, sind alle Christen, nennen sich Christen, werden vom Staate als Christen anerkannt, werden von der Kirche als Christen begraben, werden als Christen in die Ewigkeit entlassen!..

*

Wenn es wirklich gelingen soll, einen Menschen zu einem bestimmten Ziele hinzuleiten, muß man zunächst darauf achten, daß man ihn da finde, wo er ist, und da anfängt.

Das ist das Geheimnis alles Helfens. Wer das nicht kann, ist in einem Irrtum befangen, wenn er meint, jemandem helfen zu können. Um wirklich jemandem helfen zu können, muß ich mehr verstehn als er — aber

Der Ausgangspunkt alles Helfens

doch zuallererst das verstehn, was er versteht. Tu ich das nicht, dann hilft ihm mein Mehr-Verstehn gar nichts. Will ich trotzdem mein Mehr-Verstehn geltend machen, dann darum, weil ich eitel oder stolz bin, so daß ich im Grunde, statt ihm zu helfen, eigentlich von ihm bewundert werden will. Alle wirkliche Hilfe aber fängt mit einer Demütigung an. Der Helfende muß sich erst unter den, dem er helfen will, demütigen und dabei verstehn, daß Helfen nicht Herrschen ist, sondern Dienen, daß Helfen nicht darin besteht, der Herrschsüchtigste zu sein, sondern darin, der Geduldigste zu sein, daß Helfen in der Bereitwilligkeit besteht, sich vorläufig dreinzufinden, Unrecht zu haben und, was der andere versteht, nicht zu verstehn.

Denke dir einen leidenschaftlich erregten Menschen; nimm an, daß er wirklich Unrecht habe — wenn du es nicht dahin bringst, daß es so aussieht, als ob er es wäre, der dich belehren könnte, und nicht dahin, daß er, nachdem er erst ungeduldig kein Wort von dir hören wollte, jetzt mit Befriedigung einen wohlwollenden und aufmerksamen Zuhörer in dir findet: bringst du es nicht dahin, dann kannst du ihm auch nicht helfen. Denke dir einen Verliebten, der durch seine Liebe unglücklich wurde, nimm an, daß es wirklich unverantwortlich, gottlos, unchristlich ist, wie er sich seiner Leidenschaft überläßt — kannst du es nicht dahin bringen, daß er Erleichterung darin findet, mit dir über seinen Schmerz zu sprechen und du ihm durch eingeworfene Worte eine fast dichterische Auffassung seiner Leiden gibst, du, der du doch nicht von dieser Leidenschaft beherrscht bist und ihn grade von ihr befreien willst — kannst du das nicht, dann kannst du ihm auch nicht helfen; er verschließt sich vor dir, er schließt sich in sein Innerstes ein — und dann kannst du ihm ja Predigten halten. Vielleicht wirst du durch persönlichen Einfluß ihn dazu zwingen können, dir zu gestehen, daß er Unrecht habe. Ach, mein Freund, im nächsten Augenblick stiehlt er sich auf einem anderen, einem heimlichen Wege zum Stelldichein mit der verborgenen Leidenschaft, nach der er sich dann nur noch mehr sehnt, ja ihm ist beinahe angst geworden, daß sie etwas von ihrem verführerischen Feuer verloren habe; denn durch dein Benehmen hast du ihm geholfen, noch einmal verliebt zu werden, nämlich in seine unglückliche Leidenschaft — und dann kannst du ihm ja Predigten halten!

So auch, wenn es gilt, ein Christ zu werden, vorausgesetzt, daß es eine Täuschung ist bei den vielen, die sich in der Christenheit Christen nennen. Verurteile den Zauber des Ästhetischen — gut, es gab Zeiten, wo es dir damit gelungen wäre, die Menschen zu zwingen — ja wozu? Dazu: im stillen mit heimlicher Leidenschaft jenen Zauber noch schwärmerischer zu lieben. Nein, laß es zu Worte kommen, — und du ernster, strenger Mann, denke daran: wenn du dich nicht demütigen kannst, so hast du keinen Ernst — sei du der verwunderte Zuhörer, der dasitzt und anhört, was jenen anderen freut, den es noch mehr freut, daß du so zuhörst. Vergiß aber dabei vor allem eins nicht, deine verborgene Ansicht, daß das Religiöse zur Geltung gebracht werden soll. Oder wenn du das kannst, gut, so stelle das Ästhetische in seinem ganzen Zauber dar, fessele möglichst den anderen, stelle es in d e r Art Pathos da, womit es grade ihn anspricht, ausgelassen für den Ausgelassenen, schwermütig für den Schwermütigen, witzig für den Witzigen usw. — vergiß aber vor allem eins nicht, deine verborgne Absicht, daß das Religiöse zur Geltung gebracht werden soll. Tu es nur, fürchte dich nicht, es zu tun; denn wahrlich, es läßt sich nur tun in viel Furcht und Zittern.

*

Was ist ein Dichter? Ein unglücklicher Mensch, der tiefe Qualen in seinem Herzen verbirgt, dessen Lippen aber so geformt sind, daß sie das qualvolle Seufzen und Schreien seines Herzens in schöne Musik verwandeln. Ihm geht's wie den Unglücklichen, die im Stier des Phalaris [1] durch ein langsames Feuer zu Tode gemartert wurden: ihr Schreien konnte des Tyrannen Ohr nicht erreichen, ihn nicht mit Entsetzen füllen, ihm klang's wie süße Musik. Und die Menschen drängen sich um den Dichter und sagen: „sing doch bald wieder", das heißt: neue Leiden sollen deine Seele martern, die dein Mund stets in Musik verwandelt, denn der Schrei würde uns nur ängstigen, doch die Musik ist lieblich. Und die Kritiker finden sich ein und sagen: das ist richtig, so soll's sein nach den Gesetzen der Ästhetik. Gut, das versteht sich, ein Kritiker gleicht ja auch einem Dichter aufs Haar, nur daß er die Qualen nicht im Herzen hat, die Musik nicht auf den Lippen. Drum will ich lieber Schweinehirt auf Amager [2] sein und von Schweinen verstanden, als Dichter und von Menschen mißverstanden.

*

Ein Dichterleben ist ein Menschenopfer. Ich will darum keineswegs leugnen, daß Dichter gelebt haben, die

[1] Phalaris, Tyrann in Akragas, ließ der Sage nach einen Bronzestier machen, in dessen Inneren er Menschen verbrennen ließ.

[2] Amager ist eine kleine Insel, die durch Brücken mit Kopenhagen verbunden ist, der Gemüsegarten Kopenhagens.

sich selbst schon gewonnen hatten, ehe sie anfingen zu dichten, oder sich durch das Dichten gewannen; doch ist's andrerseits gewiß, daß ein Dichterleben als solches im Dunkel liegt, was darauf beruht, daß eine Verzweiflung nicht zu Ende geführt wird, daß die Seele beständig in Verzweiflung zittert und der Geist seine wahre Verklärung nicht finden kann. Das dichterische Ideal ist immer ein unwahres Ideal; denn das wahre Ideal ist immer das wirkliche. Wenn aber der Geist gehindert wird, sich in die ewige Welt des Geistes aufzuschwingen, dann bleibt er unterwegs und ergötzt sich an den Bildern, die sich in den Wolken spiegeln, und weint über ihre Vergänglichkeit. Ein Dichterleben als solches ist darum ein unglückliches Leben, es steht höher als die Endlichkeit und ist doch nicht die Unendlichkeit. Der Dichter sieht die Ideale, aber er muß der Welt entfliehn, um sich an ihnen zu freuen, er kann diese Götterbilder nicht in sich tragen inmitten der Wirrnis des Lebens, nicht ruhig seinen Gang gehn, unangefochten von der Karikatur rings um ihn, geschweige denn, daß er stark genug ist, sie zu verwirklichen.

*

Die Bewunderung in mir, die Sympathie, die Pietät, das Kind in mir, das Weib in mir, sie forderten mehr, als was der Gedanke geben konnte. Der Gedanke war befriedigt, ruhte froh in seiner Erkenntnis; dann ging ich zu ihm und bat ihn, noch einmal sich in Bewegung zu setzen, das Äußerste zu wagen. Er wußte wohl, daß es vergebens war; doch weil ich mit ihm in gutem Einvernehmen lebe, schlug er mir's doch nicht ab. Er erreichte aber durch diese Bewegung nichts; von mir angespornt ging er immer wieder über sich selbst hinaus und

Das Rätselgespräch der Natur

fiel immer wieder in sich selbst zurück. Er suchte stets festen Fuß zu fassen, es gelang aber nicht, er suchte immer auf den Grund zu kommen, konnte aber weder schwimmen noch waten. Es war ebenso zum Lachen wie zum Weinen; so tat ich beides und war sehr dankbar dafür, daß er mir diesen Dienst nicht verweigert hatte.

*

Wenn der Wandrer von der lärmenden Landstraße in die Stille tritt, dann ist's ihm (denn die Stille ist ergreifend), als müßte er mit sich selbst sprechen, als müßte er sagen, was in der Tiefe seiner Seele verborgen liegt; es ist ihm, nach der Erklärung der Dichter, als wollte sich etwas Unnennbares aus seinem Innersten hervordrängen, jenes Unaussprechliche, für das die Sprache keinen Ausdruck hat; denn auch die S e h n s u c h t ist nicht das Unaussprechliche selbst, sie eilt ihm nur nach. Was die Stille aber bedeutet, was die Landschaft aber mit dieser Stille sagen will, — das ist eben das Unaussprechliche. Denn das Erstaunen der Bäume, wenn wirklich die Bäume erstaunt den Wandrer betrachten, erklärt nichts. Der Widerhall des Waldes erklärt ja, daß die Stimme auf diesem Wege nicht zu einer Erklärung hindurchdringen kann; nein, wie eine uneinnehmbare Festung alle Angriffe des Feindes zurückwirft, so wirft der Widerhall die Stimme zurück, so laut der Wandrer auch ruft. Die Wolken treiben nur nach ihren eignen Gedanken, träumen nur von sich selbst, wenn sie gedankenvoll zu ruhn scheinen und wenn sie ihre wollüstige, leise Bewegung genießen; wenn sie durchsichtig schnell vom Winde getrieben hineilen, und wenn sie sich verdunkelt zum Streite gegen den Wind sammeln: um den Wandrer kümmern sie sich nicht. Und das Meer hat wie der Weise

an sich selbst genug, wenn es wie ein Kind liegt und mit
sich selbst spielt in leisen Kräuselungen, einem Kinde
gleich, das auf dem Munde spielt, oder wenn es im Mittag ruht wie ein halbschlummernder Denker, der seine
Gedanken genießt und sich nach allem umschaut, oder
wenn es nachts tief über sein eignes Wesen brütet; wenn
es sich hinterlistig versteckt, um zu beobachten, und tut,
als ob es nicht da wäre, und wenn es in eigner Leidenschaft wütet; das Meer hat den tiefen Grund, es weiß
wohl, was es weiß (das weiß immer der, der den tiefen
Grund hat), es hat aber keinen Mitwisser. Und das Sternenheer ist wohl eine rätselhaft zusammengestellte
Schrift; es scheint wie eine Verabredung, daß sie sich
so ordnen, doch die Sterne sind so weit entfernt, daß sie
den Wandrer nicht sehn können; nur der Wandrer kann
die Sterne sehn; drum kann keine Verabredung zwischen
ihm und den Sternen sein. So ist die Wehmut der Dichtersehnsucht in einem tiefen Mißverständnis begründet,
weil der Einsame in der Natur überall von einem All
umgeben ist, das ihn nicht versteht, wenn es auch stets
ist, als müßte es zum Verständnis kommen. So ist das
Unaussprechliche wie das Rieseln des Baches: wenn du
in deinen eignen Gedanken gehst, wenn du geschäftig
bist, gehst du vorüber und merkst ihn nicht, erfährst
nicht, daß dies Rieseln da ist; wenn du aber stehn bleibst,
so entdeckst du ihn; und wenn du ihn entdeckt hast,
dann mußt du stille stehn; und wenn du stille stehst,
dann überredet er dich, und wenn er dich überredet hat,
dann mußt du dich horchend über ihn beugen; und wenn
du gebeugt ihm nachhorchst, dann bannt er dich, und
wenn er dich gebannt hat, kannst du dich nicht mehr
losreißen; und wenn du dich nicht mehr losreißen kannst
bist du überwältigt — bezaubert sinkst du an seiner

Seite nieder, jeden Augenblick ist es, als müßte es im nächsten zu einer Erklärung kommen; der Bach aber fährt fort zu rieseln; nur der Wandrer an seiner Seite altert.

*

Gewiß liebt der Dichter die Einsamkeit, er liebt sie — um in der Einsamkeit das vermißte Glück der Liebe und der Freundschaft zu finden, ebenso wie der das Dunkel sucht, der mit stillem Staunen die Sterne betrachten will.

*

Im Menschengewühl wird man nicht schuldig, wenn man unschuldig ist; doch die einsame Stille ist heilig, drum wird alles schuldig, was sie stört, und die keusche Heiligkeit der Stille duldet, gekränkt, keine Entschuldigung; die hilft auch nichts, ebensowenig wie Erklärungen dem gekränkten Schamgefühl. Wie hat es mir weh getan, wenn es mir selbst begegnete, und man dasteht mit einem nagenden Schmerz in der Seele, durch die Schuld beschämt, einen Einsamen gestört zu haben! Vergebens bemüht sich die Reue, das Wesen dieser Schuld zu ergründen; sie ist unsagbar wie das Schweigen.

*

Man sieht die Lebensanschauung (des Genusses) selten in großem Stil durchgeführt, doch sieht man nicht selten Leute, die ein wenig drin pfuschen, und wenn die Bedingungen dann aufhören, meinen sie, wenn die Bedingungen nur in ihrer Macht geblieben wären, sie hätten das Glück und die Freude, die sie im Leben erstrebten, bekommen. Doch trifft man in der Geschichte hier und dort ein Beispiel, und da ich glaube, daß es nützlich sein kann, einzusehen, wohin diese Lebensanschauung führt, gerade wenn alles sie begünstigt, so will ich eine solche Gestalt schildern, und dazu wähle ich jenen allmächtigen Mann, Kaiser Nero, vor dem eine Welt sich beugte, der stets von einer zahllosen Schar dienstwilliger Sendboten der Lust umringt war.

Du äußertest einmal mit gewohnter Dreistigkeit, daß man es Nero nicht verdenken könne, wenn er Rom niederbrannte, um eine Vorstellung vom Brande Trojas zu bekommen, daß es jedoch die Frage wäre, ob er's wirklich mit Kunst zu genießen verstand. Das ist nun eins deiner kaiserlichen Gelüste, niemals einem Gedanken aus dem Wege zu gehen, niemals darüber zu erschrecken. Dazu braucht man keine kaiserliche Garde, kein Gold und Silber, keine Schätze der Welt; damit kann man ganz allein sein und es in der Stille abmachen, es ist klüger, aber nicht weniger entsetzlich. Es war freilich nicht deine Absicht, eine Verteidigung Neros zu führen, und doch liegt eine Art Verteidigung darin, daß man seinen Blick nicht darauf richtet, was er tut, sondern darauf, wie er es tut. Doch weiß ich sehr gut, daß diese Dreistigkeit der Gedanken etwas ist, das man oft bei jungen Menschen findet, die in solchen Augenblicken gleichsam der Welt imponieren wollen und dann leicht in die Versuchung geraten, sich selbst zu überbieten, besonders wenn andre darauf hören.

Ich weiß sehr gut, daß du sowohl als ich und jeder Mensch, ja, daß Nero selber vor einer solchen Zügellosigkeit zurückschaudert, und doch will ich keinem Menschen raten, im strengsten Sinne darauf zu vertrauen, daß er Kraft genug besitzt, kein Nero zu werden. Wenn ich nämlich das meiner Meinung nach Neros Wesen

Kennzeichnende, Konstituierende nenne, dann wird dir der Ausdruck dafür vielleicht allzu milde erscheinen, und doch bin ich wahrlich kein milder Richter, wenn ich auch in einem andern Sinn niemals einen Menschen verurteile. Aber glaube mir nur: der Ausdruck ist nicht zu milde, es ist der wahre; doch kann er zugleich zeigen, wie nah eine solche Verirrung einem Menschen liegen kann, ja man kann sagen, es kommt bei jedem Menschen, der nicht sein ganzes Leben wie ein Kind dahinlebt, ein Augenblick, wo man, wenn auch von ferne, dies Verderben ahnt. Neros Wesen war S c h w e r m u t.

In unsrer Zeit ist es etwas Großes geworden, schwermütig zu sein, daher kann ich gut begreifen, daß du diesen Ausdruck zu milde findest; ich halte mich an eine ältere Kirchenlehre, die die Schwermut zu den Todsünden rechnete. Wenn ich recht habe, wird dies für dich wirklich eine recht unangenehme Mitteilung, denn sie kehrt deine ganze Lebensanschauung von unten nach oben. Vorsichtshalber will ich jedoch gleich hier bemerken, daß ein Mensch Kummer und Sorgen haben kann, ja sie können so unendlich sein, daß sie ihm vielleicht sein ganzes Leben lang folgen, und trotzdem kann dies schön und wahr sein; schwermütig jedoch wird ein Mensch nur durch seine eigene Schuld.

Ich stelle mir also den kaiserlichen Wollüstling vor. Nicht nur wenn er seinen Thron besteigt oder zur Ratsversammlung schreitet, ist er von Liktoren umgeben, sondern hauptsächlich auch wenn er auszieht, seine Lüste zu befriedigen, damit sie ihm den Weg für seinen Räuberzug bahnen. Ich denke ihn mir schon ein wenig älter, seine Jugend ist vorbei, der leichte Sinn von ihm gewichen, und er ist schon mit jeder erdenklichen Lust vertraut, gesättigt. Doch dieses Leben, wie verderbt es auch sei, hat trotzdem seine Seele gereift, und trotz all seines Verständnisses für die Welt, trotz all seiner Erfahrungen ist er doch noch ein Kind oder ein Jüngling. Die Unmittelbarkeit des Geistes kann nicht durchbrechen, und doch fordert sie einen Durchbruch, fordert eine höhere Form des Daseins.

Sollte dieser jedoch geschehen, dann wird der Augenblick kommen, wo der Glanz des Thrones, seine Macht und Gewalt erbleichen, und dazu hat er keinen Mut. Nun greift er nach der Lust, der Scharfsinn der ganzen Welt muß ihm neue Lüste erdenken; denn nur im Augenblick der Lust findet er Ruhe, und wenn er vorbei ist, atmet er nur matt und mühevoll.

Der Geist will beständig durchbrechen, er kann jedoch nicht zum Durchbruch kommen, er wird stets betrogen, die Sättigung der Lust will er ihm darbieten. Da sammelt sich der Geist in ihm wie eine düstre Wolke, deren Zorn über seiner Seele brütet, und er wird zu einer Angst die nicht einmal im Augenblick des Genusses aufhört. Sieh, darum ist sein Auge so finster, so daß niemand es aushalten kann, ihn anzusehen, darum sein Blick so blitzend, daß er ängstigt; denn hinter dem Auge liegt die Seele wie eine Finsternis. Man nennt diesen Blick einen kaiserlichen Blick, und die ganze Welt zittert davor, und trotzdem ist sein innerstes Wesen Angst. Ein Kind, welches ihn anders ansieht als er es gewohnt ist, ein zufälliger Blick kann ihn entsetzen, es ist, als ob dieser Mensch ihn besäße; denn der Geist will in ihm zum Durchbruch kommen, will, daß er sich selbst in seinem Bewußtsein besitze, aber das kann er nicht, und der Geist wird zurückgedrängt und sammelt neuen Zorn. Er besitzt sich selbst nicht, nur wenn die Welt vor ihm zittert, ist er beruhigt; denn dann ist doch niemand da, der es wagt, ihn zu ergreifen. Deshalb diese Angst vor den Menschen, die Nero mit allen solchen Personen gemeinsam hat. Er ist wie besessen, unfrei in sich selbst, und darum ist es, als ob jeder Blick ihn binden wollte. Er, Roms Kaiser, kann einen Blick von dem geringsten Sklaven fürchten. Ein solcher Blick trifft ihn, sein Auge verzehrt den Menschen, der es wagt, ihn so anzusehen. Ein Schurke steht an der Seite des Kaisers, versteht diesen wilden Blick, und dieser Mensch ist nicht mehr. Nero hat keinen Mord auf dem Gewissen, der Geist aber hat eine neue Angst. Nur im Augenblick der Lust findet er Zerstreuung. Das halbe Rom brennt er nieder, seine Qual aber ist dieselbe. Bald belustigt ihn so etwas nicht mehr. Es gibt eine noch größere Lust: er will Menschen ängstigen. Er ist sich selbst rätselhaft, und Angst ist sein Wesen; nun will er allen ein Rätsel sein und sich über ihre Angst freuen. Darum dieses kaiserliche Lächeln, was niemand begreifen kann. Sie nähern sich seinem Thron, er lächelt sie freundlich an, und doch ergreift sie eine furchtbare Angst, vielleicht ist dieses Lächeln ihr Todesurteil, vielleicht öffnet sich der Boden und sie stürzen hinunter in den Abgrund. Eine Frau nähert sich seinem Thron, er lächelt ihr gnädig zu, und doch wird sie beinahe ohnmächtig vor Angst, vielleicht hat dieses Lächeln sie schon zum Opfer seiner Wollust ausersehn. Und diese Angst belustigt ihn. Er will nicht imponieren, er will ängstigen. Er tritt nicht stolz auf in seiner kaiserlichen Würde, schwach, ohnmächtig schleicht er sich vorwärts, denn diese Kraftlosigkeit beunruhigt noch mehr. Er sieht aus wie ein Sterbender, seine Atemzüge sind schwach, und doch ist er Roms Kaiser und hält das Leben der Menschen in seiner Hand. Seine Seele ist matt, nur Witz und Gedankenspiel sind imstande, seinen Geist einen Augenblick zu beleben. Doch was die Welt besitzt, ist ausgeleert, und trotzdem kann er nicht atmen, wenn er verstummt. Er könnte das Kind vor den Augen der Mutter erschlagen lassen, damit ihre wilde Verzweiflung einen neuen Anlaß gäbe, ihn zu belustigen. Wenn er nicht Roms Kaiser wäre, würde er sein Leben vielleicht durch einen Selbstmord enden; denn in Wahrheit ist es nur ein andrer Ausdruck für dieselbe Sache, wenn Caligula sagt, er wünsche, daß die Köpfe aller Menschen auf demselben Hals säßen, um die ganze Welt mit einem Schwerthieb vernichten zu können, und wenn ein Mensch sich selbst entleibt.

*

Man frage mich, wonach man will, nur frage man mich nicht nach Gründen. Einem jungen Mädchen wird verziehen, daß es keine Gründe angeben kann; es lebt im Gefühl, heißt es. Mit mir ist es anders. Im allgemeinen habe ich so viele und meist einander widersprechende Gründe, daß es mir aus dem Grunde unmöglich ist, Gründe anzugeben. Ebenso kommt es mir mit Ursache und Wirkung so vor, als ob sie nicht richtig zusammenhängen. Bald entsteht aus einer ungeheuren, gewaltigen Ursache eine ungemein kleine und unansehnliche Wirkung, manchmal gar keine; bald gebiert eine behende kleine Ursache eine kolossale Wirkung.

*

Es gehört doch eine große Naivität dazu, zu glauben, daß es helfen sollte in der Welt, zu rufen und zu schreien, als ob einem dadurch das Schicksal verändert würde. Man nehme es, wie es geboten wird, und enthalte sich aller Weitläufigkeiten. Wenn ich in meiner Jugend in ein

Restaurant kam, dann sagte ich auch zum Kellner: ein gutes Stück, ein sehr gutes Stück, vom Rücken, nicht zu fett. Der Kellner hörte meinen Ruf vielleicht kaum, geschweige denn, daß er darauf achtete, geschweige denn daß meine Stimme bis in die Küche drang und den Vorschneider bewegte, und selbst wenn alles dies geschah, dann war vielleicht gerade kein gutes Stück an dem Braten. Nun rufe ich nie mehr.

*

Bekanntlich gibt es Insekten, die im Augenblicke der Befruchtung sterben. Ebenso mit aller Freude; der Augenblick des höchsten und üppigsten Genusses im Leben hat den Tod im Gefolge.

*

Die meisten Menschen laufen so eifrig den Genüssen nach, daß sie daran vorbeilaufen. Ihnen geht es wie dem Zwerg, der eine entführte Prinzessin in seinem Schloß bewachte. Eines Tages hielt er ein Mittagsschläfchen. Als er nach einer Stunde erwachte, war sie verschwunden. Schnell zog er seine Siebenmeilen-Stiefel an, und mit einem Schritt ist er ihr weit vorbeigelaufen.

*

Mein Kummer ist meine Ritterburg; wie ein Adlerhorst liegt sie hoch oben auf der Spitze des Berges zwischen Wolken. Niemand kann sie erstürmen. Von ihr fliege ich hinunter in die Wirklichkeit und ergreife meine Beute; doch bleibe ich nicht da drunten, meine Beute bringe ich heim, und diese Beute ist ein Bild, das ich in die Tapeten meines Schlosses einwirke. Dann lebe ich wie ein Abgeschiedener. Alles Erlebte tauche ich in den

Strom des Vergessens, indem ich es zur Ewigkeit der Erinnerung taufe. Alles Endliche und Zufällige ist vergessen und ausgetilgt. Dann sitze ich da wie ein alter grauhaariger Mann in tiefen Gedanken und erkläre die Bilder mit leiser, beinahe flüsternder Stimme, und an meiner Seite sitzt ein Kind und lauscht, und doch weiß es schon alles, bevor ich es erzähle.

*

Mir ist etwas Seltsames passiert. Ich wurde in den siebenten Himmel entrückt. Da saßen alle Götter versammelt. Aus besonderer Gnade wurde mir die Gunst gewährt, einen Wunsch aussprechen zu dürfen. Willst du, sagte Merkur, willst du Jugend oder Schönheit oder Macht oder ein langes Leben oder das schönste Mädchen oder irgendeine andre von den vielen Herrlichkeiten, die wir in der Kiste haben, dann wähle, aber nur eins. Einen Augenblick war ich unentschlossen; danach wandte ich mich an die Götter und sagte: Hochverehrte Zeitgenossen, ich wähle nur eins: daß ich immer das Lachen auf meiner Seite habe. Keiner der Götter erwiderte ein Wort, plötzlich lachten alle. Daraus schloß ich, daß meine Bitte erfüllt war; ich sah, daß die Götter sich mit Geschmack auszudrücken verstanden. Es wäre doch komisch gewesen, ernsthaft zu antworten: deine Bitte ist dir erfüllt.

*

Lachs ist an und für sich etwas sehr Delikates, aber wenn man zu viel davon ißt, schadet es der Gesundheit, denn er ist schwer verdaulich. Als in Hamburg einmal eine große Menge Lachs gefangen wurde, gebot die Polizei, daß ein jeder Brotherr seinen Leuten nur einmal in der Woche Lachs geben durfte. Es wäre wünschenswert, wenn man eine ähnliche polizeiliche Vorschrift betreffs der Sentimentalität erließe.

*

Was die Philosophen über die Wirklichkeit sagen, ist oft ebenso täuschend wie wenn man bei einem Trödler auf einem Schilde liest: Hier wird gerollt. Würde man seine Wäsche zum Rollen hinbringen, so wäre man angeführt; denn das Schild ist nur zum Verkauf da.

*

Nur der von Schlangen Gebissene weiß, was der leiden muß, der von Schlangen gebissen ist.

*

Man hat Musik als Heilmittel für Geisteskranke angewandt; und in gewissem Sinn hat man auch seinen Zweck damit erreicht, und trotzdem ist das eine Illusion. Wenn nämlich die Geisteskrankheit einen mentalen Grund hat, so liegt es immer an einer Verhärtung des Bewußtseins an dieser oder jener Stelle. Diese Verhärtung muß überwunden werden; aber damit das wirklich geschieht, muß man einen Weg gehn, der dem Weg zur Musik direkt entgegengesetzt ist.

*

Alle Menschen sind langweilig. Das Wort langweilig deutet die Möglichkeit einer Einteilung an; es kann ebensogut einen Menschen bezeichnen, der andere langweilt, wie einen, der sich selbst langweilt. Die, die andere langweilen, sind die Plebs, der Haufe, die ganze unendliche Schar der Durchschnittsmenschen; diejenigen, die sich selbst langweilen, sind die Auserwählten, der Adel. Und wie merkwürdig: die sich selbst nicht langweilen, langweilen gewöhnlich die anderen, dagegen die, die sich selbst langweilen, unterhalten die anderen.

*

Müßiggang, heißt es, ist die Wurzel alles Bösen. Um das Böse fernzuhalten, empfiehlt man Arbeit. Doch sieht man sowohl an dem gefürchteten Anlaß wie an dem empfohlenen Mittel, daß diese ganze Betrachtung sehr plebejischer Herkunft ist. An und für sich ist Müßiggang keineswegs die Wurzel alles Bösen, sondern im Gegenteil ein wahres göttliches Leben, nämlich wenn man sich nicht langweilt. Allerdings kann Müßiggang daran schuld sein, daß man sein Vermögen verliert usw., doch dergleichen fürchtet die adlige Natur nicht, dagegen fürchtet sie, sich zu langweilen. Die olympischen Götter langweilten sich nicht, selig lebten sie im seligen Müßiggang. Eine schöne Frau, die weder näht noch spinnt, weder bügelt noch liest noch musiziert, sie ist glücklich in ihrem Müßiggang; denn sie langweilt sich nicht. Müßiggang ist also so weit davon entfernt, die Wurzel alles Bösen zu sein, daß er weit eher das wahre Gute ist. Die L a n g w e i l e ist die Wurzel alles Bösen. Sie muß man fernhalten. Müßiggang ist nicht das Böse; ja, man kann behaupten, daß jeder Mensch, der keinen Sinn dafür hat, sich noch nicht zu wahrer Humanität erhob.

Langweile ist der dämonische Pantheismus.

*

Man lasse sich nie auf die Ehe ein. Eheleute geloben einander Liebe auf ewig. Das ist leicht, hat aber auch nicht viel zu bedeuten; denn wird man mit der Z e i t fertig, mit der Ewigkeit wird man schon fertig. Wenn daher der Betreffende anstatt „für ewig" sagte: bis Ostern, oder: bis zum ersten Mai, hätte die Rede einen Sinn; denn erstens sagte man damit etwas, und zweitens etwas, was man vielleicht halten könnte.

*

Die ganze Frage nach der Bedeutung des Sexuellen und dessen Rolle in den einzelnen Sphären ist zweifellos bis jetzt nur sehr ungenügend und vor allem höchst selten in der richtigen Weise beantwortet worden. Witze darüber zu machen ist eine dürftige Kunst; zu warnen ist nicht schwierig; darüber zu predigen, indem man die Schwierigkeiten fortläßt, ist auch leicht; aber so recht menschlich davon zu reden ist eine Kunst. Dem Schauspiel und der Kanzel die Beantwortung überlassen, und zwar so, daß der eine sich geniert zu sagen, was der andere sagt, so daß die Erklärung des einen von der des anderen himmelschreiend verschieden wird, heißt eigentlich alles aufgeben und den Menschen die schwere Last aufbürden (an die man selbst mit keinem Finger rührt): die Meinung aus beiden Erklärungen selbst herauszufinden, während die jeweiligen Lehrer stets nur die eine vortragen. Diesen Mißstand hätte man längst bemerkt, wenn die Menschen sich heute nicht darin vervollkommnet hätten, das so schön eingerichtete Leben gedankenlos zu verscherzen, gedankenlos mitzulärmen, wenn die eine oder die andere großartige, ungeheure Idee in aller Munde ist, zu deren Durchführung sie sich dann zu Vereinigungen zusammenschließen, im unerschütterlichen Glauben an die Macht der Vereinigung, wenn dieser Glaube auch ebenso absonderlich anmutet wie der jenes Bierzapfers, der sein Bier einen Schilling unter dem Einkaufspreis verkaufte und doch auf Gewinn rechnete: „denn die Menge macht's".

Weil es so steht, soll es mich nicht wundern, daß niemand heute auf eine solche Erwägung achtet. Doch das weiß ich: wenn Sokrates jetzt lebte, würde er über derartiges nachdenken, wenn auch besser oder, wenn ich so sagen darf, göttlicher als ich's kann; und davon bin ich überzeugt, daß er zu mir sagte: Das machst du recht, mein Lieber, daß du über solche Dinge nachdenkst, die wohl einer Erwägung wert sind; ja, man kann Nächte hindurch im Gespräch dasitzen und doch nie damit fertig werden, das Wunderbare der Menschennatur zu ergründen. Und diese Überzeugung ist mir unendlich viel mehr wert als das Bravo der ganzen Mitwelt; denn jene Überzeugung macht meine Seele unerschütterlich, der Beifall würde sie unsicher machen.

*

Venus ist wesentlich ebenso schön, auch wenn sie schlafend dargestellt wird; ja, sie ist vielleicht dann gerade am schönsten, und doch ist Schlaf der Ausdruck für die Abwesenheit des Geistes. Daher kommt es: je älter und geistig entwickelter die Individualität wird, um so weniger schön ist der Mensch im Schlaf, wogegen das Kind im Schlafe am schönsten ist. Venus taucht aus dem Meere hervor und wird in einer ruhenden Haltung dargestellt oder in einer Stellung, die gerade den Ausdruck des Angesichts zu etwas Unwesentlichem herabsetzt. Soll dagegen ein Apollo dargestellt werden, so kann man ihn nicht schlafen lassen, ebensowenig einen Jupiter.

*

Weibliche Schönheit

Das Weib ist und bleibt mir ein unerschöpflicher Stoff zum Nachdenken, zu einer ewigen Fülle von Beobachtungen. Wem dies Studium kein Bedürfnis ist, er mag in der Welt sein was er will, eins ist er bestimmt nicht, er ist kein Ästhetiker. Das eben ist das Herrliche, das Göttliche an der Ästhetik, daß sie sich nur mit dem Schönen beschäftigt, daß sie es wesentlich mit der schönen Literatur und dem schönen Geschlecht zu tun hat. Es freut mich, es kann mein Herz beglücken, daran zu denken, wie die Sonne der Weiblichkeit eine unendliche Mannigfaltigkeit ausstrahlt, sich in eine Sprachenverwirrung zerstreut, in der jede nur einen kleinen Teil vom ganzen Reichtum der Weiblichkeit besitzt, doch so, daß alles übrige an ihr sich harmonisch um diesen Punkt sammelt. In diesem Sinne ist die weibliche Schönheit unendlich teilbar. Nur muß der einzelne Teil der Schönheit harmonisch beherrscht sein, sonst wirkt er störend; man bekommt sonst den Eindruck, die Natur habe mit diesem Mädchen etwas im Sinn gehabt, aber dabei blieb's. Nie wird mein Auge müde, diese Mannigfaltigkeit, diesen ganzen Kreis von Emanationen weiblicher Schönheit zu durchlaufen. Jeder Punkt hat sein Teilchen und ist dennoch in sich vollendet, glücklich, froh, schön. Jede hat das ihre: das muntre Lächeln, den schelmischen Blick, das verlangende Auge, die zarte Beugung des Kopfes, das ausgelassene Gemüt, die stille Wehmut, das tiefe Ahnen, die geheimnisvolle Schwermut, das irdische Heimweh, die ungebeichteten Regungen der Sinne, die winkenden Brauen, die fragenden Lippen, die geheimnisvolle Stirn, die bestrickenden Locken, die bergenden Wimpern, den himmlischen Stolz, die irdische Schüchternheit, die engelhafte Reinheit, das himmlische Erröten, den leichten Gang, das anmutige

Schweben, die schmachtende Haltung, das sehnsuchtsvolle Träumen, die unerklärten Seufzer, den schlanken Wuchs, die weichen Formen, den üppigen Busen, die schwellenden Hüften, den kleinen Fuß, die niedliche Hand. Jede hat das ihre, und die eine nicht, was die andere hat. Und wenn ich dann geschaut und abermals geschaut habe, die Mannigfaltigkeit dieser Welt betrachtet und abermals betrachtet, wenn ich gelächelt habe und geseufzt, geschmeichelt, gedroht, verlangt, gereizt, gelacht, geweint, gehofft, gefürchtet, gewonnen, verloren — dann schließe ich den Fächer, dann sammelt sich das Zerstreute und wird Eins, die Teile werden zum Ganzen. Dann freut sich meine Seele, dann klopft mein Herz, dann lodert die Leidenschaft auf. Dies eine Mädchen, das einzige in der ganzen Welt, sie muß mir gehören, sie muß mein sein. Mag Gott den Himmel behalten, wenn ich sie behalten darf. Ich weiß wohl, was ich wähle; es ist so groß, daß selbst dem Himmel nicht dabei gedient sein kann, so zu teilen. Denn was bliebe im Himmel noch, wenn ich sie behielte!

*

Unbegreiflich: allen Gesetzen der Schwerkraft spottet die Leichtigkeit eines jungen Mädchens.

*

Das Mittelalter weiß viel von einem Berg zu erzählen, der auf keiner Karte gefunden wird, er heißt der Venusberg. Dort ist die Sinnlichkeit zu Hause, dort hat sie ihre wilden Freuden; denn sie ist ein Reich, ein Staat. In diesem Reich ist die Sprache nicht zu Hause, nicht die Besonnenheit des Gedankens, nicht das mühevolle Erwerben der Reflexion; dort hört nur die elementare Stimme der Leidenschaft, das Spiel der Lüste, der wilde Lärm des Rauschs, dort wird nur genossen im ewigen Taumel. Der Erstgeborene dieses Reiches ist Don Juan. Daß es das Reich der Sünde ist, ist damit noch nicht gesagt, denn es muß in dem Augenblick festgehalten werden, wo es sich in ästhetischer Indifferenz zeigt. Erst wenn die Reflexion hinzutritt, zeigt es sich als das Reich der Sünde, da stirbt Don Juan, da verstummt die Musik.

*

Niemals kann ich der Unterhaltung mit einem jungen Mädchen müde werden. Das heißt: ich kann wohl des einzelnen jungen Mädchens müde werden, doch nie der Unterhaltung mit einem jungen Mädchen. Das ist ebenso unmöglich für mich wie des Atmens müde zu werden. Das, was das Eigentümliche bei einer solchen Unterhaltung ist, ist das vegetative Blühen der Konversation. Die Unterhaltung bleibt auf der Erde, hat keinen eigentlichen Gegenstand, der Zufall ist das Gesetz ihrer Bewegungen. Doch Tausendschön der Name für sie selber und alles, was von ihr stammt.

*

Ein alter Philosoph hat einmal gesagt, daß man, wenn man alles genau niederschreibt, was man erlebt, ehe man ein Wort davon ahnt, Philosoph ist. Ich habe nun längere Zeit in Verbindung mit der Gemeinde der Verlobten gelebt. Irgendeine Frucht muß ein solches Verhältnis doch bringen. Ich habe daran gedacht, Material zu einer Schrift zu sammeln, betitelt: Beitrag zur Theorie des Kusses, allen zärtlich Liebenden gewidmet. Übrigens ist es merkwürdig, daß über diesen Gegenstand keine Schrift existiert. Wenn es mir also glückt, damit fertig zu werden, werde ich zugleich einem lange gefühlten Mangel abhelfen. Sollte dieser Mangel in der Literatur seinen Grund darin haben, daß die Philosophen über dergleichen nicht nachdenken, oder darin, daß sie sich auf dergleichen nicht verstehn? — Einzelne Winke bin ich schon jetzt imstande mitzuteilen. Zu einem vollständigen Kuß ist es erforderlich, daß die Handelnden ein Mädchen und ein Mann sind. Ein Männerkuß ist geschmacklos, oder hat, noch schlimmer, Beigeschmack. — Ferner glaube ich, daß ein Kuß der Idee näherkommt, wenn ein Mann ein Mädchen, als wenn ein Mädchen einen Mann küßt. Wo im Laufe der Jahre Gleichgültigkeit in diesem Verhältnis eintritt, da hat der Kuß seine Bedeutung verloren. Dies gilt vom ehelichen Hauskuß, mit dem sich Eheleute, mangels Serviette, den Mund gegenseitig abwischen, indem sie sagen: wohl bekomm's. — Wenn der Abstand im Alter sehr groß ist, dann liegt der Kuß außerhalb der Idee. Ich erinnere mich, daß die älteste Klasse einer Mädchenschule in der Provinz einen merkwürdigen Terminus hatte: „den Justizrat küssen", einen Ausdruck, mit dem sie eine nichts weniger als behagliche Vorstellung verbanden. Die Entstehung dieses Terminus war folgende: Die Lehrerin hatte einen Schwager, der bei ihr im Haus lebte, er war Justizrat gewesen, war ein älterer Mann, kraft dessen er sich nun die Freiheit nahm, die jungen Mädchen küssen zu wollen. Der Kuß muß der Ausdruck für eine bestimmte Leidenschaft sein. Wenn ein Bruder und eine Schwester, die Zwillinge sind, einander küssen, ist der Kuß kein richtiger Kuß. Von einem Kuß, der bei einem Pfänderspiel abfällt, gilt das gleiche, item von einem gestohlenen Kuß. Ein Kuß ist eine symbolische Handlung, die nichts zu bedeuten hat, wenn das Gefühl, welches sie bezeichnen soll, nicht vorhanden ist, und dies Gefühl kann nur vorhanden sein unter bestimmten Verhältnissen. —

Der Kuß

Will man einen Versuch machen, den Kuß einzuteilen, so kann man sich mehrere Einteilungsarten denken. Man kann ihn nach dem Laut einteilen. Leider reicht die Sprache hier nicht aus gegenüber meinen Beobachtungen. Ich glaube auch nicht, daß die Sprachen der ganzen Welt zusammen einen genügenden Vorrat an Schallausdrücken haben, um die Verschiedenheiten zu bezeichnen, die ich allein im Hause meines Onkels kennenlernte. Bald ist er schnalzend, bald zischelnd, bald klatschend, bald knallend, bald dröhnend, bald voll, bald hohl, bald wie Kattun usw. — Man kann den Kuß einteilen nach der Berührung in den tangierenden oder den Kuß en passant und den kohärenten. — Man kann ihn einteilen nach der Zeit in den kurzen und den langen Nach der Zeit gibt es auch eine andere Einteilung, und die ist eigentlich die einzige, die mir gefallen hat. Man macht einen Unterschied zwischen dem ersten Kuß und allen anderen. Dasjenige, nach dem man einteilt, ist unvergleichbar mit dem, was bei den übrigen Einteilungen den Ausschlag gibt, es ist gleichgültig gegen den Laut, die Berührung, die Zeit im allgemeinen. Der erste Kuß ist jedoch qualitativ verschieden von allen anderen. Es gibt nur wenige Menschen, die daran denken, und es wäre schade, wenn nicht wenigstens Einer darüber nachdächte.

*

In Tiecks romantischen Dramen begegnet man bisweilen einer Person, die, früher König von Mesopotamien, nun Krämer in Kopenhagen ist. Geradeso phantastisch ist jede weibliche Existenz. Heißt das Mädchen Juliane, so ist ihr Leben folgendes: früher Kaiserin über die weit ausgedehnten Gefilde der Liebe und Titulatur-

Königin aller Übertreibungen der Albernheit, heute Madam Petersen, Ecke Badstubenstraße.

*

Mancher Mann ist ein Genie geworden durch ein Mädchen, mancher ein Held durch ein Mädchen, mancher ein Dichter durch ein Mädchen, mancher ein Heiliger durch ein Mädchen; — doch wurde er kein Genie durch das Mädchen, das er bekam — mit ihr wurde er nur Kommerzienrat; wurde er kein Held mit dem Mädchen, das er bekam — durch sie wurde er nur General; wurde er kein Dichter durch das Mädchen, das er bekam — durch sie wurde er nur Vater; wurde er kein Heiliger durch das Mädchen, das er bekam; denn er bekam überhaupt keins, und wollte nur ein einziges haben, und das bekam er nicht, geradeso wie jeder von den anderen ein Genie, Held, Dichter wurde, durch das Mädchen, das er nicht bekam.

*

Wenn erst einmal die Vorstellung von der eignen Dialektik der Liebe erwacht, die Vorstellung von ihren pathologischen Kämpfen, ihrem Verhältnis zum Ethischen, Religiösen, dann hat die Liebe vollauf zu tun und kann hartherzige Väter, Jungfernzwinger, verzauberte Prinzessinnen, Kobolde und Ungeheuer gut entbehren.

*

Briefe Cordelias an Johannes den Verführer
Johannes!
Ich nenne dich nicht: mein, ich sehe wohl ein, daß du das niemals gewesen bist, ich bin schwer genug dafür gestraft, daß dieser Gedanke einmal meine Seele beglückt hat; und doch nenne ich dich: mein; mein Verführer,

mein Betrüger, mein Feind, mein Mörder, meines Unglücks Ursprung, meiner Freude Grab, der Abgrund meines Elends. Ich nenne dich: mein, und nenne mich: dein. Einst hatte dies Wort deinem Ohr, das sich stolz zu meiner Anbetung hinbeugte, einen einschmeichelnden Klang, jetzt soll es wie ein Fluch über dich klingen, ein Fluch in alle Ewigkeit. Freue dich nicht darauf, daß es meine Absicht sei, dich zu verfolgen oder mit einem Dolch bewaffnet deinen Spott herauszufordern! Fliehe, wohin du willst, ich bin doch dein, ziehe bis ans Ende der Welt, ich bin doch dein, liebe hundert andere, ich bin doch dein, ja, in der Todesstunde bin ich dein. Selbst die Art, wie ich mit dir rede, muß dir beweisen, daß ich dein bin. Du hast dich vermessen, einen Menschen so zu betrügen, daß du mir alles geworden bist, daß ich alle meine Freude darin setzen wollte, deine Sklavin zu sein. Dein bin ich, dein, dein Fluch

Deine Cordelia.

*

Johannes!

Es war ein reicher Mann, er hatte sehr viel Schafe und Rinder, es war ein armes kleines Mädchen, sie besaß nur ein einziges Lamm, es aß aus ihrer Hand und trank aus ihrem Becher. Du warst der reiche Mann, reich an aller Herrlichkeit der Welt, ich war das arme Mädchen, das nur ihre Liebe besaß. Du nahmst sie, du hattest deine Freude daran; da winkte dir die Lust, und du opfertest das wenige, was ich besaß, von deinem Eigentum konntest du nichts opfern. Es war ein reicher Mann, er hatte viele Schafe und Rinder, es war ein armes kleines Mädchen, sie hatte nur ihre Liebe.

Deine Cordelia.

*

Laßt uns einen Augenblick über das sprechen, was die Menschen so viel beschäftigt, die Liebe, oder über jenes Mädchen, das nach den Worten des Dichters in der „dunklen Zeit der Abendröte" jeden Abend am Fenster sitzt und den Geliebten erwartet, ach, „während die Zeit kommt und die Zeit geht". Nun ist das längst vorbei; denn es war, sagt der Dichter, „in der längst geschwundenen Zeit". Das Mädchen merkte nicht, wie die Zeit kam und die Zeit ging, während sie wartete, — und die Zeit sie zeichnete. Wir sagen sonst nur: „die Zeit geht"; ach, sie geht so schnell für den Glücklichen, so unbeschreiblich langsam für den Betrübten. Oder wir sagen: „die Zeit kommt"; ach, sie kommt so langsam für den Hoffenden und nur allzu schnell für den Fürchtenden. Aber hier sagt der Dichter, und zwar vortrefflich, „die Zeit kommt und die Zeit geht", denn er will einen Wartenden darstellen; und für einen Wartenden geht sie nicht nur, ebensowenig kommt sie nur, sie kommt und geht. Aus Mitleid mit dem wartenden Mädchen nahm die Zeit sich gleichsam vor, was der Treulose hätte tun sollen. Wenn nun die Zeit kam, wo „Er" kommen sollte, der nicht kam, dann kam die Zeit, aber „Er" kam nicht; dann ging die Zeit wieder, bis die Zeit kam, wo es an der Zeit war, daß „Er" kommen sollte, der nicht kam. Und so beschwichtigte die Zeit in Kommen und Gehen das wartende Mädchen, bis sie, eingewiegt in dieser Bewegung, in Erwartung ausruhte. Seltsam! Man sollte glauben, daß die Erwartung das wäre, was den Menschen am wachsten hielte, doch die Erwartung ist so beschwichtigend, wenn man sich ihr ganz hingibt; und das ist auch gar nicht so seltsam! Denn wenn du dich zum Schlaf hingelegt hast und man plötzlich, während du schliefst, einen starken Springbrunnen sein hochstrebendes Tun

beginnen ließe, so würdest du erschreckt aufwachen.
Aber wenn du dich zur Ruhe legen willst neben einem
Springbrunnen: nie hast du süßer geschlafen, nie kühler,
nie lieblicher, als beschwichtigt durch das Plätschern
dieses Brunnens!

Die Zeit kam also und ging also; das Mädchen fiel
gewiß nicht von ihrer Liebe ab, aber sie schwand doch
hin, — denn es war nicht die Zeit, die schwand, nein,
d i e kam und ging, doch das Mädchen schwand hin.
Ehre sei ihrer treuen Seele! Sie hatte ja auch die Ehre,
die größte menschliche Ehre, daß ein Dichter sie besang, nicht wie ein Gelegenheitspoet für Geld, oder weil
ein Mädchen vielleicht vornehmer Herkunft war, oder
weil der Dichter sie vielleicht kannte. Nein, ihren Namen kennt man nicht, nur ihre schöne Tat, die den wahren Dichter begeisterte. Laßt uns nie vergessen, daß es
eine edle weibliche Tat ist, so sich in seiner Liebe treu
zu bleiben, eine große und herrliche Tat. Das soll, solang es noch einen Dichter auf Erden gibt, hoch in
Ehren gehalten sein trotz alles Redens über die Geschäftigkeit des häuslichen Lebens; und wenn die Welt so
erbärmlich geworden ist, daß es keinen Dichter mehr
gibt, dann muß dies Geschlecht lernen, darüber zu verzweifeln, daß es keinen Dichter mehr gibt, und dann
wird wieder ein Dichter kommen, der sie in Ehren hält.

Vor etwa sechs Jahren war ich auf einer Reise wohl
acht Meilen draußen im Lande und hielt in einem Wirtshause Rast, wo ich zu Mittag aß. Ich hatte eine wohlschmeckende, angenehme Mahlzeit hinter mir, war ein
bißchen aufgeräumt und stand gerade mit einer Tasse
Kaffee in der Hand da, dessen Duft ich einsog, als im
selben Augenblick ein junges, schönes Mädchen leicht

und reizend am Fenster vorbeigeht und in den Hof biegt,
der zum Wirtshaus gehört, woraus ich schloß, daß sie in
den Garten wollte. Man ist jung — also ich stürzte meinen Kaffee hinunter, zündete eine Zigarre an und war
gerade dabei, dem Wink des Schicksals und der Spur des
Mädchens zu folgen, als es an die Tür klopft und her-
eintritt — das junge Mädchen. Sie verneigt sich freundlich vor mir, fragt mich, ob es nicht mein Wagen sei, der
im Hofe hält, ob ich nicht nach Kopenhagen wolle, ob
ich nicht erlaube, daß sie mitführe. Die bescheidene und
doch echt weibliche, würdige Art, auf die sie es tat, ge-
nügte, mich im gleichen Augenblick das Interessante
und Pikante aus den Augen verlieren zu lassen. Und doch
ist ja weit interessanter als ein junges Mädchen im Garten
zu treffen: acht Meilen allein mit ihr in seinem eigenen
Wagen zu fahren mit Kutscher und Diener, sie ganz in
seiner Macht zu haben. Dessenungeachtet ist es meine
Überzeugung, daß selbst ein leichtsinnigerer Mensch als
ich sich nicht verlockt gefühlt hätte. Die Zuversicht,
mit der sie sich meiner Gewalt anvertraute, ist für ein
Mädchen ein besserer Schutz als alle Klugheit und List.
Wir fuhren zusammen. Sie konnte nicht sicherer fahren
mit ihrem Bruder oder Vater. Ich gab mich schweigsam
und zurückhaltend, nur wenn sie eine Bemerkung machen zu wollen schien, war ich zuvorkommend. Mein
Kutscher hatte Befehl zu eilen. Fünf Minuten wurde auf
jeder Station gerastet. Ich stieg aus; den Hut in der Hand
fragte ich, ob sie eine Erfrischung befähle, mein Diener
hinter mir, den Hut in der Hand. Als wir uns der Haupt-
stadt näherten, ließ ich den Kutscher einen Nebenweg
fahren, dort stieg ich aus, ging eine halbe Meile bis
Kopenhagen, damit kein Zusammentreffen oder ähnliches sie stören solle. Ich habe mich nie danach erkundigt,

wer sie war, wo sie wohnte, was ihre plötzliche Reise veranlassen konnte; aber sie ist mir immer eine angenehme Erinnerung geblieben, die ich durch keine noch so unschuldige Neugierde zu beleidigen mir erlaubt habe.

Ein Mädchen, das das Interessante will, wird zur Schlinge, in der sie selbst gefangen wird. Ein Mädchen, das das Interessante nicht will, glaubt an die Wiederholung. Ehre sei der, die ursprünglich so war, Ehre sei der, die es mit der Zeit wurde.

*

Wie kann der Mensch die Schwierigkeiten überwinden, auf die er stößt, wenn er die Aufgabe lösen soll, die ihm, wie jedem andern, gestellt ist: das Allgemein-menschliche in seinem individuellen Leben zu verwirklichen, und wenn es scheint, als könne er einen Teil des Allgemeinen nicht in sein Leben aufnehmen? Was tut er dann? Wenn ihm die Klostertheorie im Kopfe spukt oder eine analoge ästhetische Betrachtung, dann ist er froh, fühlt sich sofort als eine vornehme Ausnahme, als einen außergewöhnlichen Menschen, wird eitel und gleicht in seiner kindlichen Eitelkeit einer Nachtigall, die eine rote Feder in ihrem Flügel hat und sich darüber freut, daß sie die einzige Nachtigall mit einer solchen Feder sei. Wenn dagegen seine Seele durch die Liebe zum Allgemeinen veredelt ist, wenn er das menschliche Dasein in der Welt liebt, was tut er dann?...

Er ist also gewiß, daß er einen Teil des Allgemeinen nicht realisieren kann. Mit dieser Vergewisserung ist er indessen nicht fertig; sie wird vielmehr eine tiefe Trauer in seiner Seele erzeugen. Er freut sich mit den andern, denen es vergönnt war, das Allgemeine zu verwirklichen, besser als sie kann er vielleicht dessen Schönheit erkennen; aber er selbst will trauern, nicht feige und verzagt, sondern frei und tief, denn er sagt: ich liebe doch das Allgemeine; wurde es der andern glückliches Los, für das Allgemein-menschliche dadurch Zeugnis abzulegen, daß sie es realisierten, so ist meine Trauer mein Zeugnis, und je tiefer ich leide, um so zuverlässiger ist mein Zeugnis. Und diese Trauer ist schön, ist selbst ein Ausdruck des Allgemein-menschlichen, sein Pulsschlag in ihm, der ihn damit versöhnen will . .

Wer sich dagegen mit Schmerz davon überzeugte, daß er ein außergewöhnlicher Mensch sei, wer in seiner Trauer darüber sich wieder mit dem Allgemein-menschlichen versöhnte, dem wird vielleicht die Freude zuteil, zu erleben, daß seine Schmerzen, das, was ihm selbst als Demütigung erschien, sich nun als Anlaß zu seiner Erhebung erweist und im edleren Sinne einen außergewöhnlichen Menschen aus ihm macht. Was er nach außen verlor, hat er vielleicht an intensiver Innerlichkeit gewonnen. Denn es wäre eine Vergötterung der Trivialität, wenn man jeden Menschen, in dessen Leben das Allgemeine als Mittelmäßigkeit zum Ausdruck kommt, als einen außergewöhnlichen Menschen ansehen wollte; die intensive Kraft, mit der er handelt, entscheidet, ob man ihn so nennen kann. Diese Kraft besitzt nun jener andere auf den Punkten, wo er das Allgemeine realisieren kann. Seine Trauer wird verschwinden, sich in Harmonie auflösen; denn er wird einsehen, daß er die Grenzen seiner Individualität erreicht hatte. Er weiß sehr wohl, daß jeder Mensch sich durch Freiheit entwickelt, aber er weiß auch, daß der Mensch sich nicht aus nichts schaffen kann, sondern er hat sich selbst in seiner konkreten Gegebenheit als Aufgabe. Er wird sich wieder mit dem Dasein versöhnen; denn er sieht ein, daß jeder Mensch in

Liebe und Ehe

gewissem Sinne eine Ausnahme und es gleich wahr ist, daß jeder Mensch das Allgemein-menschliche und gleichzeitig eine Ausnahme ist.

*

Die Ehe ist des Lebens und des Daseins schöne Mitte, ein Zentrum, das in seiner Tiefe verräterisch die Höhe der Unendlichkeit spiegelt, eine Offenbarung, die in ihrer Verborgenheit das Himmlische verrät. Und das tut jede Ehe, ganz wie das Meer und der stille See, wenn nur das Wasser nicht trübe ist. Ehemann sein ist die schönste und bedeutungsvollste Aufgabe. Wer nicht Ehemann wurde, ist ein Unglücklicher, vielleicht erlaubte es ihm das Leben nicht, vielleicht besuchte ihn die Liebe nicht, oder vielleicht ist er eine verdächtige Person, auf die wir später zurückkommen werden. Die Ehe ist die Fülle der Zeit. Wer nicht Ehemann wurde, den betrachten wir als einen Unglücklichen und er tut es vielleicht auch selbst; in seiner Exzentrizität wird er die Zeit als eine Last empfinden. So ist die Ehe: Sie ist göttlich, denn die Liebe ist das Wunder; sie ist weltlich, denn die Liebe ist der tiefste Mythus der Natur. Die Liebe ist der unergründliche Grund, der im Dunkel verborgen liegt, der Entschluß aber ist der Sieger, der dem Orpheus gleich die Liebe ans Licht bringt; denn der Entschluß ist der Liebe wahre Gestalt, ihre wahre Erklärung, darum ist die Ehe heilig und von Gott gesegnet. Sie ist bürgerlich, denn durch sie gehören die Liebenden dem Staate und dem Vaterlande und den gemeinsamen Interessen der Bürger. Sie ist poetisch, unaussprechlich wie die Liebe selbst, der Entschluß aber ist der gewissenhafte Übersetzer, der die Schwärmerei in das Land der Wirklichkeit übersetzt, und er nimmt es mit seiner Übersetzung so genau, o so genau. Die

Stimme der Liebe ist „wie die Stimme der Feen aus den Grotten der Sommernacht", der Entschluß aber hat den Ernst der Ausdauer, der durch das Flüchtige und Dahinschwindende hindurchklingt. Der Gang der Liebe ist leicht wie der Tanz über den Fluren, der Entschluß faßt den Müden fest, bis der Tanz wieder anfängt. So ist die Ehe. Sie ist kindlich froh und doch feierlich, weil sie stets das Wunder vor Augen hat, sie ist bescheiden und heimlich, doch wohnt in ihrer Stille die Festlichkeit; wie die Tür des Kaufmanns während des Gottesdiensts nach der Straße geschlossen, so ist die Tür der Ehe stets geschlossen, weil sie stets Gottesdienst ist. Sie hat Sorge, doch ist diese Sorge nicht unschön, weil sie durch Einfühlung im Einverständnis mit dem tiefen Schmerz des ganzen Daseins lebt; wer diese Sorge nicht kennt, ist unschön. Sie hat Ernst, doch ist ihr Ernst in Scherz gemildert; nicht alles tun zu wollen, ist nämlich ein schlechter Scherz; doch sein Äußerstes zu tun, darüber klar, daß es gegen den Wunsch der Liebe und das Verlangen des Entschlusses sehr wenig, ja nichts ist, ist ein seliger Scherz. Sie ist Demut und doch voll Mut, ja ein solcher Mut findet sich nur in der Ehe, weil in ihr des Mannes Kraft und des Weibes Schwachheit vereint wird, durch die Sorglosigkeit des Kindes verjüngt. Sie ist treu; wahrlich, wäre nicht die Ehe treu, wo wäre Treue! Sie ist sorglos, beruhigt, mit dem Dasein vertraut; es gibt keine Gefahr, die eine wirkliche Gefahr wäre, nur Anfechtung. Sie ist genügsam, versteht auch viel zu brauchen, doch weiß auch in dürftigen Verhältnissen schön und im Überfluß nicht minder schön zu sein. Sie ist befriedigt und doch voll Erwartung, die Liebenden sind sich gegenseitig genug, und doch sind sie nur um der anderen willen da. Sie ist etwas Alltägliches, ja, was ist alltäglich wie die Ehe, sie gehört ganz der Zeitlichkeit, und doch ist die Erinnerung an das Ewige immer da, horcht und vergißt nichts.

*

Die innere Geschichte ist erst die wahre Geschichte, die wahre Geschichte aber kämpft mit dem, was das Lebens-Prinzip in der Geschichte ist — mit der Zeit; wenn man aber mit der Zeit kämpft, dann hat gerade dadurch das Zeitliche und jedes kleine Moment seine große Realität. Überall, wo das innere Blühen der Individualität noch geschlossen ist, redet man von äußerer Geschichte. Sobald sich diese aber sozusagen entfaltet, beginnt die innere Geschichte.

Nun sagt man wohl, daß die Liebe die Individualität erschließe; das trifft jedoch nicht zu, wenn die Liebe so aufgefaßt wird, wie es in der Romantik geschieht; da wird sie bloß bis zu dem Punkt geführt, daß sie sich erschließen soll, und da hört man auf, oder sie ist im Begriff sich zu erschließen, wird aber unterbrochen.

*

[Assessor Wilhelm, unter dem Kierkegaard in seinem Werke „Entweder—Oder" den Typus des Menschen gestaltet hat, der fest in der gegebenen Welt steht und das Allgemeine in seinem individuellen Leben als bürgerlichen Beruf, Ehe und Familie verwirklicht, sagt:]

Für eins danke ich Gott von ganzer Seele, daß sie die einzige, die erste ist, die ich geliebt habe; und um eins bitte ich Gott von ganzem Herzen, daß er mir Kraft gebe, nie eine andre zu lieben. Das ist meine Hausandacht, an der sie auch teilnimmt; denn jedem Gefühl, jeder Stimmung verleiht sie eine höhere Bedeutung dadurch, daß sie daran teilnimmt.

*

Nein, mein Freund, Offenheit, Aufrichtigkeit, Wahrhaftigkeit, Verständnis: das ist das Lebensprinzip der Ehe; ohne das ist sie unschön und eigentlich unsittlich, denn in ihr trennt sich, was die Liebe vereint, das Sinnliche und das Geistige. Erst dann ist meine Ehe sittlich und darum auch ästhetisch schön, wenn das Wesen, mit dem ich in der innigsten Verbindung lebe, die es auf Erden gibt, mir auch geistig ebenso nahe steht.

*

Als ein wahrer Sieger hat der Ehemann nicht die Zeit totgeschlagen, sondern sie für die Ewigkeit gerettet und bewahrt. Der Ehemann, der das tut, lebt in Wahrheit poetisch, er löst das große Rätsel: in der Ewigkeit zu leben und doch die Stubenuhr schlagen zu hören, so daß ihr Schlag seine Ewigkeit nicht verkürzt, sondern sie verlängert.

*

Jeder Stand hat seine Verräter, auch der Ehestand. Ich meine natürlich nicht die Verführer, denn sie sind ja nicht in den heiligen Ehestand getreten (ich hoffe, daß dich diese Untersuchung in einer Stimmung antrifft, in der du nicht über diesen Ausdruck lächelst), ich meine auch nicht diejenigen, die durch Scheidung wieder ausgetreten sind, denn die haben doch den Mut gehabt, offenbare Aufrührer zu sein, nein, ich meine diejenigen, die nur Aufrührer in Gedanken sind, die nicht einmal wagen, durch eine Tat es offen zu bekennen, diese jämmerlichen Ehemänner, die dasitzen und darüber seufzen, daß die Liebe längst aus ihrer Ehe verflogen sei, diese Ehemänner, die, wie du einmal sagtest, wie Wahnsinnige jeder in seiner Ehe-Zelle sitzen, an den Stangen rütteln und phantasieren über die Wonne der Verlobung und die Bitterkeit der Ehe, diese Ehemänner, die, wie du selbst so richtig beobachtet hast, mit einer gewissen boshaften Freude jeden beglückwünschen, der sich verlobt. Ich kann dir nicht sagen, wie verächtlich sie mir vorkommen, und wie sehr ich mich freue, wenn dich ein solcher Ehemann zum Vertrauten macht, wenn er vor dir alle seine Leiden ausschüttet, alle seine Lügen hersagt von der glücklichen ersten Liebe, und du dann mit einer pfiffigen Miene sagst, ja, ich werde mich wohl vorsehen, mich aufs Glatteis zu begeben, und es ihn dann noch mehr erbost, daß er dich nicht mitreißen kann in ein commune naufragium[1]. Das sind diese Ehemänner, auf die du so oft hinweist, wenn du von einem zärtlichen Familienvater mit vier gesegneten Kindern sprichst, die er gern auf dem Blocksberge sähe.

*

Ich habe einmal eine arme Frau gesehn; die trieb einen kleinen Handel, nicht in einem Laden oder Schuppen, sondern stand auf einem offenen Platz, stand da in Wind und Regen mit einem kleinen Kind auf dem Arm; sie selbst war sauber und ordentlich, das Kind sorgfältig eingewickelt. Ich habe sie oft gesehn. Da kam eine vornehme Dame des Wegs, die setzte sie beinahe zurecht, daß sie das Kind nicht zu Haus lasse, und das um so mehr, als es ihr ja nur im Weg sei. Und da kam ein Priester desselben Weges und näherte sich ihr, er wollte dem Kind einen Platz in einem Asyl verschaffen. Sie dankte ihm freundlich, doch du hättest den Blick sehn sollen, mit dem sie sich niederbeugte und das Kind ansah. Wäre es

---

[1] In einen gemeinsamen Schiffbruch.

eingefroren gewesen, dieser Blick hätte es aufgetaut; wäre es gestorben gewesen, dieser Blick hätte es ins Leben zurückgerufen; wäre es vor Hunger und Durst verkommen gewesen, der Segen dieses Blickes hätte es erquickt. Doch das Kind schlief, und nicht einmal sein Lächeln konnte die Mutter belohnen.

Sieh, diese Frau hatte erfahren, daß ein Kind ein Segen ist. Wenn ich ein Maler wäre, ich malte nichts andres als diese Frau. Ein solcher Anblick ist eine Seltenheit, es ist wie mit einer seltenen Blume, wo Glück dazu gehört, sie zu finden. Doch die Welt des Geistes ist der Vergänglichkeit nicht unterworfen; hat man den Baum gefunden, dann blüht er immer. Ich habe sie oft gesehn; ich habe sie meiner Frau gezeigt; ich habe mich nicht wichtig gemacht, ihr keine reichen Geschenke geschickt, als hätte ich eine göttliche Vollmacht, sie zu belohnen, ich habe mich vor ihr gedemütigt; in der Tat braucht sie weder Geld noch vornehme Damen, noch Asyle, noch einen armen Assessor im Hof- und Staatsgericht und seine Frau. Sie braucht überhaupt gar nichts, außer daß das Kind sie einmal mit derselben Zärtlichkeit liebt, und nicht einmal dessen bedarf sie, sondern das ist selbst der Lohn, den sie verdient hat, eine Segnung, die der Himmel nicht ausbleiben lassen wird.

*

Je mehr das Allgemeine und das Besondere einander durchdringen, um so schöner ist die Liebe.

*

[Assessor Wilhelm sagt:]

Ich tue meine Arbeit als Gerichtsrat, bin froh in meinem Beruf, glaube, daß er meinen Fähigkeiten und meiner ganzen Persönlichkeit entspricht, weiß, daß er alle meine Kräfte fordert; ich suche mich immer mehr für ihn auszubilden, und indem ich das tue, fühle ich zugleich, daß ich mich selbst immer mehr entwickle. Ich liebe meine Frau, bin glücklich in meinem Heim; ich höre das Wiegenlied, das meine Frau singt, und finde es schöner als jeden andern Gesang, wenn ich auch nicht glaube, daß sie eine Sängerin ist. Ich höre das Schreien des Kindes, und in meinen Ohren ist es nicht disharmonisch; ich sehe seinen älteren Bruder wachsen und gedeihen; ich schaue froh und vertrauensvoll in seine Zukunft hinein, nicht ungeduldig, denn ich habe ja gute Zeit, zu warten; und dieses Warten ist mir an sich eine Freude. Meine Lebensarbeit hat Bedeutung für mich selbst, und ich glaube, daß sie es auch in einem gewissen Grade für andere hat, wenn ich sie auch nicht bestimmen oder genau angeben kann. Ich freue mich, daß das persönliche Leben anderer für mich Bedeutung hat; ich wünsche und hoffe, daß auch mein persönliches Leben für die Bedeutung habe, mit denen ich in meiner ganzen Lebensbetrachtung sympathisiere. Ich liebe mein Vaterland und kann mir nicht denken, daß ich mich anderswo wohlfühlen könnte. Ich liebe meine Muttersprache, die meinen Gedanken entbindet; ich finde, daß ich vortrefflich in ihr ausdrücken kann, was ich der Welt etwa zu sagen habe. So hat mein Leben Bedeutung für mich, so viel, daß ich mich froh und zufrieden dabei fühle. Bei alledem lebe ich zugleich ein höheres Leben, und wenn es bisweilen geschieht, daß ich dieses höhere Leben in dem Atemzug meines irdischen und häuslichen Lebens einatme, dann preise ich mich selig, dann verschmelzen sich Kunst und Gnade. So liebe ich das Dasein, weil es schön ist, und hoffe auf ein noch schöneres.

*

Erst die Verantwortung gibt Segen und wahre Freude.

*

Ich fordere von jedem: er soll von sich selber nicht so unmenschlich denken, daß er nicht wagt, in jene Paläste zu treten, wo die Erinnerung an die Auserwählten wohnt und sie selbst wohnen. Er soll sich nicht unverschämt vordrängen und ihnen seine Verwandtschaft aufzwingen; selig soll er sein jedesmal, wenn er sich vor ihnen beugt, aber freimütig und voll Vertrauen, und er soll immer etwas mehr sein als eine Aufwärterin; denn wenn er nicht mehr sein kann, kommt er nie hinein. Und das, was ihm helfen soll, das ist gerade die Angst und Not, worin die Großen versucht worden sind; denn sonst würden sie, wenn er nur ein wenig Rückgrat hat, seinen berechtigten Neid erwecken. Und was nur im Abstand groß sein kann, was man nur durch leere und hohle Phrasen zu etwas Großem machen will, das vernichtet man selbst.

*

Meine Kindheit war glücklich, weil sie mich mit sittlichen Eindrücken bereicherte. Laß mich noch einen Augenblick hier verweilen, ich werde an meinen Vater erinnert, und das ist mir die liebste Erinnerung, die ich habe, und keineswegs ein armseliges, unfruchtbares Gedenken; diese Erinnerung bringt mich darauf, was ich meine, noch einmal klar und deutlich zu sagen: daß der Gesamteindruck der Pflicht, und keineswegs die Mannigfaltigkeit der Pflichten, die Hauptsache ist. Rückt man dies Letzte in den Mittelpunkt, so wird das Individuum verkleinert und zugrunde gerichtet. Darin war ich nun als Kind glücklich, denn ich hatte niemals viele Pflichten, meist nur eine, die aber ganz.

*

Es gehört Mut dazu, sich so zu geben, wie man wirklich ist. Es gehört Mut dazu, sich von keiner kleinen Demütigung loskaufen zu wollen, selbst wenn man's durch etwas Geheimnistuerei könnte, und nicht einen kleinen Zuwachs zur eignen Größe durch Verschlossenheit zu erkaufen. Es gehört Mut dazu, ganz ehrlich, aufrichtig, wahr zu sein.

*

Das ethische Individuum ist wie das stille Wasser, das seinen tiefen Grund hat; wer dagegen ästhetisch lebt, ist nur oberflächlich bewegt.

*

Alles besteht, aber niemand glaubt daran. Das unsichtbare geistige Band, das dem Bestehenden erst Gültigkeit gibt, ist verschwunden, und darum ist die ganze Zeit komisch und tragisch zugleich; tragisch, weil sie untergeht, und komisch, weil sie besteht; denn es ist doch immer das Unvergängliche, das das Vergängliche, das Geistige, das das Körperliche trägt. Wenn man sich vorstellt, ein entseelter Körper könnte noch eine kurze Zeit lang seine gewöhnlichen Funktionen versehen, so wäre das komisch und tragisch zugleich. Doch mag die Zeit nur zehren; je mehr sie verzehrt von dem substantiellen Gehalt, der in der romantischen Liebe liegt, mit um so größerem Schrecken wird ihr auch einmal, wenn diese Zerstörung nicht mehr behagt, zum Bewußtsein kommen, was sie verlor, und dann wird sie verzweifelt ihr Unglück fühlen.

*

Es gibt ein Leiden des Wunsches, das die Teilnahme sehn kann; es gibt aber auch ein Leiden des Wunsches, das sich jedem Blick entzieht, das sich verbirgt und verborgen das ganze Leben begleitet; ja, es geht mit, doch als Entbehren, es folgt dem Leidenden als Begleiter das ganze Leben lang, und keine Teilnahme begleitet es. Doch wie können wir von dem sprechen, was vielleicht da ist, sich aber in die Verborgenheit zurückzieht, und so sprechen, daß der Leidende unsre Beschreibung anerkennt, sich von unsrer geschäftigen Rede über das Leiden nicht verletzt und ungeduldig wegwendet, weil wir uns nicht in das Leiden hineindenken können oder uns nicht die Zeit dazu nehmen. Wir wollen dann dem Leidenden in der Beschreibung möglichst nach dem Munde reden, und Gott gebe, daß ihm der Trost dabei zu Herzen rede. Angenommen, die sprachlosen Tiere hätten doch Gedanken und könnten einander verständlich machen, nur daß wir sie nicht verstehen könnten; dies nehmen wir an. Es scheint ja auch fast so; denn wenn das Bauernpferd im Sommer auf der Wiese steht, den Kopf in den Nacken wirft und schüttelt: ja, niemand weiß doch genau, was das bedeutet; oder wenn die beiden, die zusammen am gleichen Joch ziehen ihr Leben lang, in der Muße der Abendstunde sich vertraulich einander nähern, sich gleichsam umarmen, liebkosen, sich mit Kopfbewegungen hätscheln; oder wenn die frei laufenden Pferde untereinander sich rufen, daß der Wald widerhallt, wenn sie sich auf den Weiden zu großen Scharen wie zu einer Versammlung zusammenfinden — wir nehmen an, daß sie sich wirklich miteinander verständigen können. Da gab es nun ein Pferd, das für sich allein ging. Und wenn es den Ruf hörte, wenn es sah, daß sich die Herde in der Abendstunde versammelte, wenn es wußte, daß man jetzt eine Versammlung halten wollte: dann kam das Pferd auch herangelaufen, um vom Leben und dessen Verhältnissen etwas zu erfahren. Es gab genau darauf acht, was die älteren sagten, wie kein Pferd sich glücklich preisen solle, eh es gestorben sei, wie das Leben keines Geschöpfes so den traurigsten Wechselfällen ausgesetzt sei wie das des Pferdes; dann ging ein älteres die mannigfachen Leiden durch: Hunger und Kälte, sich beinahe zu Tode arbeiten, die Fußtritte eines grausamen Kutschers und die Mißhandlungen von unverständigen Herrn ertragen zu müssen, denen man nichts recht machen könne, die dem Pferd die Schuld für ihren eignen Unverstand gäben, um es dann zuletzt, im Alter, im Winter in die kahlen Wälder hinauszujagen. Darauf war die Versammlung zu Ende; man verabschiedete sich, und das Pferd, das so froh dahergelaufen kam, ging betrübt weg; wenn das Herz betrübt ist, dann fällt auch der Mut. Es hatte wohl verstanden, was erklärt wurde; von seinem Leiden aber war nicht das leiseste Wort gesprochen worden. Doch jedesmal, wenn es merkte, daß die andern Pferde in die Versammlung eilten, kam es froh herangelaufen, immer hoffend, daß jetzt davon die Rede sein würde; und jedesmal, wenn es zugehört hatte, ging es betrübt davon. Es verstand besser und besser, worüber die andern sprachen, sich selbst aber verstand es weniger und weniger, gerade weil die andern es gleichsam ausschlossen, ob es auch dabei war.

*

Hiob! Hiob! Hiob! Sagtest du wirklich nichts andres als die schönen Worte: der Herr hat's gegeben, der Herr hat's genommen, der Name des Herrn sei gelobt! Sagtest du kein Wort mehr? Wiederholtest du fortwährend in deiner ganzen Not bloß das? Warum schwiegest du sieben Tage und Nächte, was ging da in deiner Seele vor? Als die ganze Existenz über dir zusammenstürzte und wie Tonscherben um dich herumlag, hattest du da gleich die übermenschliche Fassung, hattest du da gleich die Erklärung der Liebe, den freien Mut der Zuversicht und des Glaubens? Ist deine Tür verschlossen für den Trauernden, kann er bei dir keine andre Linderung erwarten als die, die weltliche Weisheit ihm kümmerlich bietet durch Vortrag eines Paragraphen über des Lebens Vollkommenheit? Weißt du nicht mehr zu sagen, wagst du nicht mehr zu sagen als das, was die bestallten Tröster dem einzelnen wortknausrig zumessen, was die bestallten Tröster, steife Formenmeister, dem Einzelnen vorschreiben als in der Stunde der Not passend zu sagen: der Herr gab's, der Herr nahm's, der Name des Herrn sei gelobt; weder mehr noch weniger, grade so wie man Prosit sagt zu dem, der niest! Nein, du, der du in den Tagen des Glücks das Schwert der Unterdrückten warst, der Stab des Greises, Stecken der Gebeugten, du ließest die Menschen nicht im Stich, als alles zerbrach — da wurdest du der Mund der Leidenden und der Ruf der Zerschmetterten und der Schrei der Geängsteten, und eine Lindrung für alle, die in Qual verstummten, ein treuer Zeuge all der Not und Zerrissenheit, die in einem Herzen wohnen kann, ein unwandelbarer Fürsprecher, der es wagte zu klagen „in der Bitterkeit der Seele" und mit Gott zu streiten.

Warum verbirgt man das? Wehe dem, der Witwen und Waisen auffrißt und sie um ihr Erbe betrügt, aber wehe auch dem, der den Trauernden hinterlistig um den vorläufigen Trost der Trauer betrügen will: seinem Herzen Luft zu machen und mit Gott zu „hadern". Oder ist vielleicht die Gottesfurcht in unsrer Zeit so groß, daß der Trauernde dessen nicht bedarf, was in jenen alten Tagen Brauch war? Wagt man es vielleicht nicht, vor Gott zu klagen? Ist denn die Gottesfurcht größer geworden, oder die Furcht und die Feigheit? Heute glaubt man, daß man den eigentlichen Ausdruck der Trauer, die verzweifelte Sprache der Leidenschaft, den Dichtern überlassen muß, die wie die Anwälte eines Untergerichts die Sache der Leidenden vor dem Richterstuhl des menschlichen Mitleids vertreten. Sonst wagt es keiner. Darum rede du, unvergeßlicher Hiob! wiederhole alles, was du sagtest, gewaltiger Fürsprech, der du vor dem Richterstuhl des Höchsten erscheinst, unerschrocken wie ein brüllender Löwe. In deiner Rede ist Nachdruck, in deinem Herzen Gottesfurcht, selbst wenn du klagst, wenn du deiner Verzweiflung wehrst vor den Freunden, die wie Räuber dastehn, dich mit Reden zu überfallen, selbst wenn du, gereizt von den Freunden, ihre Wahrheit zertrittst und ihre Verteidigungen des Herrn verachtest, als sei es der elende Scharfsinn eines abgelebten Kammerdieners oder der eines gerissenen Staatsmanns.

Dich brauche ich, einen Menschen, der so laut klagen kann, daß es in den Himmeln widerhallt, wo Gott sich mit Satan beratschlägt, um Pläne gegen einen Menschen zu machen! Klage, der Herr fürchtet sich nicht, er kann sich wohl verteidigen; aber wie könnte er sich verteidigen, wenn keiner zu klagen wagt, wie es einem Menschen ziemt.

Rede, erhebe deine Stimme, rede laut, Gott kann doch lauter sprechen, er hat ja den Donner — und auch der ist eine Antwort, eine Erklärung, zuverlässig, treu, ursprünglich, eine Antwort von Gott selbst, die, selbst wenn sie einen Menschen zerschmetterte, herrlicher ist als aller Stadtschwatz und alles Reden von der Gerechtigkeit der Weltlenkung, erfunden von menschlicher Weisheit, verbreitet von alten Weibern und Halbmännern.

Mein unvergleichlicher Wohltäter, geplagter Hiob! Darf ich mich deiner Gemeinschaft anschließen, darf ich auf dich hören? Stoße mich nicht fort, ich stehe nicht verräterisch an deinem Herde, meine Tränen sind nicht falsch, wenn ich auch nicht einmal mit dir weinen kann. Wie der Frohe die Freude sucht, an ihr teilnimmt, wenn auch das, was ihn zunächst freut, die Freude ist, die in ihm selber wohnt, so sucht der Trauernde die Trauer. Ich habe nicht die Welt zu eigen gehabt, nicht sieben Söhne und drei Töchter gehabt, aber auch der kann alles verloren haben, der nur wenig zu eigen hatte, auch der kann sozusagen Söhne und Töchter verloren haben, der die Geliebte verlor; und auch der wurde sozusagen mit üblen Wunden geschlagen, der die Ehre und den Stolz verlor und mit ihnen die Kraft zum Leben und den Sinn des Lebens ...

Ich warte auf das Gewitter — und auf die Wiederholung (Wiedergeburt). Und wenn auch nur das Gewitter kommt, so bin ich froh und unendlich selig, selbst wenn mein Urteil lautet, daß keine Wiederholung möglich ist.

*

In der unendlichen Resignation ist Friede und Ruhe. Jeder, der es will, der sich noch nicht dadurch selbst erniedrigt hat, daß er sich selbst zu gering einschätzt — das ist schrecklicher, als zu stolz zu sein —, kann sich dazu erziehn, diese Bewegung zu machen, die in ihrem

Die Resignation 59

Schmerz mit dem Dasein versöhnt. Die unendliche Resignation ist das Hemd, von dem in einer alten Sage erzählt wird. Der Faden ist unter Tränen gesponnen, von Tränen gebleicht, unter Tränen ist das Hemd genäht, aber nun behütet es besser als Eisen und Stahl.

Das Unvollkommene an der Sage ist, daß dies Hemd ein Dritter arbeiten kann. Das Geheimnis im Leben ist, daß jeder es sich selbst nähen muß, und das Merkwürdige ist, daß ein Mann es ebenso gut nähen kann wie eine Frau.

Die unendliche Resignation ist das letzte Stadium, das dem Glauben vorangeht, so daß jeder, der diese Bewegung nicht gemacht hat, auch den Glauben nicht hat; denn erst in der unendlichen Resignation werde ich mir selbst klar in meiner ewigen Gültigkeit, und erst dann kann davon die Rede sein, kraft des Glaubens das Dasein zu erfassen.

*

Zum Resignieren gehört kein Glaube, denn was ich in der Resignation gewinne, ist mein ewiges Bewußtsein, und diese Bewegung ist eine rein philosophische, die ich mich zu machen getraue, wann es verlangt wird, und zu der ich mich erziehn kann; jedesmal, wenn mir eine Endlichkeit über den Kopf wachsen will, hungere ich mich selbst aus, bis ich die Bewegung ausführe; mein ewiges Bewußtsein ist meine Liebe zu Gott, und die steht mir höher als alles. Zum Resignieren gehört kein Glaube, aber es gehört Glaube dazu, damit ich auch nur das Geringste mehr bekomme als mein ewiges Bewußtsein, das ist das Paradoxe. Man verwechselt oft die Bewegungen. Man sagt, daß man Glauben brauche, um allem zu entsagen, ja man hört das noch Sonderbarere: ein Mensch klagt darüber, daß er den Glauben verloren habe, und wenn man dann auf der Skala nachsieht, wo er steht, entdeckt man, daß er nur bis zu dem Punkt gekommen ist, wo er die Bewegung der unendlichen Resignation erst ausführen soll. Durch Resignation entsage ich allem, diese Bewegung mache ich durch mich selber, und wenn ich es nicht tue, dann darum, weil ich feige, weichlich und ohne Begeisterung bin und nicht die Bedeutung der hohen Würde fühle, die jedem Menschen damit anvertraut ward, daß er sein eigner Zensor ist, etwas viel Vornehmeres als Generalzensor der gesamten römischen Republik. Diese Bewegung mache ich durch mich selbst, und was ich dafür gewinne, das bin ich selbst in meinem ewigen Bewußtsein, im seligen Einverständnis mit meiner Liebe zu dem ewigen Wesen. Durch den Glauben verliere ich nichts, im Gegenteil: durch den Glauben erhalte ich gerade erst alles in dem Sinne, in dem es heißt, daß wer Glauben wie ein Senfkorn hat, Berge versetzen kann.

Es gehört ein rein menschlicher Mut dazu, der ganzen Zeitlichkeit zu entsagen, um die Ewigkeit zu gewinnen, aber die gewinne ich und kann ihr in alle Ewigkeit nicht entsagen; das ist paradox; aber es gehört ein paradoxer und demütiger Mut dazu, die ganze Zeitlichkeit kraft des Absurden zu ergreifen, und dieser Mut ist der des Glaubens. Durch den Glauben verlor Abraham Isaak nicht, durch den Glauben bekam Abraham Isaak erst.

*

Wer nicht versteht, daß er der vollen Geisteskraft bedarf, um zu sterben, und daß der Held immer stirbt, ehe er stirbt, der wird nicht sehr weit in seiner Selbstbetrachtung kommen.

*

Es ist die Meinung aller und, soweit ich mir erlauben darf darüber zu urteilen, auch meine, daß es nicht das Höchste ist, ins Kloster zu gehn; doch glaube ich damit nicht etwa, daß heute, wo kein Mensch ins Kloster geht, jedermann größer sei als die tiefen und ernsten Seelen, die einst Ruhe im Kloster fanden. Wie viele haben heute Leidenschaft genug, über sich selbst nachzudenken und sich dann aufrichtig zu beurteilen? Schon die Vorstellung, die Zeit so auf sein Gewissen zu nehmen, ihr Zeit zu geben, in ihrer schlaflosen Unermüdlichkeit jeden heimlichen Gedanken auszuforschen, so daß man (wenn man nicht jeden Augenblick die Bewegung kraft des Edelsten und Höchsten im Menschen macht) mit Angst und Grauen die dunkle Regung, die sich in jedem Menschen verbirgt, entdecken und sie, wenn nicht durch andres, so durch Angst hervorlocken kann, während man im gesellschaftlichen Leben so leicht vergessen, so leicht darüber hinwegkommen kann, durch so viele Umstände aufrecht erhalten wird, Gelegenheit findet, von neuem anzufangen — schon diese Vorstellung, mit gebührender Ehrerbietung erfaßt, könnte, dächt' ich, manchen unsrer Zeitgenossen züchtigen, der schon glaubt, das Höchste erreicht zu haben.

*

Was ist ein Mensch? Ist er nur ein Zierstück mehr im Reiche der Schöpfung? Hat er keine Macht, vermag er selbst nichts? Und welches ist diese Macht? Was ist das Höchste, was er wollen kann? Wie lautet die Antwort auf diese Frage, wenn der Jugend Kühnheit sich vereint mit der Mannheit Kraft, um zu fragen, wenn diese herrliche Vereinigung willig ist, alles zu opfern, um das Große zu vollenden, wenn der in Eifer entflammte spricht: „Und wenn's niemand anders zuvor in der Welt erreicht hat, so will ich's erreichen; wenn Millionen entarteten und die Aufgabe vergaßen, so will ich streiten — doch was ist das Höchste?" Nun, wir wollen das Höchste nicht um seinen Preis betrügen, wir verhehlen nicht, daß es selten erreicht wurde in der Welt; denn das Höchste ist: daß ein Mensch völlig überzeugt werde, daß er gar nichts vermag, nichts. O seltene Gewalt — nicht so selten, daß nur ein Einziger zum Königssohn geboren wurde; denn jeder wurde geboren für sie. O seltene Weisheit — nicht so selten, daß sie nur Einzelnen geboten wurde, da sie doch allen geboten wird. O wunderbare Seltenheit, die man nicht herabwürdigt dadurch, daß man sie allen anbietet, daß alle sie besitzen können. Ja, wenn der Mensch sich nach außen wendet, dann scheint es so, als vermöchte er da, was erstaunlicher wäre, was ihn selbst ganz anders befriedigte, worum die Bewunderung jubelnd sich scharrt. Denn jene seltene Erhabenheit ist nicht gut zu bewundern, verführt den sinnlichen Menschen nicht, nein, sie richtet gerade den Bewundernden: er sei ein Tor, der selbst nicht wisse, was er bewundert, und bittet ihn, nach Haus zu gehn, — oder sei voll Arglist und bittet ihn, in sich zu gehn. Für die äußerliche Betrachtung ist der Mensch das herrlichste Geschöpf, aber alle seine Herrlichkeit ist doch nur im Äußerlichen und für das Äußerliche; denn zielt das Auge nicht nach außen mit seinem Pfeil, wenn Leidenschaft und Lust die Sinne spannen, greift die Hand nicht nach außen, ist sein Arm nicht ausgereckt, erobert nicht seine Klugheit? Aber wenn er nun nicht ein Kriegswerkzeug sein will in unerklärlicher Triebe Dienst, in der Welt Dienst — denn die Welt, nach der sein Verlangen steht, weckt selbst den Trieb; wenn er nun kein Saitenspiel

Die Zernichtung 63

sein will in unerklärter Stimmungen Hand, oder richtiger in der Welt Dienst — denn die Bewegung seiner Seele ist so, wie die Welt in die Saiten greift; wenn er nicht wie ein Spiegel sein will, mit dem er die Welt auffängt, oder richtiger, darin die Welt sich selber spiegelt; wenn er das nicht will, wenn er, ehe das Auge nach etwas zielt, es sich zu erobern, erst selbst das Auge greifen will, auf daß es ihm gehöre, nicht er dem Auge; wenn er die Hand greift, ehe sie nach dem da draußen greift, auf daß sie ihm gehöre, nicht er der Hand; wenn er das so ernst will, daß er nicht fürchtet, das Auge auszureißen, die Hand abzuhauen, der Sinne Fenster zu schließen, wie es notwendig geschehn muß, — ja, dann ist alles anders, ist von ihm genommen die Macht und die Herrlichkeit. Er streitet nicht mit der Welt, sondern mit sich selbst. Betrachte ihn nun: seine kraftvolle Gestalt ist umschlossen von einer andern Gestalt, und so fest halten sie einander umschlungen, gleich geschmeidig und gleich stark pressen sie einander zusammen, daß das Ringen gar nicht beginnen kann, weil ihn die andre Gestalt im gleichen Augenblick überwältigen würde, und diese andre Gestalt ist er selbst. So vermag er gar nichts; selbst der schwächste Mensch, der nicht versucht wird in diesem Streit, vermag noch weit mehr als er. Und dieser Streit ist nicht nur mühevoll, sondern zugleich ganz entsetzlich (da er's doch nicht selbst ist, der seinem eignen Einfall folgend sich hineingewagt hat — und wäre es so, dann wird er nicht versucht in dem Streit, von welchem wir reden), wenn das Leben durch Gottes Vorsehung einen Menschen ausstößt, damit er befestigt werde in dieser Zernichtung, die keine Täuschung kennt, keine Ausflucht zuläßt, keinen Selbstbetrug erzeugt, wie daß er unter andern Verhältnissen mehr könnte; denn da er mit sich selbst streitet, können Verhältnisse nicht den Ausschlag geben. Dieser Streit ist die Zernichtung eines Menschen und die Zernichtung seiner Wahrheit. Der Mensch wird dieser Erkenntnis nicht entschlüpfen; denn er ist sich selbst sein eigner Zeuge, sein Ankläger, sein Richter, sich selbst der einzige, der trösten könnte, da er die Not der Zernichtung kennt, und der einzige, der nicht trösten kann, da er ja selbst das Werkzeug der Zernichtung ist. Diese Zernichtung fassen ist das Höchste, was ein Mensch vermag; auf diesem Wissen ruhen, weil es ihm anvertrautes Gut ist (von Gott im Himmel ihm anvertraut als Geheimnis der Wahrheit), ist das Höchste und das Schwerste, was ein Mensch vermag (denn der Betrug und die Falschheit sind leicht getan, daß er selbst auf Kosten der Wahrheit zu etwas werde). Das ist das Höchste und das Schwerste, was ein Mensch vermag — doch was sage ich, nicht einmal das vermag er, er vermag es höchstens verstehen zu wollen, daß dieser trockene Brand nur zehrt, bis das Feuer der Gottesliebe die Lohe zündet in dem, was der trockene Brand nicht verzehren konnte. — So ist der Mensch ein hilflos Geschöpf; denn alles andre Verständnis, wodurch er versteht, daß er sich selbst helfen könne, ist nur ein Mißverständnis, wenn er auch in der Welt Augen für mutig angesehn wird, — weil er den Mut hat, in einem Mißverständnis zu bleiben, d. h. nicht den Mut hat, die Wahrheit zu verstehen.

Aber im Himmel wohnt der Gott, der alles vermag, oder richtiger: er wohnt ja allenthalben, wenn es die Menschen auch nicht merken. „Ja, wärest du, Herr, ein ohnmächtig, leblos Ding wie eine Blume, die welkt, wärest du wie ein Bach, der vorüberrinnt, wie ein Bau, der einstürzt mit der Zeit — so achteten die Menschen dein, so wärest du ein passend Ding für unsre gemeinen und tierischen Gedanken." Aber nun ist es nicht also, und deine Größe macht dich gerade unsichtbar; denn in deiner Weisheit bist du zu fern des Menschen Gedanken, als daß er dich sehn könnte, und in deiner Allgegenwart bist du ihm zu nahe, als daß er dich sehn könnte; in deiner Gottheit verbirgst du dich ihm, und deine Allmacht tut, daß er dich nicht sehn kann, denn damit würde er selbst zu nichts. Aber Gott im Himmel vermag alles, und der Mensch nichts.

Ist es nun nicht so, daß diese zwei zueinander passen: Gott und der Mensch? Aber passen sie zueinander, dann ist ja nur die Frage, ob du froh sein willst über dies wunderbare Glück, daß ihr zwei zueinander paßt, oder ob du lieber so einer sein willst, der gar nicht paßte zu Gott, so einer, der selbst etwas vermöchte — und also nicht ganz paßte zu Gott. Denn Gott kannst du ja nicht verändern und nicht so verändern wollen, daß er nicht mehr alles vermöchte. Zu nichts werden, das scheint hart, o, doch selbst im Menschlichen reden wir anders. Denn wenn das Unglück zwei Menschen lehrte, daß sie zueinander passen in Freundschaft oder Liebe, wie gering scheint ihnen doch die Not, die das Unglück brachte, im Vergleich mit der Freude, die das Unglück auch brachte, daß diese zwei zueinander paßten. Und wenn zwei erst im Tode verstünden, daß sie füreinander paßten in alle Ewigkeit, o, was wäre jener kurze, ob auch bittre Augenblick der Trennung, der des Todes ist, im Vergleich zum ewigen Verstehen.

So ist der Mensch etwas Großes und am höchsten, wenn er zu Gott paßt dadurch, daß er selbst gar nichts ist; aber laßt uns nicht leichtsinnig bewundern oder Bewunderung eitel aufnehmen. Ging Mose nicht als des

Herrn Sendbote zu einem entarteten Volk, es zu befreien von sich selbst, seinem Knechtssinn, seiner Knechtschaft unter eines Tyrannen Joch? Was ist selbst des größten Helden Tun im Vergleich zu dem, was man so Moses Taten nennt; denn was ist Berge abtragen und Flüsse füllen gegen das: eine Finsternis fallen zu lassen über ganz Ägypten? Aber das waren ja auch nur Moses sogenannte Taten; denn er vermochte nichts, und die Tat war des Herrn. Seht hier den Unterschied. Mose, er faßt nicht Beschlüsse, entwirft nicht Pläne, während der Rat der Verständigen aufmerksam lauscht, weil der Führer der weiseste ist. Mose vermag nichts. Wenn das Volk zu ihm sagen wollte: „Geh du zu Pharao, dein Wort ist mächtig, deine Stimme sieghaft, deine Beredsamkeit unwiderstehlich", dann hätte er wohl erwidert: „O ihr Toren, ich vermag gar nichts, nicht einmal mein Leben für euch zu lassen, wenn der Herr es nicht so will, ich vermag nur, alles dem Herrn anheimzugeben." Da tritt er hin vor Pharao, und welches ist seine Waffe? Des Ohnmächtigen — Gebete; und selbst wenn des Gebetes letztes Wort schon den Himmel erreicht hat, weiß er noch nicht, was geschehn wird, wenn er auch glaubt, daß, was auch geschehe, doch zum besten geschieht. Dann kehrt er heim zum Volk; doch wenn es ihn priese oder ihm danken würde, erwiderte er wohl: „Ich vermag gar nichts." Oder wenn das Volk dürstet in der Wüste, sich vielleicht zu Mose flüchtet und sagt: „Nimm deinen Stab und gebiet' den Felsen Wasser zu geben", so erwiderte Mose wohl: „Was ist mein Stab andres als ein Stock?" Und beharrte das Volk: „Aber in deiner Hand ist der Stock mächtig", so müßte Mose sagen: „Ich vermag gar nichts; aber weil das Volk es begehrt, weil ich selbst den Anblick nicht aushalten kann vom Elend der Verschmachtenden, so schlag' ich den Felsen, ob ich auch selbst nicht glaube, daß da Wasser aus ihm springen wird." — Und der Fels gäbe nicht Wasser. Also: Ob der Stab, den er in seiner Hand hält, der Allmacht Finger sein wird oder Moses Stock, weiß er nicht, auch nicht in dem Augenblick, wo der Stab schon den Felsen berührt; er weiß es erst hinterher, denn er sieht stets nur den Rücken des Herrn. O, menschlich gesprochen vermag der Schwächste in Israel mehr denn Mose; denn der meint doch, es gäbe etwas, was er vermöge, aber Moses vermag gar nichts. In dem einen Augenblick gleichsam stärker zu sein als der stärkste, als alle Menschen, als die ganze Welt, wenn das Wunder geschieht durch seine Hand, im nächsten Augenblick, ja, im gleichen Augenblick, schwächer zu sein als der Schwächste, weil der doch immer noch meint, es gäbe etwas, was er vermöge — solche Größe wird nicht das Verlangen der Eitelkeit versuchen, sofern sie sich Zeit nimmt, zu verstehen, worin die Größe liegt, denn sonst wäre sie mit ihrer widerlichen Feigheit wohl schnell bereit, sich an Moses Statt zu wünschen.

Doch macht diese Betrachtung, daß Gottes bedürfen des Menschen höchste Vollkommenheit ist, auch das Leben schwieriger, so tut sie es doch nur, weil sie den Menschen nach seiner Vollkommenheit betrachten will und ihn selbst dazu bringen will, sich so zu betrachten; denn durch diese Betrachtung lernt der Mensch sich selber kennen. Und der Mensch, der sich selbst nicht kennt, dessen Leben ist im tieferen Sinne eine Täuschung. Doch solch eine Täuschung läßt sich wohl selten ein Mensch zuschulden kommen, daß er nicht entdeckte, welche Gaben ihm anvertraut sind, und nicht suchte, diese so gut als möglich in Übereinstimmung mit den

Lebensverhältnissen zu entwickeln, die ihm aufgegeben sind, so daß er recht tiefe Wurzeln im Dasein schlägt, nicht leichtsinnig umgeht mit sich selbst, gleich dem glücklich begabten Kinde, das noch nicht versteht, wieviel ihm da anvertraut ist, gleich dem leichtsinnigen reichen Jüngling, der nicht weiß, was Gold bedeutet und so ist ja auch das, was wir eines Menschen Selbst nennen, so gut wie bar Geld, und der, der sich selbst kennt, weiß zum mindesten, auf wieviel er lautet, und weiß sich selbst umzusetzen, so daß er den ganzen Wert herausbekommt. Tut er das nicht, so kennt er sich selbst nicht und ist betrogen, was der Verständige ihm schon sagen wird, sagen wir Schritt für Schritt, entsprechend dem Fortgang des Lebens: daß er sich nicht freut am Leben im Frühling der Tage, daß er sich nicht geltend macht nach dem, was er wirklich ist; daß er nicht weiß, daß einen die Menschen für das halten, für das man sich selber ausgibt; daß er nicht verstanden hat, sich selbst bedeutend zu machen und dadurch dem Leben Bedeutung zu geben. Doch wenn sich ein Mensch auch in diesem Sinne noch so gut selber kennte, wenn er noch so gut verstände, sich so vorteilhaft als möglich auf Zins auszuleihen im Leben — ob er wohl darum sich selbst kennte? Aber kennte er sich selbst nicht, so wäre ja sein Leben doch im tieferen Sinne eine Täuschung. Sollte es nun ebenfalls selten sein, daß sich ein Mensch in dieser klugen Zeit solch eine Täuschung zuschulden kommen läßt? Was war nämlich jene klägliche Selbsterkenntnis anderes als dies, daß er sich selbst kannte im Verhältnis zu etwas anderm, aber nicht sich selbst kannte im Verhältnis zu sich selbst, d. h. seine ganze Selbstkenntnis blieb trotz scheinbarer Zuverlässigkeit ganz und gar im Schweben, da sie nur das Verhältnis betraf zwischen

Die Zernichtung 69

einem zweifelhaften Selbst und einem zweifelhaften andern; denn dies andere könnte sich verändern, so daß ein anderer der stärkste, der schönste, der reichste würde, und dies Selbst könnte sich verändern, so daß das Selbst arm würde, häßlich, kraftlos; und diese Veränderung könnte jeden Augenblick eintreten. Das andere fortgenommen, ist er betrogen; und ist dies andere derart, daß es fortgenommen werden kann, so ist er ja betrogen, selbst wenn es nicht fortgenommen wird, weil die Bedeutung seines ganzen Lebens auf etwas anderem gegründet ist. Es ist nämlich von dem, was täuschen kann, keine Täuschung, daß es täuscht, — sondern eher ist es eine Täuschung, wenn es das sein läßt.

Solch eine Selbstkenntnis ist demnach unvollkommen und weit entfernt, den Menschen nach seiner Vollkommenheit zu betrachten. Denn das wäre ja eine absonderliche Vollkommenheit, von der man, nachdem man sie vielleicht in den stärksten Ausdrücken gepriesen hätte, schließlich sagen müßte: „Zugleich ist sie eine Täuschung." Auf diesem Wege kommt man nicht dazu, den Menschen nach seiner Vollkommenheit zu betrachten; um damit zu beginnen, muß man damit beginnen, sich loszureißen von jeder solchen Betrachtung, und dies ist so schwierig wie: sich loszureißen aus einem Traum, daß man nicht fehlgreife und den Traum fortsetze, indem man träumt, man sei erwacht; — weitläufig genug ist's in einem gewissen Sinn, weil das eigentliche Selbst eines Menschen ihm so fern zu liegen scheint, daß die ganze Welt ihm näher liegt; — entsetzlich genug ist's, weil die tiefere Selbstkenntnis mit dem beginnt, was der, der es nicht verstehn will, einen beängstigenden Betrug nennen müßte; statt der ganzen Welt sich selbst zu bekommen, statt ein Herr ein Bedürftiger zu werden, statt alles zu vermögen gar nichts zu vermögen. Ach, wie schwierig ist's, daß man hier nicht wieder ins Träumen gerät, und träumt, man tue das aus eigner Kraft.

Wenn dann der Mensch sich gegen sich selbst kehrt, um sich zu verstehen, tritt er gleichsam jenem ersten Selbst in den Weg, bringt es zum Stehen, das ja nach außen gekehrt war im Verlangen und Trachten nach der Umwelt, die sein Gegenstand ist, ruft es zurück vom Äußeren. Um das erste Selbst zu seiner Umkehr zu bewegen, läßt das tiefere Selbst die Umwelt werden, was sie ist, läßt sie zweifelhaft werden. So ist es ja auch, daß die Welt immer unstet ist und jeden Augenblick sich verwandelt in ihr Gegenteil, und der Mensch ist noch nicht gefunden, der durch seine Macht oder durch die Beschwörung seines Wunsches diesen Wechsel erzwingen könnte. Das tiefere Selbst formt nun jener Umwelt arglistige Geschmeidigkeit so, daß sie jenem ersten Selbst nicht mehr begehrenswert ist. Entweder muß dann das erste Selbst versuchen, das tiefere Selbst totzuschlagen, es vergessen zu machen, womit alles aufgegeben ist, oder es muß einräumen, daß das tiefere Selbst recht hat; denn Beständigkeit aussagen wollen von dem, was beständig wechselt, ist ein Widerspruch; und sobald man bekennt, daß es wechselt, kann es ja noch im gleichen Augenblick wechseln. Wie sehr auch jenes erste Selbst sich dabei krümme, es hat sich noch nie ein so kluger Wortgießer oder so geriebener Gedankenfälscher gefunden, daß er hätte entkräften können des tieferen Selbst ewigen Einspruch. Es gibt nur einen Ausweg: das tiefere Selbst mundtot zu machen, indem man das Brausen der Unstetigkeit es übertäuben läßt. — Was ist nun geschehn? Das erste Selbst ist zum Stehn gebracht,

Die Zernichtung 71

kann sich überhaupt nicht rühren. Ach, die Umwelt kann in Wirklichkeit so entgegenkommend sein, so handgreiflich treu, so anscheinend untrüglich, daß jeder für einen glücklichen Fortgang bürgen wird, wenn man nur den Anfang macht; das hilft nichts. Der Mensch, der Zeuge ist bei jenem Streit in seinem Innern, muß dem tieferen Selbst recht geben; in dieser Minute kann alles verändert sein, und der, der das nicht entdeckt, läuft beständig ins Ungewisse. Es ist noch niemals in der Welt eine so geschwinde Zunge gewesen, daß sie das tiefere Selbst hätte betören können, sobald es nur Erlaubnis hat, zu Worte zu kommen. Ach, das ist ein schmerzlicher Zustand: das erste Selbst sitzt da und sieht nach all den winkenden Früchten; und es ist ja so klar, daß man bloß zuzugreifen braucht, so glückt alles, jeder Mensch wird das zugeben — aber das tiefere Selbst sitzt ernst daneben, nachdenklich wie der Arzt am Lager des Kranken, wenn auch in verklärter Milde, weil er weiß, daß diese Krankheit nicht zum Tode führt, sondern zum Leben, das erste Selbst hat ein bestimmtes Verlangen: es weiß bei sich selbst, daß es im Besitz der Bedingung ist; die Umwelt, so wie es sie versteht, ist so entgegenkommend wie möglich; sie warten gleichsam nur aufeinander, das glückliche Selbst und des Glückes Begünstigungen — ach, was für eine Lust zu leben; aber das tiefere Selbst wankt nicht, es feilscht nicht, gibt nicht seine Genehmigung, schließt keinen Vergleich. Es sagt nur: noch in diesem Augenblick kann alles verändert sein. Doch die Menschen helfen dem ersten Selbst mit Erklärungen: rufen ihm zu, sagen, so ginge es nun einmal im Leben, es gäbe nun einmal manche Menschen, die glücklich seien, und sie sollten ihr Leben genießen, und er wäre einer von ihnen. Da klopft ihm das Herz, er will fort.... Daß ein Kind, das einen strengen Vater hat, daheim bleiben muß, darein muß man sich finden; denn der Vater ist ja der stärkste; aber er ist ja kein Kind mehr, und das tiefere Selbst ist er ja selbst, und doch erscheint es strenger als der strengste Vater, man kann sich nicht einschmeicheln bei ihm, es will entweder ohne Vorbehalt reden oder gar nicht. Da ist Gefahr, das merken die beiden, das erste und das tiefere Selbst, und da sitzt es betrübt wie der erfahrene Lotse, während heimlich Rat gehalten wird, ob es nicht das beste sei, den Lotsen über Bord zu werfen, da er Gegenwind mache. Doch das geschieht nicht, aber was ist die Folge? Das erste Selbst kann sich nicht von der Stelle rühren, und doch ist es ihm klar, daß der Freude Augenblick vergänglich ist, daß das Glück schon flieht; denn die Menschen sagen: wenn man den Augenblick nicht gleich benutzt, ist er vorüber. Und wer ist schuld daran? Wer anders als jenes tiefere Selbst? Aber selbst dieser Schrei hilft nichts. — Was ist das für ein unnatürlicher Zustand; was soll das Ganze bedeuten? Wenn etwas derart vorgeht in eines Menschen Seele, bedeutet das dann nicht, daß sein Geist beginnt schwach zu werden? Nein, es bedeutet etwas ganz anderes, es bedeutet, daß das Kind daran ist, entwöhnt zu werden. Denn man kann ja dreißig Jahre und darüber sein, vierzig Jahre und doch nur ein Kind. Aber Kind sein ist so reizend. Da liegt man an der Zeitlichkeit Brust in der Endlichkeit Wiege, und die Wahrscheinlichkeit sitzt an der Wiege und singt dem Kinde. Geht der Wunsch nicht in Erfüllung und wird das Kind unruhig, so lullt's die Wahrscheinlichkeit ein und sagt: „Lieg nur still und schlaf, so geh ich aus und kauf was für dich, und das nächste Mal kommt die Reih an dich." So schläft das Kind wieder ein, und ist der Schmerz vergessen, und das Kind wird wieder rot in neuen Wunschträumen, obwohl es glaubte, daß es unmöglich den Schmerz vergessen könnte; nun, das ist deutlich: wäre er kein Kind gewesen, hätte er den Schmerz nicht so leicht vergessen, und es hätte sich erwiesen, daß es nicht die Wahrscheinlichkeit war, die an der Wiege saß, sondern das tiefere Selbst bei ihm saß am Totenbett in der Todesstunde der Selbstverleugnung, als es selbst auferstand in Ewigkeit.

*

Als Kind hörte ich immer, im Himmel sei große Freude, lauter Freude; ich glaubte das auch und dachte mir Gott selig in lauter Freude. Ach, je mehr ich darüber nachdenke, desto mehr komme ich dazu, mir Gott in Trauer sitzend vorzustellen, ihn, der von allen am besten weiß, was Trauer ist.

*

Je mehr Überlegenheit, desto mehr Wehmut.

*

Tief, tief drinnen, in der tiefsten, geheimnisvollsten Verborgenheit des Glücks, wohnt auch die Angst, die Verzweiflung ist; sie möchte so gern da drinnen bleiben; denn es ist der Verzweiflung der liebste Ort: im tiefsten Innern des Glücks zu wohnen.

*

Über etwas verzweifeln ist noch keine eigentliche Verzweiflung. Es ist erst der Anfang, oder wie der Arzt über eine Krankheit sagt: sie hat sich noch nicht erklärt. Das nächste ist die erklärte Verzweiflung: über sich selbst zu verzweifeln. Ein junges Mädchen verzweifelt aus Liebe, sie verzweifelt also über den Verlust des Geliebten, daß er starb oder untreu wurde. Das ist die erklärte Verzweiflung noch nicht, nein das: sie verzweifelt über sich selbst. Dies ihr Selbst, von dem sie, wäre sie „seine" Geliebte geworden, auf die holdseligste Weise befreit worden wäre, oder das sie verloren hätte, dies Selbst ist ihr jetzt eine Qual, wenn es ein Selbst ohne „ihn" sein soll; dies Selbst, das (auf andere Weise übrigens ebenso verzweifelt) ihr Reichtum geworden wäre, ist ihr nun, wo „er" tot ist, eine widerwärtige Leere geworden, oder zum Abscheu, weil es sie daran erinnert, daß sie betrogen wurde. Versuche nun zu so einem Mädchen zu sagen: du verzehrst dich selbst, und du wirst sie antworten hören: o nein, die Qual ist gerade, daß ich das nicht kann.

Über sich selbst zu verzweifeln, verzweifelt sich selbst los sein wollen, ist die Formel aller Verzweiflung.

*

Die Verzweiflung ist ein Sichselbstverzehren, doch ein ohnmächtiges Sichselbstverzehren, das nicht kann, was es will.

*

Die Verzweiflung, gerade weil sie ganz dialektisch ist, ist die Krankheit, von der gilt: es ist das größte Unglück, sie nie gehabt zu haben — ein wahres Gottesglück, sie zu bekommen, wenn sie auch die gefährlichste Krankheit ist, wenn man von ihr nicht geheilt werden will.

*

Es wird so viel von menschlicher Not und menschlichem Elend gesprochen; ich suche es zu verstehn, habe auch manches davon aus nächster Nähe gekannt; es

Die Verzweiflung 75

wird so viel gesprochen vom Leben-Vergeuden; aber nur das Leben des Menschen wäre als vergeudet anzusehn, der, von den Freuden des Lebens oder von dessen Sorgen betrogen, so dahinlebte, daß er sich niemals für ewig entscheidend als Geist, als Selbst bewußt würde oder, was dasselbe ist, der niemals darauf aufmerksam würde und im tiefsten Sinne das Erleben hätte, daß ein Gott existiert, und er, er selbst für diesen Gott existiert; doch dieser Gewinn der Unendlichkeit kann nur durch Verzweiflung erreicht werden.

Ach, und dies Elend, daß so viele dahinleben, um den seligsten von allen Gedanken betrogen, dies Elend, daß man sich beschäftigt, oder, in bezug auf die Menge, sie mit allem andern beschäftigt, sie dazu gebraucht, ihre Kräfte im Schauspiel des Lebens zu verausgaben, aber sie nie an diese Seligkeit erinnert, daß man sie zusammenpfercht und betrügt, statt sie voneinander zu trennen, damit jeder einzelne das Höchste gewinne, das Einzige, wofür es zu leben lohnt, und worin zu leben für eine Ewigkeit genügt: mir scheint, ich könnte eine Ewigkeit darüber weinen, daß es dies Elend gibt! Ach, und das ist in meinen Gedanken noch ein Ausdruck des Entsetzens mehr für diese entsetzlichste aller Krankheiten und ihr Elend: ihre Verborgenheit, nicht nur, daß wer daran leidet, sie zu verbergen wünschen kann, und es auch vermag, nicht daß sie so in einem Menschen wohnen kann, daß niemand, niemand sie entdeckt, nein, daß sie so in einem Menschen verborgen sein kann, daß er selbst nichts davon weiß! Ach, und wenn dann das Stundenglas abgelaufen ist, das Stundenglas der Zeitlichkeit, wenn der Lärm der Weltlichkeit verstummt ist, und die rast- und zwecklose Eile ein Ende findet, wenn alles um dich still ist wie in der Ewigkeit, ob du Mann oder Weib warst, reich oder arm, abhängig oder unabhängig, glücklich oder unglücklich, ob du in Hoheit den Glanz der Krone trugst oder gering und unbemerkt nur Last und Hitze des Tages, ob dein Name erinnert werden soll, solange die Welt steht, und also erinnert wurde, solange sie steht, oder ob du ohne Namen, ein Namenloser in der zahllosen Menge mitliefst, ob die Herrlichkeit, die dich umgab, alle menschliche Beschreibung überstieg oder das strengste und entehrendste menschliche Urteil dich traf: die Ewigkeit fragt dich und jeden einzelnen dieser Millionen und Aber-Millionen nur eins: ob du verzweifelt gelebt hast oder nicht; ob so verzweifelt, daß du nichts davon wußtest, daß du verzweifelt warst, oder so, daß du diese Krankheit in deinem Innern verborgen trugst, als dein nagendes Geheimnis, wie die Frucht einer sündigen Liebe unter deinem Herzen, oder so, daß du, ein Schrecken für andre, in Verzweiflung rastest. Und wenn dem so ist, wenn du verzweifelt gelebt hast, was du auch am Ende gewönnest oder verlörest, dann ist für dich alles verloren, die Ewigkeit bekennt sich nicht zu dir, sie kannte dich nie, oder noch entsetzlicher: sie kennt dich wie du erkannt bist, sie setzt dich mit deinem Selbst in der Verzweiflung fest.

*

Sünde ist: vor Gott verzweifelt nicht man selbst sein wollen oder vor Gott verzweifelt man selbst sein wollen.

Diese Definition umfaßt zwar jede irgend denkbare oder wirkliche Form von Sünde, doch hebt sie richtig das Entscheidende heraus: daß die Sünde Verzweiflung ist (denn die Sünde ist nicht das Wilde in Fleisch und Blut, sondern die Einwilligung des Geistes darein), und

vor Gott ist. Als Definition ist sie Buchstabenrechnen . .
Die Hauptsache ist hier, daß die Definition wie ein Netz
alle Formen umschließt. Und das tut sie, was man auch
sehn kann, wenn man die Probe macht, indem man die
Definition des Gegensatzes, des Glaubens, aufstellt,
nach der ich in dieser ganzen Schrift wie nach dem
sicheren Seezeichen gesteuert habe. Glauben heißt: daß
das eigne Selbst, indem es es selbst ist und es selbst sein
will, durchsichtig seinen Grund in Gott hat.

*

Angst ist der Schwindel der Freiheit.

*

Die Angst, die der Unschuld beigesellt ist, ist erstens
keine Schuld, zweitens keine drückende Last, kein Leiden, das sich nicht mit der Seligkeit der Unschuld in
Einklang bringen ließe. Wenn man Kinder beobachtet,
wird man eine bestimmtere Andeutung dieser Angst
finden in dem Suchen nach dem Abenteuerlichen, dem
Ungeheuren, dem Rätselhaften. Daß es Kinder gibt, bei
denen sie sich nicht findet, beweist nichts; das Tier
kennt sie auch nicht, und je weniger Geist, um so weniger Angst. Diese Angst ist für das Kind im wesentlichen so eigentümlich, daß es sie nicht entbehren will;
wenn sie es auch ängstigt, fesselt sie es doch in ihrer
süßen Beängstigung. Bei allen Völkern, die das Kindliche als das Träumen des Geistes bewahrt haben, findet sich diese Angst; und je tiefer sie ist, um so tiefer ist
das Volk. Nur eine prosaische Dummheit meint, daß
sie eine Desorganisation ist.

*

Je ursprünglicher ein Mensch, um so tiefer die Angst.

*

Das Dämonische ist das Verschlossene, ist Angst vor dem Guten.

*

Der Kampf des Glaubens geht, wenn man so sagen darf, wie wahnsinnig um die Möglichkeit. Denn Möglichkeit ist das einzig Rettende. Wenn jemand ohnmächtig wird, ruft man nach Wasser, Eau de Cologne, Hoffmannstropfen; wenn jemand verzweifeln will, heißt es: schaffe Möglichkeit; Möglichkeit ist das einzig Rettende. Eine Möglichkeit, und der Verzweifelte lebt wieder auf, atmet wieder; denn ohne Möglichkeit kann der Mensch gleichsam keine Luft bekommen. Zuweilen reicht die menschliche Findigkeit aus, die Möglichkeit zu schaffen, doch zuletzt, d. h. wenn es sich um das Glauben handelt, hilft nur dies: daß für Gott alles möglich ist.

*

Die Spießbürger meinen über die Möglichkeit verfügen zu können, meinen dies ungeheuer Elastische in die Falle oder das Irrenhaus der Wahrscheinlichkeit gelockt zu haben, es darin gefangen zu halten, ziehn mit der Möglichkeit umher, halten sie im Käfig der Wahrscheinlichkeit gefangen, zeigen sie vor, bilden sich selbst ein, die Herren zu sein; und die Spießbürger merken gar nicht, daß sie sich grade dadurch selbst gefangen haben, daß sie Sklaven der Geistlosigkeit wurden, das Erbärmlichste von allem

*

Wenn ein Mensch so lebt, daß er keinen höheren Maßstab für das Leben kennt als den Verstand, dann ist sein ganzes Leben Relativität, nur für relative Zwecke arbeitet er; er nimmt sich nichts vor, ohne daß der Verstand mittels der Wahrscheinlichkeit ihm Vorteil und Verlust einigermaßen deutlich machen, ihm die Frage Warum und Wozu beantworten kann. Anders beim Absoluten. Schon beim ersten Anblick überzeugt sich der Verstand, daß dies Wahnsinn ist. Ein ganzes Leben für Leiden und Aufopferungen dranzugeben, ist dem Verstande Wahnsinn. Soll ich mich einem Leide unterwerfen, soll ich etwas opfern oder auf irgendwelche Weise mich selbst aufopfern, sagt der Verstand, dann muß ich auch wissen, welchen Nutzen und Vorteil ich davon haben kann; sonst bin ich verrückt, wenn ich's tue. Aber zu einem Menschen zu sagen: geh nun in die Welt hinaus, dann wird es dir so gehen: du wirst jahraus, jahrein verfolgt werden und am Ende auf schreckliche Weise ums Leben kommen — da sagt der Verstand: wozu das? Ja, es hat keinen Zweck, es ist der Ausdruck dafür, daß etwas Absolutes da ist. Aber das ist grade ein Ärgernis für den Verstand.

*

Laßt uns nie vergessen, daß Sokrates' Unwissenheit eine Art Gottesfurcht und Gottesdienst war, seine Unwissenheit ist das jüdische: Gottesfurcht der Weisheit Anfang, ins Griechische übersetzt. Laßt uns nie vergessen, daß er grade aus Ehrerbietung vor der Gottheit unwissend war, daß er, soweit ein Heide das konnte, als Richter an der Grenzscheide zwischen Gott und dem Menschen Wache hielt, darüber wachte, daß der Qualitätsunterschied zwischen ihnen, zwischen Gott und dem Menschen, in seiner ganzen Tiefe bestätigt würde.

*

Daß relative Gegensätze mediiert (ineinander übergeführt) werden können, dazu brauchen wir wahrhaftig nicht Hegel, denn das liegt schon in dem alten Satz, daß sie gesondert werden können; daß absolute Gegensätze sollten mediiert werden können, dagegen wird die Persönlichkeit in alle Ewigkeit protestieren (und dieser Protest ist für den Satz von der Mediation inkommensurabel), sie wird in alle Ewigkeit ihr unsterbliches Dilemma wiederholen: Sein oder nicht sein, das ist die Frage.

*

Solange ich lebe, lebe ich im Widerspruch, denn das Leben ist selbst ein Widerspruch. Auf der einen Seite habe ich die ewige Wahrheit, auf der andern das mannigfaltige Dasein, das der Mensch als solcher nicht durchdringen kann, denn sonst müßte er allwissend sein.

Das Verbindungsglied ist daher der Glaube.

*

Alles Reden von einer höheren Einheit, die die absoluten Gegensätze vereinen soll, ist nur ein metaphysisches Attentat auf die Ethik.

*

Die Philosophie sagt, und wohl mit Recht, daß das Leben rückwärts verstanden werden muß. Aber darüber vergißt man den anderen Satz, daß es vorwärts gelebt werden muß. Und je mehr man diesen Satz durchdenkt,

Das Paradoxe. Das Verstehen 81

um so sicherer endet man bei dem Gedanken, daß das Leben in der Zeitlichkeit niemals recht verständlich wird, gerade weil ich keinen Augenblick die vollkommene Ruhe finden kann, um die Stellung: rückwärts einzunehmen.

*

Kants Theorie vom radikalen Bösen hat nur einen Fehler: er legt nicht bestimmt fest, daß das Unerklärbare, das Paradoxe, eine Kategorie für sich ist. Darauf beruht eigentlich alles. Bis jetzt hat man sich immer so ausgedrückt: die Erkenntnis, daß man dies und jenes nicht verstehn kann, befriedigt die Wissenschaft nicht, die begreifen will. Hier liegt der Fehler; gerade umgekehrt soll man sagen: wenn menschliche Wissenschaft nicht begreifen will, daß es etwas gibt, was sie nicht verstehen kann, oder noch deutlicher: etwas, wovon sie klar verstehn kann, daß sie's nicht verstehen kann: dann ist alles verworren. Es ist nämlich eine Aufgabe des menschlichen Erkennens, zu verstehn, daß es etwas gibt, was es nicht verstehn kann, und welches dies Etwas ist. Das menschliche Erkennen hat gewöhnlich vollauf damit zu tun, zu verstehn und wiederum zu verstehn. Wenn es sich aber dabei auch die Mühe geben würde, sich selbst zu verstehn: muß es einfach das Paradoxe etablieren. Das Paradoxe ist keine Konzession, sondern eine Kategorie, eine metaphysische Bestimmung, die das Verhältnis zwischen einem existierenden, erkennenden Geist und der ewigen Wahrheit ausdrückt.

*

Allem Verstehen liegt zuallererst ein Verständnis zugrunde zwischen dem, der verstehn soll, und dem, was verstanden werden soll. Deshalb ist auch der Verstand für das Böse (so viel er sich und andern auch einreden möchte, daß er sich ganz rein halten könne, daß er reiner Verstand für das Böse sei) doch im Einverständnis mit dem Bösen; wenn dies Einverständnis nicht vorhanden wäre, so würde der Verstehende sich auch nicht darüber freuen, daß er's versteht, sondern würde es verabscheuen es zu verstehn, und dann würde er's auch nicht verstehn. Wenn dies Verständnis auch nichts andres bedeutet, so ist es doch eine bösartige Neugier nach dem Bösen, oder ein Spähen der Hinterlist, bei dem man eigne Fehler entschuldigen will durch Kenntnis von der Verbreitetheit des Bösen, oder ein falsches Rechnen, das den eignen Wert durch Kenntnis von der Verderbtheit andrer emporschraubt. Doch man muß sich wohl vorsehn; denn gibt man dem Bösen neugierig den kleinen Finger, so nimmt es die ganze Hand; und der gefährlichste Verrat von allen sind Entschuldigungen; und besser werden oder scheinen durch Vergleich mit der Schlechtigkeit andrer heißt schlecht besser werden.

Doch wenn schon dies Verständnis die Mannigfaltigkeit der Sünden entdeckt, welche Entdeckungen muß nicht ein vertraulicheres Verstehn machen können, das erst so recht im Bunde mit dem Bösen ist! Wie der Gelbsüchtige alles gelb sieht, so entdeckt dann ein solcher Mensch, in dem Maße wie er selbst tiefer und tiefer sinkt, die Mannigfaltigkeit der Sünden in seiner Umgebung als größer und größer. Seine Augen werden schärfer, ach, nicht im Sinne der Wahrheit, sondern in dem der Unwahrheit, so daß sein Blick sich immer mehr verstrickt, so daß er in allem ansteckend das Böse sieht, das Unreine selbst im Reinsten, — und dieser Anblick (schrecklicher Gedanke) ist ihm noch eine Art Trost; denn es liegt ihm viel daran, die Mannigfaltigkeit als so grenzenlos wie möglich zu entdecken. Zuletzt gibt es keine Grenze für seine Entdeckungen mehr; denn nun entdeckt er die Sünde selbst da, wo er doch selber weiß, daß sie nicht da ist, entdeckt sie mit Hilfe des Klatsches, der üblen Nachrede, der Lügenerdichtung, worin er sich so lange übt, daß er's zuletzt selber glaubt. Ein solcher hat die Mannigfaltigkeit der Sünden entdeckt.

*

Nimm den an Verstand unendlich Überlegenen, und du wirst sehn, er sieht aus wie ein einfältiger Stümper. Nur wer meint, er habe etwas mehr Verstand als andre, aber doch dessen nicht ganz sicher ist, oder wer beschränkt und töricht genug ist, sich andern gegenüber mit Überlegenheit zu brüsten, gibt sich Mühe, sich den Anschein des an Verstand Überlegenen zu geben.

*

Wie es das Grund-Übel des modernen Wesens ist, alles objektiv zu machen, so ist es das Grund-Unglück der modernen Zeit, daß ihr Ursprünglichkeit fehlt. Und darauf beruht, was ich die Unredlichkeit der modernen Zeit nennen möchte. Zweifellos ist es das Bequemste und Sicherste, überall sich dem Traditionellen anzuschließen, es wie die andern zu machen, zu meinen, zu denken, zu sprechen wie die andern, und je schneller je besser nach den endlichen Zwecken zu greifen. Doch ist es nie die Meinung der Weltlenkung gewesen, daß es so sein sollte. Jedes menschliche Wesen soll Ursprünglichkeit haben. Das Ursprüngliche aber enthält immer eine Revision des Grundsätzlichen.

*

Die Menschen sind bildsam; man kann sie ebensogut zum einen wie zum andern bewegen, ebensogut zum Fasten wie zum weltlichen Genußleben — nur eins ist ihnen dabei wichtig: daß sie ebenso wie die andern sind, d. h. daß sie nachahmen, daß sie nicht allein stehn.

Doch was Gott will, ist weder das eine noch das andre — sondern Ursprünglichkeit.

Darum ist auch Gottes Wort so eingerichtet, daß sich stets einer Aussage gegenüber eine andre findet, die das Entgegengesetzte sagt. Das bedeutet: die Ursprünglichkeit fordern.

Doch die Lehrer wie die Jünger fühlen sich am wohlsten in der Nachahmung und durch die Nachahmung: deshalb sind sie rührend darin einig, und das nennen sie Liebe.

*

Was unsrer Zeit not tut ist Leidenschaftlichkeit (wie Skorbut Gemüse fordert); doch die Arbeit, einen artesischen Brunnen zu bohren, kann wirklich nicht kunstvoller sein als alle meine dialektischen Bestimmungen des Komischen, der Leidenschaften und des Leidenschaftlichen, zu dem Zwecke, womöglich einen wohltuenden leidenschaftlichen Luftstrom heraufzurufen. Das Unglück der Zeit ist Verstand und Reflexion. Kein unmittelbar Begeisterter wird uns mehr helfen können; denn die Reflexion der Zeit frißt ihn auf. Darum war gerade ein Mensch nötig, der durch Reflexion alle Reflexion erledigen konnte; ein Verstandesmensch, der gerade im Inkognito der Verständigkeit und Herzlosigkeit, des Spottes und Witzes eine Begeisterung erster Qualität verbarg. Um in unsrer Zeit die Ehe verteidigen zu können, muß man die ausschweifende Lust der Zeit durch ein

Ursprünglichkeit!

Tagebuch des Verführers bezaubern können; und so überall . .

*

Daß die Welt nicht vorwärtskommt, sondern zurückgeht, hat offenbar seinen Grund darin, daß die Menschen einander um Rat fragen, statt sich jeder mit Gott zu beraten. Eigentlich lebt das Menschengeschlecht dadurch, daß es von der Tradition einer entschwundenen Zeit zehrt. Diese Tradition aber verdünnt sich immer mehr, der Zufluß von höchster Stelle bleibt aus. Und weil die Übereinkunft zwischen Mensch und Mensch nun eine bloß noch menschliche ist, wird der ursprüngliche göttliche Strom immer mehr verdünnt, und darum geht die Welt zurück.

*

Es zeugt von Geist, nach zwei Dingen zu fragen: 1. ist das, was gesagt wird, möglich? 2. kann ich's tun? Es zeugt von Geistlosigkeit, nach zwei Dingen zu fragen: 1. ist es wirklich? 2. hat's mein Nachbar Christoffersen getan? hat er's wirklich getan?

*

Wenn nicht plötzlich den Menschen ein paar Jahrtausende weggeschnitten werden, wenn nicht diese Brücke abgebrochen wird, um die Menschen zu lehren, mit des Lebens und Daseins eignen Problemen anzufangen, dann verwirrt sich alles, man verwechselt das Seins-Problem selbst mit dessen Reflex im Bewußtsein der Gelehrten sämtlicher Generationen. Bei jedem Seins-Problem ist die Hauptsache dessen Bedeutung für mich; danach kann ich erst sehn, ob ich imstande bin, es wissenschaftlich darzustellen.

*

Es ging in der Welt der Wissenschaft wie in der des Handels. Zuerst geschah der Umsatz in natura, dann erfand man das Geld; jetzt geschieht in der Wissenschaft aller Umsatz in Papiergeld, um das sich kein Mensch mehr kümmert außer den Professoren.

*

Das kannst du mir glauben: nichts ist Gott so zuwider, keine Ketzerei, keine Sünde, nichts ist ihm so zuwider wie das Offizielle. Das kannst du leicht verstehn; denn da Gott ein persönliches Wesen ist, kannst du wohl begreifen, wie es ihm zuwider ist, wenn man ihm Formeln unter die Nase halten will, ihm mit offizieller Feierlichkeit, mit offiziellen Redensarten aufwartet. Ja, gerade weil Gott im eminentesten Sinne Persönlichkeit ist, lauter Persönlichkeit, gerade deshalb ist ihm das Offizielle so unendlich mehr zuwider als einer Frau, die entdeckt, daß man um sie anhält — nach einem Formelbuch.

*

Der Kleinliche hat nie zu dem Gott wohlgefälligen Wagnis der Demut und des Stolzes den Mut gehabt: vor Gott er selbst zu sein — der Nachdruck liegt auf „vor Gott", weil das die Quelle und der Ursprung aller Eigentümlichkeit ist. Wer das gewagt hat, der hat Eigentümlichkeit, und hat zu wissen bekommen, was ihm Gott schon gegeben hatte; und der glaubt ganz in demselben Sinne an die Eigentümlichkeit eines jeden. Eigentümlichkeit haben heißt an jedes andern Eigentümlichkeit glauben; denn die Eigentümlichkeit ist nicht das Meinige, sondern die Gabe Gottes, durch die er mir das Dasein gibt, und er gibt ja allen und gibt allen das Dasein.

Das ist grade die unergründliche Quelle der Güte in
Gottes Güte, daß er, der Allmächtige, doch so gibt, daß
der Empfänger Eigentümlichkeit erhält, daß er, der aus
nichts schafft, doch Eigentümlichkeit schafft, so daß das
Geschöpf ihm gegenüber nicht zu nichts wird (trotzdem es von nichts genommen ist und nichts ist), sondern etwas Eigentümliches wird. Die Kleinlichkeit dagegen, die ein angenommenes Wesen ist, hat
keine Eigentümlichkeit, das heißt: sie hat keinen Glauben an die ihrige gehabt, deshalb kann sie auch nicht
an die Eigentümlichkeit von irgend jemand anderm
glauben.

*

Die sogenannten Heiligen sind gewöhnlich ein Gegenstand des Spottes für die Welt. Sie selbst begründen das
damit, daß die Welt böse sei. Das ist aber nicht ganz
wahr. Wenn der „Heilige" im Verhältnis zu seiner Frömmigkeit unfrei ist, d. h. wenn die Innerlichkeit fehlt, so
ist er rein ästhetisch betrachtet komisch. Insofern hat
die Welt ein Recht, ihn auszulachen. Wenn ein o-beini-
ger Mann als Tanzlehrer auftreten wollte, ohne eine
einzige Stellung zu können, so wäre er komisch. Ebenso
mit dem Religiösen. Man hört einen solchen Heiligen
gleichsam leise vor sich hinzählen, so wie einer, der nicht
tanzen kann, doch weiß, wie er zählen muß, wenn er
auch nie recht in den Takt kommt. Ebenso weiß der
Heilige, daß das Religiöse absolut kommensurabel ist,
daß das Religiöse nicht etwas ist, was bestimmten Ge-
legenheiten und Augenblicken angehört, sondern daß
man es immer bei sich haben kann. Doch indem er es
kommensurabel machen will, ist er unfrei, und man
merkt, wie er leise vor sich hinzählt, und sieht, wie er

doch schlecht ankommt und schlecht dran ist mit seinen himmelnden Augen, gefalteten Händen usw. Darum hat ein solcher Mensch so eine Angst vor jedem, der diese Dressur nicht hat, daß er um sich zu stärken zu so großartigen Betrachtungen greifen muß wie der, daß die Welt den Frommen hasse.

*

Wie die Sünde in die Welt gekommen ist, das versteht jeder Mensch einzig und allein von sich aus; will er's von jemand anders lernen, so wird er's eo ipso mißverstehn.

*

Nur die Wahrheit, die dich erbaut, ist Wahrheit für dich.

*

Die Welt ist ein sehr konfuser Denker, der vor lauter Gedanken weder Zeit noch Geduld hat, einen Gedanken zu denken.

*

Das Gebärende, das Neuschaffende will immer Platz, darum ist es latent polemisch. Das Niederreißende aber will nichts, und ein Prinzip des Niederreißens ist Leere; was braucht es da Platz?

*

Damit das Recht des Erkennens seine Geltung habe, muß man sich ins Leben hinauswagen, aufs Meer hinaus und seine Stimme erheben, deren Schreien Gott doch vielleicht hört, nicht am Strande stehn und die andern ringen und kämpfen sehn — erst dann erhält die Erkenntnis ihre wahre Bestätigung vor dem rechten Forum, und in

Das Genie und der Christ

der Tat ist es etwas ganz anderes: auf einem Bein stehen und Gottes Dasein beweisen, oder ihm auf Knien zu danken.

*

Wie der Einzelne, so braucht auch das Menschengeschlecht Repetitionen oder Repetenten, um den Zusammenhang zu bewahren. Solche Repetenten sind die Genies. Sie entwickeln sich viel langsamer als andre Menschen, durchlaufen in der Tat die weltgeschichtlich zurückgelegten Grundformen des Seins. Eben darauf beruht ihre Bedeutung als Korrektiven. Indem die Genies prophetisch das Zukünftige zeichnen, geschieht das eben durch ein tieferes Sich-Besinnen auf das Zurückgelegte. Alle Entwicklung ist, wenn auch nicht Rückschritt, so doch Zurückgehen, und dies ist Ursprünglichkeit.

*

Der Unterschied zwischen einem Genie und einem Christen ist der: das Genie ist das Außerordentliche auf dem Gebiet der Natur; dazu kann sich niemand selbst machen. Ein Christ ist das Außerordentliche auf dem Gebiet der Freiheit, oder genauer gesagt: das Ordentliche auf dem Gebiet der Freiheit, was sich nur außerordentlich selten findet, was aber jeder von uns sein sollte.

DER HÖCHSTE WERT —
DAS RELIGIÖSE VERHÄLTNIS

1835. (Zweiundzwanzigjährig.) Was mir gefehlt hat, war: ein völlig menschliches Leben zu führen, nicht bloß ein Leben des Erkennens, so daß die Basis für den Aufbau meiner Gedanken nicht das sogenannte Objektive ist, etwas, was doch in jedem Falle nicht mein eignes ist, sondern etwas, was mit der tiefsten Wurzel meiner Existenz zusammenhängt, wodurch ich sozusagen in das Göttliche hineingewachsen bin, an ihm festhänge, ob auch die ganze Welt zusammenstürzte.

*

Im Gewissen hat das Auge Gottes mich erblickt, und nun ist es mir unmöglich, zu vergessen, daß dies Auge mich sieht. Dies, daß Gott auf mich sah, bewirkte, daß ich auf Gott sehen mußte und immer sehen muß.

*

Man kann überhaupt nicht etwas einzelnes zu einer Gewissenssache machen; entweder muß man, wie das Christentum, alles zu einer Gewissenssache machen oder nichts.

*

Die sittliche Wahl gibt dem Wesen eines Menschen eine Feierlichkeit, eine stille Würde, die er nie ganz verliert. Viele legen großen Wert darauf, die oder jene weltgeschichtlich merkwürdige Person von Angesicht zu Angesicht gesehn zu haben. Diesen Eindruck vergessen sie nie, er hat ihrer Seele ein ideales Bild gegeben, das ihr Wesen adelt; und doch ist selbst dieser Augenblick, so bedeutungsvoll er sein möge, nichts gegen den Augenblick der sittlichen Wahl. Wenn rings alles stille geworden ist, feierlich wie eine sternklare Nacht, wenn die Seele in der ganzen Welt mit sich selbst allein ist, dann tritt ihr gegenüber nicht ein ausgezeichneter Mensch, sondern die ewige Macht selbst, dann ist's als ob der Himmel sich öffnete, und das Ich wählt sich selbst, oder vielmehr: nimmt sich selbst in Empfang. Dann hat die Seele das Höchste gesehn, was kein sterbliches Auge sehn, was nie vergessen werden kann; dann empfängt die Persönlichkeit den Ritterschlag, der sie für die Ewigkeit adelt.

*

Mein Entweder-Oder bedeutet zunächst nicht die Wahl zwischen Gut und Böse; es bedeutet die Wahl, wodurch man Gut und Böse wählt oder verwirft. Die Frage ist hier, unter welchen Bestimmungen man das ganze Dasein betrachten und selbst leben will.

*

Wie mir scheint, kann man dem Mystiker eine gewisse Zudringlichkeit Gott gegenüber nicht absprechen. Daß der Mensch Gott von ganzer Seele und mit all seinem Denken lieben soll, ja, daß darin seine Seligkeit besteht, wer will das leugnen? Doch darum soll der Mystiker keineswegs das Dasein, die Wirklichkeit, in die ihn Gott gestellt hat, verschmähen; denn damit verschmäht er eigentlich Gottes Liebe oder verlangt einen andern Ausdruck von ihr als Gott geben will.

*

Das Religiöse ist der Ausdruck väterlicher Liebe; denn es birgt das Sittliche in sich; doch ist es gemildert, und

zwar durch dasselbe, das dem Tragischen seine Milde
gibt, durch die Stetigkeit. Während das Ästhetische diese
Ruhe gibt, ehe der tiefe Gegensatz der Sünde aufgetaucht ist, gibt das Religiöse sie erst, nachdem dieser
Gegensatz in seinem ganzen Schrecken erkannt wurde.

*

Willst du ein bedeutender Mensch sein?
Ja, wer will das nicht? Wohlan, so laß dich mit Gott
ein, aber vor allem, ohne Millionen zwischen dir und ihm
zu haben, — und du sollst sehn, du bist in dem Grade
ein bedeutender Mensch, daß auch das geringste Versehen gestraft wird, als wäre es das himmelschreiendste
Verbrechen.

„Wie", sagst du, „ist das so, ein bedeutender Mensch
sein?" Mein Lieber, begreifst du nicht, daß das unmöglich etwas anderes bedeuten kann, als daß du ein äußerst
wichtiger Mensch bist, weil es so streng zugeht.

*

Christlich gedacht hat ein Mensch letztlich und wesentlich in allem nur mit Gott zu tun, ungeachtet dessen,
daß er doch in der Welt und den irdischen Verhältnissen,
wie sie ihm angewiesen sind, bleiben soll. Doch dies in-allem-mit-Gott-zu-tun-haben (so daß man sich nie unterwegs, auf halbem Wege, durch das Untergericht, das
menschliche Urteil, als wäre das das Entscheidende, aufhalten läßt) ist der höchste Trost und die größte Anstrengung in einem, die größte Milde und die größte
Strenge. Es ist die Erziehung des Menschen; denn das
Verhältnis zu Gott ist Erziehung, Gott der Erzieher.
Die wahre Erziehung muß aber ebenso streng wie milde
sein und umgekehrt.

Im Gewissen ist es Gott, der auf einen Menschen sieht, sodaß der Mensch nun in allem auf ihn sehen muß.

Das Kind, das erzogen wird, bildet sich wohl ein, daß sein Verhältnis zu den Spielkameraden und der kleinen Welt, die sie bilden, die Wirklichkeit sei, doch der Erzieher macht ihm mit einem Blick klar, daß das alles nur ein Mittel zu seiner Erziehung ist. So bildet sich auch der Erwachsene leicht ein, was er mit der Welt zu tun habe, sei die Wirklichkeit; Gott aber erzieht ihn dazu, zu verstehen, daß das alles nur ein Mittel der Erziehung ist. So ist Gott der Erzieher, seine Liebe die größte Milde und größte Strenge, ganz wie im Haushalt der Natur, wo die Schwere zugleich leicht macht. Der Himmelskörper schwebt leicht durch die Schwere in der Unendlichkeit.

Das ist die Einheit von Strenge und Milde, daß du in allem mit Gott zu tun hast, die größte Milde und größte Strenge.

*

Es ist Zeichen der Kindlichkeit, zu sagen: mir, mir; es ist Zeichen der Jugend zu sagen: ich, ich; es ist Zeichen der Reife und der Weihe der Ewigkeit, verstehn zu wollen, daß dies Ich nichts bedeutet, wenn es nicht zu dem Du wird, zu dem die Ewigkeit ununterbrochen spricht: „du" sollst, du sollst. Jugend will das einzige Ich in der ganzen Welt sein, Reife heißt, dies „Du" auf sich selbst beziehn, auch wenn es zu keinem anderen Menschen gesagt würde. Du sollst, du sollst den Nächsten lieben. O Leser, du bist es nicht, zu dem ich rede, ich bin es, zu dem die Ewigkeit sagt: du sollst.

*

Die Bekümmernis

Soll das Leben eines Menschen nicht ganz unwürdig wie das eines Tieres geführt werden, das nie sein Haupt erhebt, soll es nicht vertändelt werden, leer beschäftigt mit Dingen, die eitel sind, solange sie dauern, und nichts sind, wenn sie vorbei sind, oder emsig beschäftigt mit dem, was allerdings im Augenblick lärmt, in der Ewigkeit aber keinen Widerhall gibt, — soll das Leben eines Menschen nicht in Unwirksamkeit verschlafen werden oder in Geschäftigkeit vergeudet, so muß es von etwas Höherem emporgezogen werden. Dies Höhere kann nun etwas ungemein Verschiednes sein; wenn aber dies Höhere in Wahrheit und in jedem Augenblick emporzuziehen imstande sein soll, so darf es selbst keinem Wechsel und keiner Veränderung unterworfen sein, sondern muß siegreich jede Veränderung bestanden haben, verklärt — wie das verklärte Leben eines Verstorbenen.

*

Gott schafft alles aus nichts — und alles, was Gott brauchen will, macht er zuerst zu nichts.

*

Bei jedem tieferen Besinnen, das den Menschen älter macht als den Augenblick und ihm hilft, das Ewige zu ergreifen, vergewissert er sich, daß er ein wirkliches Verhältnis zu einer Welt hat, und daß somit dies Verhältnis nicht nur ein Wissen von dieser Welt und sich selbst als einem Teil von ihr sein kann; denn ein solches Wissen ist kein wirkliches Verhältnis, weil dies Wissen gegen die Welt gleichgültig ist und die Welt gleichgültig gegen das Wissen über sie. Erst in dem Augenblick, wenn die Bekümmernis in seiner Seele erwacht: was wohl die Welt für ihn zu bedeuten habe und er für die Welt, was alles das in ihm, wodurch er selbst der Welt angehört, für ihn zu bedeuten habe und er damit für die Welt —, dann erst, in dieser Bekümmernis, kommt der innere Mensch zum Durchbruch. Diese Bekümmernis wird nicht gestillt durch ein genaueres und umfassenderes Wissen, sie begehrt eine andere Art Wissen, ein Wissen, das in keinem Augenblick nur Wissen bleibt, sondern sich im Augenblick des Besitzes in Tat verwandelt; denn sonst ist es kein Besitz. Auch diese Bekümmernis verlangt eine Klärung, ein Zeugnis, aber von einer andern Art. Wenn ein Mensch mit seinem Wissen alles umspannen könnte, aber nichts von dem Verhältnis dieses Wissens zu ihm selbst wüßte, so würde er ein Zeugnis (über sein Wissen) etwa dadurch zu gewinnen suchen, daß er über das Verhältnis seines Wissens zum Gegenstande sich Klarheit verschaffte, aber er hätte nicht verstanden, daß ein ganz anderes Zeugnis notwendig ist; die Bekümmernis wäre noch nicht in seiner Seele erwacht.

Sobald diese erwacht, wird sich sein Wissen als trostlos erweisen, weil alles Wissen, in dem ein Mensch vor sich selbst verschwindet, ebenso wie jede Klärung, die durch ein solches Wissen zuwege gebracht wird, zweideutig ist; sie klärt bald dies, bald jenes und kann das Entgegengesetzte bedeuten, ebenso wie jedes Zeugnis dieser Art, gerade wenn es zeugt, voll von Betrug und Rätseln ist und nur Angst erzeugt. Wie sollte auch ein Mensch durch dies Wissen sich vergewissern, ob das Glück Gottes Gnade ist, so daß er es wagt, sich drüber zu freun und sich ihm vertrauensvoll hinzugeben, oder ob es der Zorn des Himmels ist, der nur trügerisch den Abgrund des Verderbens vor ihm verhüllt, daß sein Untergang um so entsetzlicher werde. Wie sollte ein

Mensch durch dies Wissen sich vergewissern, ob das
Unglück Strafe des Himmels, daß er sich zerschmettern
lasse davon, oder Gottes Liebe ist, die ihn in der Prüfung liebt, so daß er freudig und zuversichtlich in der
Not der Versuchung an die Liebe denken darf? Wie
sollte ein Mensch durch solch Wissen sich vergewissern,
ob er darum in der Welt hochgestellt und viel darum ihm
anvertraut ward, weil Gott in ihm sein auserwähltes
Werkzeug liebte, oder ob es darum geschah, damit er
zum Sprichwort würde für die Menschen, zur Warnung
und zum Schrecken für andre? Denn sein Wissen kann
ihn wohl vergewissern, daß ihm alles glückt, daß alles
sich ihm fügt, daß alles geschieht, wie er will, daß ihm
alles gegeben wird, wonach er zeigt; daß ihm alles miß-
glückt, daß ihn alles betrügt, daß jeder Schrecken, vor
dem er sich ängstigt, im nächsten Augenblick über ihn
kommt; daß er hoch betraut ist wie keiner — doch mehr
kann dies Wissen ihn nicht lehren. Und diese Klärung ist
zweideutig, und dies Wissen ist trostlos.

In dieser Bekümmernis kommt der innere Mensch
zum Durchbruch und verlangt eine Klärung, ein Zeugnis,
das ihm über die Bedeutung des Alls für ihn und seine
eigne Bedeutung Klarheit gibt, indem es ihm selbst
Klarheit gibt in dem Gott, der in seiner ewigen Weisheit
alles zusammenhält und den Menschen als Herrn der
Schöpfung einsetzte dadurch, daß er Gottes Diener
wurde, und sich dadurch ihm erklärte, daß er ihn zu
seinem Mitarbeiter machte, und bei jeder Klärung, die
er einem Menschen gibt, ihn in dem inneren Menschen
bestärkt. In dieser Bekümmernis kommt der innere
Mensch zum Durchbruch, dessen Bekümmernis nicht
der ganzen Welt gilt, sondern nur Gott und sich selbst
und der Klärung, die ihm das Verhältnis verständlich

macht, und dem Zeugnis, das ihn in diesem Verhältnis bestärkt. Diese Bekümmernis hört nie mehr auf; denn das Wissen, das er gewinnt, ist kein gleichgültiges Wissen.

Denn wenn ein Mensch dächte, diese Sache ein für allemal abmachen zu können und dann fertig zu sein, so wäre der innere Mensch in ihm nur totgeboren und würde wieder verschwinden. Wenn er aber in Wahrheit bekümmert ist, so wird ihm alles durch Gott zur Kräftigung im inneren Menschen dienen; denn Gott ist treu und läßt sich nicht unbezeugt. Aber Gott ist Geist und kann darum nur im Geist ein Zeugnis geben, das heißt: im inneren Menschen; jedes äußere Zeugnis von Gott, wenn von einem solchen die Rede sein könnte, kann ebensogut Betrug sein.

*

Man erzählt von einem indischen Einsiedler, der zwei Jahre lang von Tau lebte, daß er einmal in die Stadt kam, Wein schmeckte und dann dem Trunk verfiel. Man kann diese Geschichte wie jede ähnliche auf vielerlei Art verstehen. Man kann sie komisch machen, man kann sie tragisch machen, doch der Mensch, der durch die Möglichkeit gebildet wird, hat genug an der Geschichte. Sofort identifiziert er sich völlig mit jenem Unglücklichen, er kennt keine Ausflüchte der Endlichkeit mehr, durch welche er entschlüpfen könnte. Nun ist er eine sichere Beute für die Angst vor der Möglichkeit, bis diese ihn gerettet dem Glauben überliefern kann; anderswo findet er keine Ruhe, denn jeder andre Ruhepunkt ist nur Geschwätz, wenn er auch in den Augen der Menschen Klugheit heißt. Sieh, darum ist die Möglichkeit so absolut bildend. In der Wirklichkeit ist kein Mensch je so unglücklich geworden, daß er nicht noch einen kleinen Rest zurückbehielt, und, so sagt die Verständigkeit ganz richtig, wenn man listig ist, weiß man sich zu helfen. Wer aber den Kursus der Möglichkeit im Unglück durchmachte, verlor alles, alles, wie niemand es in der Wirklichkeit verloren hat. Wenn er nun die Möglichkeit nicht betrog, die ihn belehren wollte, wenn er nun die Angst nicht beredete, die ihn retten wollte, dann bekam er alles wieder, wie niemand in der Wirklichkeit, selbst wenn er es zehnfach bekam; denn der Jünger der Möglichkeit bekam die Unendlichkeit, und die Seele des andern war in der Endlichkeit gestorben. In der Wirklichkeit sank niemand so tief, daß er nicht noch tiefer sinken konnte, und es könnte ja einen und viele geben, die noch tiefer sanken. Aber dem, der in der Möglichkeit versank, schwindelte es vor den Augen, sein Blick verwirrte sich, so daß er den Maßstab, welchen Krethi und Plethi dem Sinkenden reicht wie einen rettenden Strohhalm, nicht faßte; sein Ohr schloß sich, so daß er nicht hörte, was der Marktpreis für einen Menschen in seiner Mitwelt war: daß er gerade so gut wie die meisten war. Er sank vollständig, aber dann tauchte er wieder auf aus der Tiefe des Abgrundes, leichter als all das Beschwerende und Erschreckende im Leben.

*

Der archimedische Punkt außerhalb der Welt ist eine Betkammer, wo der wahre Beter in aller Aufrichtigkeit betet — und er soll die Erde bewegen.

*

Beten ist nicht sich selbst reden hören, sondern verstummen, so lange verstummen und warten, bis der Betende Gott hört.

*

Dich aber, Herr Jesus Christus, wollen wir bitten, daß du uns, und uns ganz zu dir ziehen mögest. Ob unser Leben ruhig dahingleiten soll in der Hütte am stillen See, oder ob wir versucht werden sollen im Kampf mit den Stürmen des Lebens auf dem aufgeregten Meere; ob wir „danach ringen sollen stille zu sein" (1. Thess. 4, 11) oder streitend in der Erniedrigung: zieh du uns, zieh uns ganz zu dir hin. Wenn du uns nur zu dir ziehst, ist doch alles gewonnen, wenn wir auch menschlich gesprochen nichts gewonnen und nichts verloren, wenn wir auch, menschlich gesprochen, alles verlören: dann waren die oder jene Lebensumstände die Wahrheit unseres Lebens; denn du ziehst niemanden in unwürdige Ferne von den Gefahren, aber auch niemanden in ein dummdreistes Wagen hinaus.

Wir bitten für alle. Für das zarte Kind, das dir die Eltern zuführen, damit du es dir ziehen mögest. Und wenn später die Eltern so auf das Kind einwirken, daß es zu dir geführt wird, dann bitten wir dich: segne ihnen dieses Wirken; wenn sie aber störend auf das Kind einwirken, bitten wir, daß du dem dann abhelfen mögest, damit die Störung das Kind nicht von dir ziehe, daß du auch dieses dem Kinde dienlich sein lassen mögest, um es zu dir zu ziehen. O du, der du dich „den Weg" genannt hast, du hast gerade darum mehr Wege, als Sterne am Himmel sind, und Wege überall, Wege, die zu „dem Wege" führen. —

Wir bitten für die, die den Bund mit dir erneuert

haben, den wir alle mit dir eingegangen sind, den die meisten von uns auch erneuert haben, den die meisten von uns auch wieder gebrochen haben, doch nicht alle, denn wir bitten ja für die, die in einem andern Sinne als das Kind gleichsam am Eingang zum Leben stehen, nachdem sie ihren Taufbund erneuert haben: wir bitten dich, daß du sie zu dir ziehen mögest. O du, der du nicht bloß Gelübde annimmst und nicht bloß Gelübde hältst, sondern auch einem armen Menschen damit behilflich bist, daß er sein Gelübde hält: du mögest sie zu dir ziehen durch „das Gelübde" und, wird es gebrochen, so mögest du sie wiederum zu dir ziehen, durch das wieder und wieder erneute Gelübde. — Wir bitten für die, die erlebten, was irdisch dieses irdischen Lebens schönster Sinn ist, für die, die in Liebe einander fanden, wir bitten für die Liebenden, daß sie einander nicht mehr geloben mögen als sie halten können; und selbst wenn sie es halten können, bitten wir dich, daß sie einander nicht zu viel in der Liebe geloben mögen, damit ihre Liebe ihnen kein Hindernis daran werde, zu dir gezogen zu werden, sondern daß sie ihnen dazu vielmehr behilflich sein möge. — Wir bitten für den Mann, daß sein bedeutungsvolles Werk, wenn er im Leben so gestellt ist, oder seine eifrige Wirksamkeit, oder sein mühevolles Arbeiten ihn dich nicht vergessen lassen möge, sondern daß er in seinem Werk, in seiner Wirksamkeit, in seiner Arbeit sich immer mehr zu dir gezogen fühlen möge. — Wir bitten für die Gattin, der das stille Leben angewiesen wurde, ferner von den Zerstreuungen und dem Lärm der Welt, daß sie bei ihren liebenswerten Taten im Hause im tiefsten Sinne „Sammlung" bewahren möge dadurch, daß sie sich immer mehr zu dir gezogen fühlt. — Wir bitten für den Greis am Abend des Lebens, daß nun, wo die Zeit der Arbeit vorbei ist, der Gedanke an dich, der du ihn zu dir ziehst, seine ganze Seele erfüllen möge, wir bitten für den Greis am Rande des Grabes, daß du ihn zu dir ziehen mögest. — Wir bitten für alle, für den, der in diesem Augenblick das Licht der Welt begrüßt, daß es ihm die Bedeutung des Lebens werden möge, zu dir gezogen zu werden, und wir bitten für den Sterbenden, für den, den vielleicht vieles und viele zurückhalten möchten, und für den, ach, den nichts und niemand zurückhält: wir bitten, daß es ihm die Bedeutung des Lebens gewesen sein möge, zu dir gezogen zu werden.

Wir bitten für den Frohen und Glücklichen, den, der vor Freude kaum weiß, wo er hin soll, daß du ihn zu dir ziehen und ihn lernen lassen mögest, daß er dahin gehn soll; wir bitten für den Leidenden, der in seinem Elend nicht weiß, wo er hin soll, daß du ihn zu dir ziehen mögest: damit beide, der Leidende und der Glückliche, so verschieden die Umstände ihres Lebens sind, in einem vereinigt werden mögen: niemanden anders zu wissen, zu dem sie gehn könnten, als dich.

Wir bitten für die, die der Umkehr bedürfen, daß du sie zu dir ziehen mögest vom Wege des Verderbens auf den der Wahrheit; für die, die sich zu dir gewandt und den Weg gefunden haben, daß sie, zu dir gezogen, Fortschritte machen auf ihrem Wege. Und da man ja, wenn die Wahrheit „der Weg" ist, auf dreierlei Weise fehlen kann: „durch Fehlgehen des Wegs, durch Straucheln auf dem Wege, durch Abbiegen vom Wege" — so bitten wir dich, daß du den Fehlgehenden vom Abwege zu dir ziehen, den Strauchelnden auf dem Wege stärken und den Verirrten zum Wege zurückführen mögest.

So bitten wir für alle; doch niemand vermag ja jeden einzelnen zu nennen, ja, wer vermag bloß alle verschiedenen Arten zu nennen! So nennen wir bloß noch eine Art. Wir bitten für die, die Diener des Wortes sind, deren Arbeit es ist, soweit ein Mensch es vermag, die Menschen zu dir zu ziehen; wir bitten, daß du ihre Arbeit segnen mögest, daß sie aber zugleich selber in ihrer Arbeit zu dir gezogen werden mögen, daß sie nicht in dem Eifer, andere zu dir zu ziehen, selber von dir zurückgehalten werden mögen. Und wir bitten für die einzelnen Gemeindemitglieder, daß sie, selber zu dir gezogen, nicht so gering von sich denken mögen, als ob es nicht auch ihnen gegeben wäre, andere zu dir zu ziehen, soweit ein Mensch es vermag.

Soweit ein Mensch es vermag: denn nur du allein kannst zu dir ziehen, wenn du auch alles und alle brauchen kannst, — um alle zu dir zu ziehen.

*

Der rechte Beter streitet im Gebet und siegt dadurch, daß Gott siegt.

. . Denke dir ein Kind, das mit seinem Griffel dasitzt und zeichnet, was so ein Kind ausdenkt, was so ein Kind launenhaft und unzusammenhängend so hinwirft; aber hinter dem Kinde steht unsichtbar ein Künstler, der seine Hand führt, sodaß die Zeichnung, die im Begriff ist sich zu verwirren, sich unter das Gesetz der Schönheit beugt, sodaß die Linie, die im Begriff war sich zu verwirren, in die Grenze der Schönheit zurückgerufen wird — denke dir das Erstaunen des Kindes! Oder denke dir, daß das Kind seine Zeichnung am Abend hinlegt, doch während es schläft, vollendet eine freundliche Hand das Verwirrte und nur schlecht Begonnene, denke dir dann das Erstaunen des Kindes, wenn es am Morgen seine Zeichnung wiedersieht! So ist es mit einem

Menschen; denn laßt uns nie vergessen, daß selbst der Erwachsene doch immer etwas von dem Unverstand des Kindes behält, besonders wenn das Gebet nicht als das Wesentliche, sondern nur als ein Mittel, zur Klärung verhelfen soll. Der Jüngling ist damit beschäftigt zu denken, was er in der Welt werden will, welchem der Großen und Ausgezeichneten er gleichen will. Der Ernsthaftere hat das Kindliche abgelegt, er bekümmert sich nicht so um das Äußere, will nur sich selber bilden. So sitzt er nun da und zeichnet; oder ist der, der im Gebet mit Gott um eine Klärung streitet, kein Zeichner? Soll die Klärung nicht die Grenzlinie ziehen zwischen ihm und Gott, so daß er Gott gegenüber sich selbst ähnlich wird?

Ach, aber nun kommt der Unterschied: dem Kinde mußte so geholfen werden, daß etwas hinzugefügt wurde, aber dem Streitenden wird mehr und mehr weggenommen. Das Äußere und jede Forderung an das Leben werden ihm weggenommen, und nun streitet er um eine Klärung, doch nicht einmal die erstreitet er sich. Zuletzt kommt es ihm vor, als ob er zu einem Nichts würde. Nun ist der Augenblick da, wem sollte der Streitende wohl zu gleichen wünschen außer Gott; aber wenn er selbst etwas ist oder etwas sein will, dann ist dies Etwas genug, um die Anähnlichung zu verhindern. Nur wenn er selbst zu nichts wird, nur dann kann Gott ihn durchleuchten, so daß er Gott ähnlich wird. Wie viel er auch selber ist, die Gottähnlichkeit kann er nicht ausdrücken. Gott kann sich nur in ihm abdrücken, wenn er selbst zu nichts geworden ist. Wenn das Meer alle seine Kraft anstrengt, so kann es das Bild des Himmels gerade nicht wiedergeben, und selbst bei der kleinsten Bewegung gibt es das Bild nicht rein wieder; doch wenn es still und tief wird, so sinkt das Bild des Himmels in sein Nichts.

Wer war nun der Sieger? Das war Gott. Denn die Klärung, die der Betende begehrte, gab er nicht, gab sie nicht, wie der Streitende begehrte. Aber der Streitende siegte auch. Oder war es kein Sieg, daß er, anstatt von Gott eine Klärung zu bekommen, in Gott verklärt wurde, eine Verklärung, die darin besteht, daß er Gottes Bild wiedergibt!

*

Da draußen bei dem Vogel und der Lilie ist Schweigen. Aber was drückt dies Schweigen aus? Es drückt die Ehrfurcht vor Gott aus, und daß er es ist, der waltet, und er allein es ist, dem Weisheit und Verstand zukommen. Und gerade darum, weil dies Schweigen Ehrfurcht vor Gott ist, Anbetung, so wie sie in der Natur sich zeigt, darum ist dies Schweigen so feierlich. Und weil dies Schweigen so feierlich ist, daher kommt es, daß man Gott in der Natur vernimmt — kein Wunder: wenn alles aus Ehrfurcht vor ihm schweigt, ob er auch nicht spricht, so wirkt doch das, daß alles aus Ehrfurcht vor ihm schweigt, so, als ob er spräche.

Was du dagegen mit keines Dichters Hilfe da draußen aus dem Schweigen der Lilie und des Vogels lernen kannst, was nur das Evangelium dich lehren kann, ist, daß es Ernst ist, daß es Ernst sein soll, daß die Lilie und der Vogel deine Lehrmeister sein sollen, und daß du dich nach ihnen richten sollst, ganz ernsthaft von ihnen lernen sollst, daß du schweigsam werden sollst, wie die Lilie und der Vogel.

Und schon dies ist ja der Ernst — wenn es recht verstanden wird, nicht wie es der träumende Dichter oder

der Dichter versteht, der die Natur von sich träumen läßt —, dies: daß du da draußen bei der Lilie und dem Vogel vernimmst, daß du vor Gott stehst, was oft so ganz vergessen wird beim Reden und Hin und Her mit andern Menschen. Denn wenn wir nur zwei zusammen sind, und wenn wir zehn oder mehr sind, wird so leicht vergessen, daß du und ich, wir beide oder wir zehn vor Gott stehn. Aber die Lilie, die ein Lehrmeister ist, ist tiefsinnig. Sie läßt sich gar nicht mit dir ein, sie schweigt und will dir durch ihr Schweigen andeuten, daß du vor Gott stehst, daß du daran denkst, daß du vor Gott stehst — und daß du im Ernst und in der Wahrheit vor Gott verstummen müßtest.

O, verstummen sollst du vor Gott wie die Lilie und der Vogel. Du sollst nicht sagen: „Der Vogel und die Lilie haben gut schweigen, denn sie können ja nicht reden"; das sollst du nicht sagen, du sollst überhaupt nichts sagen, nicht den kleinsten Versuch machen, den Unterricht in der Schweigsamkeit unmöglich zu machen dadurch, daß du, statt mit Ernst zu schweigen, ohne Sinn und Verstand Schweigen und Reden vermengst, vielleicht gar das Schweigen zum Gegenstand der Rede machst, sodaß nichts aus dem Schweigen wird, doch dafür eine Rede über das Schweigen. Du sollst dir vor Gott nicht wichtiger vorkommen als eine Lilie oder ein Vogel — doch wenn es Ernst und Wahrheit wird, daß du vor Gott stehst, wird das Letzte aus dem Ersten folgen. Und wenn das, was du auf Erden willst, auch die allererstaunlichste Leistung wäre: du sollst die Lilie und den Vogel als deine Lehrmeister anerkennen und vor Gott dich nicht selber wichtiger dünken als die Lilie und der Vogel. Und wenn die ganze Welt nicht groß genug wäre für deine Pläne, wenn du sie entwickelst: du sollst vom Vogel und der Lilie als deinen Lehrmeistern lernen, vor Gott all deine Pläne zu weniger als einem Pünktchen zusammenschrumpfen zu lassen, und weniger Lärm machen als die unbedeutendste Kleinigkeit: in Schweigsamkeit. Und wenn das, das du in der Welt littest, so qualvoll wäre, wie nie etwas erlebt war, du sollst die Lilie und den Vogel als deine Lehrmeister erkennen und dich nicht wichtiger dünken als Lilie und Vogel in ihren kleinen Sorgen.

*

Da draußen bei der Lilie und dem Vogel ist Schweigen, sagten wir. Doch dies Schweigen, oder was wir davon zu lernen suchten: schweigsam zu werden, ist die erste Bedingung, um in Wahrheit gehorchen zu können. Wenn alles um dich her feierliches Schweigen ist, wie da draußen, und wenn in dir Schweigen ist, dann vernimmst du, und zwar mit dem Nachdruck der Unendlichkeit, die Wahrheit von diesem: du sollst Gott deinen Herrn lieben und ihm allein dienen, und du vernimmst, daß du es bist, du, der Gott so lieben soll, du allein in der ganzen Welt, du, der du ja allein bist, umgeben von feierlichem Schweigen, so allein, daß auch jeder Zweifel und Einwand und jede Entschuldigung und Ausflucht und jede Frage, kurz jede Stimme zum Schweigen gebracht ist in deinem Innern, jede Stimme, das heißt, jede andere als Gottes Stimme, die um dich und in dir zu dir spricht durch Schweigen. War niemals dies Schweigen um dich und in dir, so lerntest du auch nie Gehorsam und lernst ihn nicht. Hast du aber das Schweigen gelernt, so geht es auch mit dem Gehorsam.

*

„Sehet die Vögel unter dem Himmel: sie säen nicht, sie ernten nicht, sie sammeln nicht in die Scheunen", unbekümmert um den morgigen Tag. „Sieh das Gras auf dem Felde — das heute da ist."

Tu's und lerne:

Freude

So laß uns die Lilie und den Vogel betrachten, die frohen Lehrer. „Die frohen Lehrer", denn du weißt ja, Freude ist mitteilsam; und darum lehrt dich niemand Freude besser als der, der selber froh ist. Der Lehrer der Freude hat eigentlich nichts andres zu tun, als selbst froh zu sein oder Freude zu sein; wie sehr er sich auch anstrengt Freude mitzuteilen — wenn er selbst nicht froh ist, ist auch sein Unterricht unvollkommen. So gibt's also nichts, in dem leichter zu unterrichten wäre als die Freude — ach, man braucht nur selber wirklich froh zu sein. Doch dieses „ach", ach es zeigt schon, daß es doch nicht so leicht ist —, nicht so leicht, selber immer froh zu sein; denn daß es leicht genug ist, in Freude zu unterrichten, wenn man selbst froh ist: nichts ist gewisser.

Doch da draußen bei Lilie und Vogel, oder wo Lilie und Vogel in der Freude unterrichten, da herrscht immer Freude. Und niemals kommen Lilie und Vogel in Verlegenheit wie manchmal der menschliche Lehrer, der das, worin er unterrichtet, sich aufgeschrieben oder in seinen Büchern stehn hat, kurz gesagt: woanders, er hat's nicht bei sich; nein, wo Lilie und Vogel in der Freude unterrichten, da ist immer Freude — sie ist ja in der Lilie und dem Vogel. Welche Freude, wenn der Tag graut und der Vogel zeitig zur Freude des Tags erwacht; welche Freude, ob auch auf anderen Ton gestimmt, wenn der Tag sich neigt, und der Vogel froh zu seinem Nest heimeilt; und welche Freude den ganzen langen Sommertag! Welche Freude, wenn der Vogel — der nicht nur wie ein froher Arbeiter zu seiner Arbeit singt, sondern dessen Hauptarbeit Singen ist — froh sein Lied beginnt; welche neue Freude, wenn dann auch der Nachbar anfängt, und dann der gegenüber, und wenn dann der ganze Chor einfällt, welche Freude; und wenn es dann zuletzt wie ein Meer von Tönen ist, von denen Wald und Tal, Himmel und Erde widerhallen, ein Meer von Tönen, worin sich der, der den Ton angab, außer sich vor Freude tummelt: welche Freude, welche Freude! Und so das ganze Leben des Vogels, immer und überall findet er etwas, oder besser: genug, worüber er sich freuen kann; er vergeudet keinen einzigen Augenblick, und hielte jeden Augenblick für vergeudet, in dem er nicht froh war. — Welche Freude, wenn der Tau fällt und die Lilie erquickt, die nun gekühlt schlafen geht, welche Freude, wenn sich die Lilie trocknet nach dem Bade voll Lust im ersten Sonnenstrahl, und welche Freude den ganzen langen *Sommertag! O sieh sie doch an, die Lilie und den Vogel, und sie zusammen!* Welche Freude, wenn der Vogel sich bei der Lilie versteckt, wo er sein Nest und es so behaglich hat, wo er zum Zeitvertreib mit der Lilie scherzt! Welche Freude, wenn der Vogel vom hohen Zweig, oder noch höher, hoch oben von den Wolken glücklich sein Nest im Auge behält und die Lilie, die lächelnd ihr Auge zu ihm hinaufwendet! Holdseliges, glückliches Dasein, so reich an Freude! Oder ist die Freude vielleicht darum kleiner, weil das, was sie so froh macht, kleinlich verstanden, wenig ist? Nein, dies kleinliche Verstehen ist ein Mißverständnis, ein höchst trauriges und bedauerliches Mißverständnis; denn gerade das, daß es so wenig ist, was sie so froh macht, ist Beweis dafür, daß sie selbst Freude sind, ja die Freude selbst. So ist's doch? Wenn das, worüber man sich freut, gar nichts, und man in Wirklichkeit doch unbeschreiblich froh wäre, so bewiese das am allerbesten, daß man selbst die Freude ist, ja die Freude selbst — wie Lilie und Vogel es sind, die frohen Lehrer der Freude, die gerade darum, weil sie unbedingt froh sind, die Freude selber sind. Denn der, dessen Freude von gewissen Bedingungen abhängt, ist nicht die Freude selber, seine Freude ist die der Bedingungen und bedingt im Verhältnis zu ihnen. Aber der, der die Freude selbst ist, der ist unbedingt froh, geradeso wie umgekehrt der, der unbedingt froh ist. O, uns Menschen verursachen die Bedingungen, unter denen wir froh werden können, viel Mühsal und Bekümmernis — selbst wenn sich alle Bedingungen für uns erfüllten, würden wir vielleicht doch nicht unbedingt froh sein. Doch, nicht wahr, ihr tiefsinnigen Lehrer der Freude, es kann ja nicht anders sein; denn mit Hilfe selbst aller Bedingungen ist's ja doch unmöglich, froher zu werden als nur bedingt, oder anders froh zu werden; die Bedingungen und das Bedingte entsprechen sich ja. Nein, unbedingt froh kann nur der werden, der die Freude selbst ist, und nur dadurch, daß man unbedingt froh ist, wird man die Freude selbst.

Doch könnte man nicht kurz angeben, inwiefern die Freude der Inhalt der Lehre von Lilie und Vogel, oder was der Inhalt dieser Lehre von der Freude ist, d. h.: könnte man nicht kurz die Gedanken ihrer Lehre angeben? Ja, das kann man leicht; denn wie einfältig Lilie und Vogel auch sind, so sind sie doch nicht gedankenlos. Also kann man es leicht; und laßt uns nicht vergessen: daß Lilie und Vogel selber das sind, was sie lehren, selber das ausdrücken, worin sie unterweisen: schon das ist hier eine außerordentliche Vereinfachung. Das ist — im Gegensatz zur schlichten und ersten Ursprünglichkeit, in der Lilie und Vogel im strengsten Sinne das aus erster Hand haben, was sie lehren — die erworbene Ursprünglichkeit. Und diese erworbene Ursprünglichkeit in Lilie und Vogel ist wiederum Einfalt; denn ob eine Lehre einfältig ist, das beruht nicht so sehr darauf, ob sie einfache, alltägliche Worte gebraucht oder hochtrabende, gelehrte, nein: das Einfältige ist, daß der Lehrer selbst ist, was er lehrt. Und so ist es bei der Lilie und dem Vogel. Und ihre Lehre von der Freude, die ja wieder ihr ganzes Leben ausdrückt, ist kurz folgende: Es gibt ein Heute. Unendlicher Nachdruck liegt auf diesem gibt. Es gibt ein Heute — und es gibt keine, gar keine Sorgen für den kommenden Tag oder den kommenden Morgen. Das ist kein Leichtsinn von der Lilie und dem Vogel, sondern die Freude der Schweigsamkeit und des Gehorsams. Denn wenn du schweigst in dem feierlichen Schweigen der Natur, dann gibt es keinen kommenden Tag, und wenn du gehorchst, wie die Schöpfung gehorsam ist, dann gibt es keinen kommenden, unglückseligen Tag, die Erfindung der Geschwätzigkeit und des Ungehorsams. Aber wenn es im Schweigen und Gehorsam keinen kommenden Tag gibt, dann ist das Heute im Schweigen und im Gehorsam, es ist da — und dann ist die Freude da, wie sie in der Lilie und dem Vogel ist.

Was ist die Freude oder was bedeutet Frohsein? Das heißt: in Wahrheit sich selbst gegenwärtig sein; aber dies in-Wahrheit-sich-selbst-gegenwärtig-sein ist das „Heute", d. h.: heute dazusein, in Wahrheit für den heutigen Tag dazusein. Und in demselben Grade, wie es dir eine größere Wahrheit wird, daß du heute da bist, in demselben Grade, wie du dir selbst stärker dadurch gegenwärtig bist, daß du heute da bist, in demselben Grade ist der Tag des Unheils, der kommende Tag, nicht mehr für dich da. Die Freude ist die gegenwärtige Zeit mit dem ganzen Nachdruck auf: gegenwärtige. Darum ist Gott selig, er, der ewig „heute" sagt, er, der sich ewig und unendlich selbst gegenwärtig ist dadurch, daß er heute da ist. Und darum sind die Lilie und der Vogel die Freude selber, weil sie durch Schweigen und unbedingten Gehorsam sich selbst ganz gegenwärtig sind in diesem Heute-Dasein.

„Aber", sagst du, „die Lilie und der Vogel, die können das leicht." Antwort: du darfst mit keinem Aber kommen, sondern mußt von Lilie und Vogel lernen, dir selbst ganz gegenwärtig zu sein, für heute dazusein, dann bist du auch die Freude selber. Doch, wie gesagt, kein Aber; denn es ist Ernst: du mußt von der Lilie und dem Vogel die Freude lernen. Noch weniger darfst du dir selber wichtig vorkommen, etwa daß du dir, weil die Lilie und der Vogel einfältig sind und du dich vielleicht als Mensch fühlst, wichtig wirst und sagst, wenn du über ein bestimmtes Morgen sprichst: „Ja, Lilie und Vogel, die haben's leicht, die nicht mal vom Morgen geplagt werden, der Mensch dagegen, der nicht nur die Sorgen für morgen hat und für das, was er essen soll, sondern auch für gestern und das, was er gegessen hat — und nicht bezahlt!" Nein, keine Späße, die unartig den Unterricht stören. Lerne lieber, fang wenigstens an, von der Lilie und dem Vogel zu lernen. Denn es kann doch niemands ernsthafte Meinung sein, daß das, worüber sich Lilie und Vogel freuen und dergleichen, nichts ist, worüber man sich freuen kann! Also, daß du erschaffen bist, daß du da bist, daß du „heute" zum Dasein das

Lilie und Vogel: Freude

Nötige bekommst, daß du erschaffen wurdest, daß du Mensch wurdest; daß du sehen kannst, bedenke, daß du sehen kannst, daß du hören kannst, daß du riechen, daß du schmecken, daß du fühlen kannst; daß die Sonne für dich scheint —deinethalben, daß wenn sie müde wird, der Mond anfängt, und dann die Sterne angezündet werden; daß es Winter wird, daß die ganze Natur sich verkleidet, Verstecken spielt, — um dich zu vergnügen; daß es Frühling wird, Vögel in großen Schwärmen kommen — um dich zu erfreuen, daß das junge Grün sprießt und der Wald schön wächst und als Braut dasteht — dir Freude zu schenken; daß es Herbst wird, die Vögel fortziehen, nicht weil sie sich rar machen wollen, o nein, nur daß du ihrer nicht müde werdest, der Wald seinen Schmuck ablegt, nur um des nächsten Males willen, das heißt, daß er dich das nächste Mal erfreuen könne; dies sollte nichts sein, worüber man sich freuen kann! O, dürft' ich schelten; doch aus Ehrfurcht vor Lilie und Vogel wage ich's nicht, und drum will ich statt zu sagen, dies sei nichts, worüber man sich freuen kann, sagen: wenn dies nichts ist, worüber man sich freuen kann, so gibt's überhaupt nichts, worüber man sich freuen kann. Bedenke, daß Lilie und Vogel die Freude sind, und doch haben sie, auch so verstanden, viel weniger, worüber sie sich freuen können, als du, der du zugleich auch Lilie und Vogel hast, dich dran zu erfreuen. Lerne drum von der Lilie und lerne vom Vogel, deinen Lehrern: zu sein heißt: für heute da sein und, das ist Freude. Kannst du dich nicht froh sehen an der Lilie und dem Vogel, die ja die Freude selber sind, kannst du dich nicht an ihnen froh sehn, so daß du willig wirst, von ihnen zu lernen, dann ist's mit dir so, wie wenn der Lehrer vom Kinde sagt: „Mangel an Begabung ist das nicht, außerdem ist die

Sache so leicht, daß von Mangel an Begabung gar nicht die Rede sein kann; es muß etwas andres sein, vielleicht ist das Kind nicht aufgelegt, man darf das nicht gleich zu streng nehmen und als Unwilligkeit behandeln oder gar Widersetzlichkeit."

So sind Lilie und Vogel Lehrer der Freude. Und doch haben Lilie und Vogel auch Kummer, wie die ganze Natur Kummer hat. Seufzen nicht alle Geschöpfe unter der Vergänglichkeit, der sie gegen ihren Willen unterworfen wurden? Alles ist der Vergänglichkeit unterworfen. Der Stern, so fest er am Himmel steht, auch der festeste, muß seinen Platz verändern im Fall, und der, der noch nie seine Stellung veränderte, muß doch einmal seine Stellung verändern, wenn er in den Abgrund stürzt; und die ganze Welt, mit allem was in ihr ist, unterliegt einem Wechsel, wie man ein Kleid wechselt, das man ablegt, Beute der Vergänglichkeit! Und die Lilie, selbst wenn sie dem Schicksal entgeht, gleich in den Ofen zu wandern, muß doch welken, nachdem sie vorher manches erlitt. Und der Vogel, selbst wenn es ihm vergönnt wäre, an Altersschwäche zu sterben, muß doch einmal sterben, von der Geliebten getrennt werden, nachdem er vorher manches erlitt. O, alles ist Vergänglichkeit, und alles, was da ist, wird einmal Beute der Vergänglichkeit. Vergänglichkeit, Vergänglichkeit ist der Seufzer — denn daß man der Vergänglichkeit unterworfen ist, heißt das sein, was ein Seufzer bedeutet: eingesperrt, gebunden, gefangen; und des Seufzers Inhalt: Vergänglichkeit, Vergänglichkeit!

Aber trotzdem sind die Lilie und der Vogel unbedingt froh; und hier kannst du so recht sehn, wie wahr es ist, wenn das Evangelium sagt: lerne die Freude von der Lilie und dem Vogel. Bessere Lehrer kannst du nicht ver-

Lilie und Vogel: Freude

langen, als wenn einer, den unendlich tiefgehende Sorgen drücken, doch unbedingt froh und die Freude selber ist..

Wie machen's nun Lilie und Vogel, daß sie — was fast wie ein Wunder aussieht — im größten Kummer doch unbedingt froh sind; wenn es ein so furchtbares Morgen gibt, wie machen sie's dann mit dem Heute, das heute-unbedingt-froh-sein bedeutet? Sie machen's ganz einfach und einfältig — das tun Lilie und Vogel immer — sie haben sich ja vom Morgen befreit, als wär's überhaupt nicht da. Es gibt ein Wort des Apostels Petrus, das sich Lilie und Vogel zu Herzen genommen und, einfältig wie sie sind, ganz buchstäblich genommen haben — und daß sie's ganz buchstäblich nehmen, das ist gerade, was ihnen hilft. Es liegt eine ungeheure Macht in diesem Wort, wenn es ganz buchstäblich genommen wird; doch wenn es nicht buchstäblich, ganz nach dem Buchstaben genommen wird, ist es mehr oder weniger ohnmächtig, zuletzt nur eine nichtssagende Redensart; es gehört aber unbedingte Einfalt dazu, um es unbedingt ganz buchstäblich zu nehmen: ,,Werfet alle Eure Sorgen auf Gott." Sieh, das tun Lilie und Vogel unbedingt. Mit Hilfe des unbedingten Schweigens und des unbedingten Gehorsams werfen sie — ja, so wie die stärkste Wurfmaschine etwas wirft und mit derselben Leidenschaftlichkeit, mit der man das fortwirft, was man am meisten verabscheut —, werfen sie alle ihre Sorgen von sich; und werfen sie mit derselben Sicherheit, mit der die sicherste Schußwaffe trifft, und mit demselben Glauben und derselben Zuversicht, mit denen nur der geübteste Schütze trifft — auf Gott.

Im selben Nu — und dies Nu ist vom ersten Augenblick an da, ist jetzt da, ist gleichzeitig mit dem ersten Augenblick seines Entstehens da, im selben Nu sind sie unbedingt froh. Wunderbare Behendigkeit! So seiner Sorgen habhaft zu werden, und zwar auf einmal, und sie so behend von sich werfen zu können, und so sicher das Ziel zu treffen! Ja, das machen die Lilie und der Vogel, drum sind sie im selben Nu unbedingt froh. Und das ist auch ganz in der Ordnung; denn unendlich leicht trägt Gott der Allmächtige die ganze Welt, und die Sorgen der ganzen Welt — die der Lilie und des Vogels mit. Welche unbeschreibliche Freude! Die Freude nämich über Gott den Allmächtigen!

So lerne also von Lilie und Vogel, lerne die Behendigkeit zum Unbedingten. Gewiß, es ist ein wunderbares Kunststück, aber gerade darum mußt du desto genauer auf Lilie und Vogel achtgeben. Es ist ein wunderbares Kunststück, und geradeso wie das Kunststück der Sanftmut enthält es einen Widerspruch, oder 's ist ein Kunststück, das einen Widerspruch löst. Der Ausdruck „werfen" bringt die Gedanken auf „Kraftanwendung", so, als solle man alle Kräfte zusammennehmen und durch eine ungeheure Kraftanstrengung die Sorgen mit Gewalt von sich werfen, doch — „Gewalt" soll man ja gerade nicht anwenden. Das, was man anwenden soll, unbedingt, ist „Nachgiebigkeit", und doch soll man die Sorgen von sich werfen! Und man soll alle Sorge von sich werfen; wirft man nicht alle Sorge von sich, so behält man ja viel, etwas, ein bißchen von ihr zurück und wird nicht froh, geschweige denn unbedingt froh. Und wirft man sie nicht unbedingt auf Gott, sondern anderswohin, so entledigt man sich ihrer nicht unbedingt, sie kommt wieder auf die oder jene Weise, oft in Gestalt von noch größerer und bitterer Sorge. Denn seine Sorgen von sich werfen — doch nicht auf Gott — das ist Zerstreuung. Zerstreuung aber ist ein zweifelhaftes, zwei-

Wirf deine Sorgen auf Gott

deutiges Mittel gegen Sorge. Dagegen unbedingt alle Sorge auf Gott werfen ist „Sammlung", und doch — erstaunlich dies Kunststück des Widerspruchs — eine Sammlung, durch die du unbedingt alle deine Sorge von dir wirfst.

Lerne drum von der Lilie und dem Vogel. Wirf alle deine Sorge auf Gott! Aber die Freude sollst du nicht von dir werfen, nein, die halte fest mit aller Macht. Tust du das, so ist die Rechnung leicht, daß du immer etwas Freude behältst; denn wenn du alle Sorge fortwirfst, behältst du ja nur, was du an Freude hast. Und die bekümmert dich kaum. Lerne drum weiter von der Lilie und dem Vogel. Wirf alle deine Sorge auf Gott, ganz, unbedingt, wie's die Lilie und der Vogel machen: so wirst du unbedingt froh, wie Lilie und Vogel. Denn das ist die unbedingte Freude: die Allmacht anzubeten, mit welcher Gott der Allmächtige alle deine Sorgen leicht wie nichts trägt. Und auch das ist unbedingte Freude, das Nächste: (was ja der Apostel hinzufügt) anbetend zu glauben wagen, daß „Gott für dich sorgt". Die unbedingte Freude ist gerade die Freude über Gott, über den und in dem du dich immer unbedingt freuen kannst. Wirst du in diesem Verhältnis nicht unbedingt froh, dann liegt der Fehler unbedingt bei dir selbst, in deiner Unbehendigkeit, alle deine Sorge auf ihn zu werfen, in deiner Unwilligkeit dazu, in deiner Selbstklugheit, in deiner Eigenwilligkeit, kurz: er liegt darin, daß du nicht bist wie Lilie und Vogel. Es gibt nur eine Sorge, bei der Lilie und Vogel nicht Lehrmeister sein können, darum sprechen wir auch hier nicht von dieser Sorge: es ist die Sorge der Sünde. Allen anderen Sorgen gegenüber gilt: wenn du nicht unbedingt froh wirst, so ist's deine Schuld, weil du von Lilie und Vogel durch unbedingte Schweigsamkeit und unbedingten Gehorsam nicht lernen willst, unbedingt froh über Gott zu sein.

Doch noch eins. Vielleicht sagst du mit dem Dichter: „ja, wer beim Vogel bauen und bei ihm wohnen könnte, verborgen in der Einsamkeit des Waldes, wo der Vogel und seine Freundin ein Paar, doch sonst keine Gesellschaft ist; wer leben könnte mit der Lilie im Frieden des Feldes, wo jede Lilie für sich selber sorgt und keine Gesellschaft ist; da könnte man leicht all seine Sorge auf Gott werfen und unbedingt froh sein oder werden. Denn die ‚Gesellschaft', gerade die Gesellschaft ist das Unglück, und daß der Mensch das einzige Wesen ist, das sich selbst und andre mit der unglückseligen Einbildung der Gesellschaft und der Glückseligkeit der Gesellschaft quält, und zwar um so mehr, je mehr die Gesellschaft sein und ihr eignes Verderben wird". So sprich nicht. Nein, sieh dir die Sache genauer an, und gestehe beschämt, daß es doch eigentlich die trotz der Sorge unaussprechliche Liebesfreude ist (durch die der Vogel, Männchen und Weibchen, sich paart), und die auch in der Sorge selbstgenügsame Freude des ledigen Standes ist wodurch die (Lilie ledig ist), daß es eigentlich diese **Freude** ist, die es bewirkt, daß die Gesellschaft sie nicht stört; denn Gesellschaft ist ja doch da. Sieh noch genauer hin, und gestehe beschämt, daß es doch eigentlich die unbedingte **Schweigsamkeit** und der unbedingte **Gehorsam** ist, in welchen der Vogel und die Lilie unbedingt froh sind über Gott — daß es doch eigentlich dies ist, was es bewirkt, daß Lilie und Vogel ebenso froh, ebenso unbedingt froh sind in der Gesellschaft wie in der Einsamkeit. Lerne also von der Lilie und dem Vogel.

Und wenn du's lernen könntest, ganz wie Lilie und

Lilie und Vogel

Vogel zu werden, ach, und wenn ich's lernen könnte, dann würde auch die letzte Bitte Wahrheit werden in dir und in mir, die letzte Bitte in dem „Gebet", das (vorbildlich für alle wahren Gebete, die sich froh, froher und unbedingt froh beten) zuletzt nichts, gar nichts mehr zu bitten und zu begehren hat, sondern unbedingt froh in Lobpreis und Anbetung endet, die Bitte: „Denn dein ist das Reich und die Macht und die Herrlichkeit." Ja, sein ist das Reich; und darum hast du unbedingt zu schweigen, damit du nicht störend dein Dasein merken läßt, sondern durch die Feierlichkeit unbedingten Schweigens ausdrückst, daß das Reich sein ist. Und sein ist die Macht, und darum hast du unbedingt zu gehorchen und dich unbedingt gehorsam in alles zu finden, denn sein ist die Macht. Und sein ist die Herrlichkeit; und darum hast du in allem, was du tust, und in allem, was du leidest, unbedingt noch das Eine zu tun: seine Herrlichkeit zu ehren, denn sein ist die Herrlichkeit.

O unbedingte Freude: sein ist das Reich und die Macht und die Herrlichkeit — in Ewigkeit. „In Ewigkeit", sieh: dieser Tag, der Tag der Ewigkeit, hat nie ein Ende. Halte darum nur unbedingt fest an diesem Einen: sein ist das Reich und die Macht und die Herrlichkeit in Ewigkeit, dann ist für dich ein Heute da, das nie zu Ende geht, ein Heute, in dem du dir ewig selbst gegenwärtig sein kannst. Laß dann den Himmel einstürzen und die Sterne ihre Stellung verändern im Umsturz des Alls, laß den Vogel sterben und die Lilie welken: deine Freude in der Anbetung und du in deiner Freude überleben noch heute jeden Untergang. Bedenke: für dich ist, wenn nicht als Mensch, so doch als Christ, vom christlichen Standpunkt aus, selbst die Gefahr des Todes so unbedeutend, daß es heißt: „heute noch sollst du im

Paradiese sein", und damit der Übergang vom Zeitlichen zum Ewigen — der größtmögliche Abstand — so schnell, und sollte er auch durch den Untergang der ganzen Welt geschehen, so schnell, daß du noch heute im Paradiese bist, weil du ja christlich in Gott bleibst. Denn wenn du in Gott bleibst — ob du lebst oder stirbst, ob es dir gut oder schlecht geht solange du lebst, ob du heute stirbst oder in siebzig Jahren, ob du deinen Tod findest auf dem Grunde des Meeres, wo es am tiefsten ist, oder in die Luft gesprengt wirst, — so wirst du doch nie von Gott losgerissen. Du bleibst dir also selbst gegenwärtig in Gott und bist darum an deinem Todestage noch heute im Paradiese. Der Vogel und die Lilie leben nur einen Tag und sogar nur einen sehr kurzen, und doch sind sie in der Freude, weil sie, wie erklärt, wirklich heute da sind, sich selbst in diesem Heute gegenwärtig. Und du, dem der längste Tag vergönnt ist: heute zu leben — und heute im Paradiese zu sein, solltest du nicht unbedingt froh sein, du, dessen Pflicht es sogar ist, weil du es kannst: den Vogel bei weitem in der Freude zu übertreffen, wovon du dich jedesmal überzeugen kannst, wenn du diese Bitte betest, und dem du dich jedesmal näherst, wenn du diese Bitte der Freude innerlich betest: „Denn dein ist das Reich und die Macht und die Herrlichkeit — in Ewigkeit. Amen!"

*

[Aus dem ironischen Vorwort zu einer gedachten Erbauungsschrift für Gebildete:]

. . Wir wollen hier nochmals auf Bischof Mynsters Predigtversammlung zurückblicken, die durch den Gegensatz den hohen Standpunkt, den der Gebildete jetzt einnimmt, am besten klarzulegen scheint. Diese Sammlung will wohl zunächst eine ernste Selbstprüfung bei dem Einzelnen wecken und nähren, eine tiefergehende Sorge über sich selbst und um sich selbst, sein Wohl, seine Erlösung, seine Seligkeit. Darauf ist die Darstellung auch berechnet, die es dem Leser oft beinah unmöglich macht, dem Gedanken zu entfliehn, daß das, was er liest, ihn selber angehe. Man muß annehmen, daß hiermit für den weniger Gebildeten genügend getan ist. Für den Gebildeten dagegen ist's wahrhaftig zu wenig, es mit einem einzelnen Menschen zu tun zu haben, und wenn er der selber wäre. Er will nicht gestört sein, wenn er erbaut werden soll, nicht an all das kleinliche Zeug erinnert sein, die einzelnen Menschen, sich selber; denn das alles mal zu vergessen, das ist ja gerade die Erbauung.

*

Beredt sein ist im Bereich der Frömmigkeit ein Spiel, so wie schön sein ein glücklicher Vorzug ist, doch ein Spiel; der Ernst ist, das Wort hören, um danach zu handeln: das ist das Höchste, und, Gott sei gepriesen, das kann jeder Mensch, wenn er will. Doch die Geschäftigkeit legt einen höchst ernsthaften Nachdruck auf das Spiel und sieht den Ernst für nichts an, meint, unklar und leichtfertig, beredt sein sei das Höchste, und die Aufgabe des Zuhörers, zu beurteilen, ob der Redner das sei. Laß mich drum — damit keine Schwierigkeit oder Unklarheit unbesprochen bleibe — hier, wo die Forderung an die Selbständigkeit ergeht, kurz das Verhältnis zwischen Redner und Zuhörer in der erbaulichen Rede beleuchten . .

Auf der Bühne ist's, wie du weißt, so: da sitzt einer und flüstert, ist verborgen, der Unbedeutende, soll und will übersehn werden. Aber dann ist einer da, der tritt augenfällig hervor, zieht aller Blicke auf sich, davon hat er seinen Namen, das ist der Schauspieler. Er stellt einen bestimmten Menschen dar; jedes Wort bekommt in dem schönen Sinn der trügerischen Kunst Wahrheit in ihm, Wahrheit durch ihn — und doch bekommt er alles was er sagen soll erst von dem Verborgnen, der dasitzt und flüstert. Niemand ist so töricht, den Flüsternden für wichtiger zu halten als den Schauspieler. Vergiß nun das Spiel der Kunst. Ach, gegenüber dem Göttlichen ist's die Torheit so vieler, nach weltlicher Weise den Redner als einen Schauspieler zu betrachten, die Zuhörer als Zuschauer, die den Künstler beurteilen. Aber so ist's nicht, bei weitem nicht. Nein: der Redner ist der Flüsternde, Zuschauer sind keine da, denn jeder Zuhörer soll in sein eignes Innere blicken; der Schauplatz ist die Ewigkeit, und der Zuhörer, wenn er der wahre ist (und wenn er's nicht ist, so ist e r schuld), er steht bei der Rede vor Gott. Der Flüsternde flüstert dem Schauspieler zu, was er zu sagen hat, aber die Wiedergabe des Schauspielers ist die Hauptsache, ist das ernsthafte Spiel der Kunst. Der Redner flüstert dem Zuhörer das Wort zu, aber die Hauptsache, der Ernst ist, daß der Zuhörer bei sich selbst, mit sich selbst, zu sich selbst schweigend unterm Beistand der Rede vor Gott Zwiesprache hält. Nicht um des Redners willen wird gesprochen, daß man ihn rühme oder tadle, sondern die Wiedergabe des Zuhörers ist's, worauf alles abzielt. Trägt der Redner die Verantwortung für das, was er zuflüstert, so hat der Zuhörer eine ebenso große, daß er seine Aufgabe nicht falsch auffasse. Im Schauspiel wird vor anwesenden Menschen gespielt, die Zuschauer heißen; beim erbaulichen Vortrag aber ist Gott selbst anwesend, ist in des Ernstes tiefster Bedeutung der urteilende Zuschauer, der zuschaut, wie gesprochen und wie gehört wird, gerade darum sind keine Zuschauer da. Der Redende ist also der Flüsternde, und der Zuhörer, er ist offenbar vor Gott, ist, wenn ich so sagen darf, der Schauspieler, der im Sinne der Wahrheit vor Gott spielt. O, laßt uns das nie vergessen, laßt uns das Göttliche nicht verweltlichen, sondern, eben indem wir ernstlich das Göttliche und das Weltliche zusammendenken, es ewig voneinander trennen. Sobald die erbauliche Rede weltlich betrachtet wird (eine Betrachtung, die sich hier der gleichen Torheit schuldig macht wie die beim Schauspiel: den Flüsternden für wichtiger als den Schauspieler zu halten), so wird der Redner zum Schauspieler und die Zuhörer zu urteilenden Zuschauern; dann wird die geistliche Rede in weltlicher Weise vor einigen anwesenden Menschen gehalten, doch Gott ist nicht da, so wenig wie er im Schauspiel da ist. Gottes Gegenwart ist das Entscheidende, das alles verändert. Sobald Gott gegenwärtig ist, hat jeder Mensch vor Gott die Aufgabe, auf sich selbst zu achten: der Redner, daß er während der Rede auf sich selbst achte, was er sagt, der Zuhörer, daß er während der Rede auf sich selbst achte, wie er zuhört, ob er in seinem Innern während der Rede heimlich mit Gott spricht; sonst würden ja auch die Zuhörer ihre Aufgabe mit Gott gemeinsam haben, so daß Gott und die Zuhörer gemeinsam auf den Redner aufpaßten und ihn beurteilen.

*

Der wahre Ritter des Glaubens ist stets die absolute Isolation, der falsche ist sektiererisch. Das ist ein Versuch, vom engen Pfade des Paradoxen abzuspringen und für billiges Geld ein tragischer Held zu werden . .

Der Ritter des Glaubens aber, der ist das Paradoxon,

der ist der Einzelne, absolut nur der Einzelne, ohne alle Verbindungen und Weitläufigkeiten. Das ist das Entsetzliche, was der sektierende Schwächling nicht aushalten kann. Denn statt daraus zu lernen, daß er das Große nicht fertigbringt, und das einfach zuzugeben (was ich natürlich nur billigen kann, weil ich's selber gerade tue), meint der Stümper, daß er's könne, wenn er sich mit einigen anderen Stümpern verbindet. Doch das geht gar nicht. In der Welt des Geistes ist kein Betrug erlaubt. Ein Dutzend Sektierer fassen sich Arm in Arm, kennen gar nicht die einsamen Anfechtungen, die den Ritter des Glaubens erwarten und denen er nicht zu entfliehen wagt, weil es noch entsetzlicher wäre, wenn er sich vielleicht vermessen hervordrängte. Die Sektierer übertäuben sich gegenseitig durch Spektakel und Lärm; durch ihr Geschrei halten sie die Angst fern, und solche juchzende Gesellschaft glaubt den Himmel zu stürmen und auf demselben Weg zu gehen wie der Ritter des Glaubens, der in der Einsamkeit des Weltalls niemals eine menschliche Stimme hört, sondern mit seiner furchtbaren Verantwortung allein geht . .

Der wahre Glaubensritter ist Zeuge, nie Lehrer.

*

Wer wirklich Selbstachtung und Bekümmernis um seine Seele hat, der ist davon überzeugt, daß der, der unter eigner Aufsicht allein in der ganzen Welt lebt, strenger und zurückgezogener lebt als ein Mädchen in seinem Jungferngelaß.

*

Lebst du so, daß du deiner als Einzelner bewußt bist, daß du dir in jedem Verhältnis, in dem du dich zum Außen verhältst, dessen bewußt bist, daß du dich gleichzeitig zu dir selbst als Einzelner verhältst; daß du selbst in den Verhältnissen, die wir Menschen so schön die innerlichsten nennen, dessen eingedenk bleibst, daß du ein noch innerlicheres Verhältnis hast, das, in dem du dich als Einzelner zu dir selbst vor Gott verhältst? Wenn du durch das heilige Band der Ehe an einen Menschen geknüpft bist, bedenkst du dann in diesem innerlichen Verhältnis das noch innerlichere zu dir selbst als Einzelnem vor Gott? Die Rede fragt dich nicht, ob du nun deine Gattin wirklich liebst, das hofft sie; nicht, ob sie so recht deines Auges Lust und deines Herzens Begehren ist, das wünscht sie dir; sie fragt nicht danach, was du deiner Gattin zuliebe tust, wie ihr beide euer häusliches Leben eingerichtet habt, danach, was du etwa von andern für nützlichen Rat bekamst, oder was andre etwa für schädlichen Einfluß auf dich übten; sie fragt nicht, ob deine Ehe so ist wie die der meisten andern, ob sie besser ist als die manches andern, ob sie vielleicht bei einigen als nachahmenswertes Beispiel gilt. Nein, nach alledem fragt die Rede nicht, sie fragt dich weder beglückwünschend noch forschend noch beobachtend, noch entschuldigend oder vergleichend, sie fragt dich nach dem Letzten, ob du dir jenes innerlichsten Verhältnisses zu dir selbst als Einzelnem bewußt bist, der Verantwortung, die du trägst nicht für deine Gattin, nicht für andre Menschen, nicht im Vergleich mit andern Menschen, sondern als Einzelner vor Gott, wo nicht danach gefragt wird, ob deine Ehe mit der andrer in Sitte und Brauch übereinstimmte, oder ob sie besser war als die andrer, sondern wo als Einzelner allein danach gefragt wird, ob sie mit deiner Verantwortung als Einzelner übereinstimmte.

*

Der höchste Wert — das religiöse Verhältnis

Wie Menschen, die sich gar nicht mit Gott einlassen, genießen — entsetzliche Ironie — das Glück, daß sie Gott in diesem Leben nicht quält. Nein, nur die, die er liebt, die sich mit ihm einlassen, nur deren Todfeind muß er, menschlich gesprochen, genannt werden — doch aus Liebe.

Doch er ist dein Todfeind. Er, die Liebe, will aus Liebe zu dir von dir geliebt werden: das bedeutet: du mußt sterben, absterben, da du ihn sonst nicht lieben kannst.

*

Wer gelernt hat, daß dies als-Einzelner-zu-leben das Entsetzlichste ist von allem, er soll sich nicht fürchten zu sagen, daß es das Größte ist; aber er soll es so sagen, daß seine Worte nicht leichtlich zu einer Schlinge werden für den Verirrten, sondern ihm in das Allgemeine hineinhelfen, auch wenn seine Worte etwas Platz schaffen für das Große.

*

Es gibt namentlich zwei Unterschiede zwischen Geistesmenschen und uns Menschen, worauf ich einmal die Aufmerksamkeit lenken und dadurch wiederum den Unterschied zwischen dem Christentum des Neuen Testaments und dem Christentum der „Christenheit" klarmachen will.

1. Der Geistesmensch kann eine Zweiheit in sich tragen: er kann mit dem Verstande begreifen, daß etwas wider den Verstand ist, und es dennoch wollen; er kann mit dem Verstande begreifen, daß etwas ein Ärgernis ist, und es dennoch wollen, daß ihn etwas, menschlich gesprochen, unglücklich macht, und es doch wollen. Und aus diesem Holz ist das Christentum des Neuen Testaments geschnitzt.

2. Der Geistesmensch unterscheidet sich von uns Menschen dadurch, daß er die Isolation aushalten kann; er rangiert als Geistesmensch danach, wie er die Isolation aushält, während wir Menschen fortwährend der „Andern", des Haufens bedürfen; wir sterben, wir verzweifeln, wenn wir uns nicht dadurch sicher fühlen, daß wir dem Haufen angehören, derselben Meinung sind wie er.

Das Christentum des Neuen Testaments entspricht gerade dieser Isolation des Geistesmenschen, ist auf sie berechnet.

*

Trotz der Strenge, mit der die Ethik Aussprache fordert, kann man doch nicht leugnen, daß Heimlichkeit und Schweigen eigentlich den Menschen zu etwas Großem machen, gerade weil sie Bestimmungen der Innerlichkeit sind. Als Amor Psyche verließ, sagte er ihr: das Kind, das von dir geboren werden soll, wird, wenn du schweigen kannst, ein Götterkind sein, doch Mensch, wenn du die Heimlichkeit verrätst. Der tragische Held, der Liebling der Ethik, er ist der reine Mensch; auch ich kann ihn verstehn, und seine ganze Aufgabe liegt im Aussprechen. Will ich weitergehn, so stoß' ich stets auf das Paradoxe, das Göttliche und das Dämonische: denn beide sind Schweigen. Schweigen ist die Hinterlist des Dämons, und je mehr man schweigt, um so entsetzlicher wird der Dämon; doch Schweigen ist auch Zeugnis der Gottheit im Einzelnen.

*

Vielleicht ist's dir schon manchmal eingefallen, lieber Leser, etwas an der Richtigkeit des bekannten philosophischen Satzes zu zweifeln, daß das Äußere das Innere, das Innere das Äußere sei. Vielleicht hast du selbst schon ein Geheimnis im Herzen getragen und fühltest, daß es dir in seiner Freude oder seinem Leid zu teuer war, um andere darin einweihn zu können. Dein Leben hat dich vielleicht mit Menschen in Berührung gebracht, von denen du ahntest, daß sie solch Geheimnis in sich verbargen, ohne daß es doch deiner Macht oder List möglich war, das Verborgene ans Licht zu ziehn.

*

Wie das Gute nur Eins ist, so will es auch allein dem Menschen helfen. Das Gute säugt und stillt den Säugling, erzieht und nährt den Jüngling, stärkt den Älteren, behütet den Greis, das Gute lehrt den Strebenden und hilft ihm, doch so, wie die liebende Mutter das Kind allein gehen lehrt: Die Mutter steht vor dem Kinde, so weit entfernt, daß sie wirklich das Kind nicht halten kann, doch sie breitet die Arme aus, macht alle Bewegungen des Kindes nach; es schwankt, schnell beugt sie sich, als griffe sie's — drum glaubt das Kind, daß es nicht allein geht. Mehr kann auch die liebreichste Mutter nicht tun, wenn es wirklich so sein soll, daß das Kind allein geht. Und doch tut sie mehr; denn ihr Gesicht, ja ihr Gesicht winkt wie der Lohn des Guten, wie die Ermunterung der Seligkeit. So geht das Kind alleine: das Auge aufs Gesicht der Mutter, nicht auf die Schwierigkeit des Wegs gerichtet, sich auf die Arme stützend, die's doch nicht halten, will's zu der Zuflucht in Mutters Arm, kaum ahnend, daß es im selben Augenblick zeigt, daß es sie entbehren kann — denn nun geht das Kind alleine. Dagegen ist die Furcht eine Trockenamme für das Kind: sie hat keine Milch; ein blutleerer Zucht-

Die Reinheit des Herzens ist: Eins wollen

meister für den Jüngling: sie hat keine winkende Aufmunterung; eine neidische Krankheit für den Älteren: sie hat keinen Segen; ein Schrecken für den Greis: wenn es sich zeigt, daß der Schluß der peinlichen langen Schulzeit doch nicht die Seligkeit war.

*

Es gibt eine Scheu, die ist zum Guten. Weh dem, der sie wegwirft! Sie ist ein rettender Begleiter durchs Leben. Weh dem, der sich mit ihr entzweit: sie dient der Heiligung und wahren Freiheit. Weh dem, der sich an ihr ärgert, als wäre sie ein Zwang! Ginge einer allein durchs Leben, was nach den Worten der Heiligen Schrift nicht gut sein soll, und ginge mit dieser Scheu: so wird's gut werden, so wird er doch Eins werden. Wenn der Einsame strauchelte, doch jene Scheu war mit ihm, so werden wir nicht wie der Prediger Weh rufen über den Einsamen, nicht mit dem Prediger sprechen: „Weh dem, der allein ist; wenn er fällt, so ist niemand, der ihm aufhelfe!" Diese Scheu meint es besser mit ihm als der beste Freund, sie wird ihm besser helfen als die Teilnahme aller, die leicht zu Zwiespältigkeit führt und nicht dazu: Eins zu wollen. Im allgemeinen ist's gewiß: ein Mensch handelt verständiger, wenn andre auf ihn sehn, zeigt mehr Stärke und Selbstbeherrschung, als wenn er sich unbemerkt glaubt; die Frage ist aber, ob diese Verständigkeit, diese Stärke, diese Selbstbeherrschung Wahrheit sind, oder ob sie nicht leicht das Flackern der Zwiespältigkeit in seiner Seele anzünden, weil stets eine unwahre Rücksicht auf den Schein genommen wird. Jeder, der sich nicht vor sich selber mehr schämt als vor allen andern, wird doch, wenn er in eine schwierige Lage kommt und im Leben viel geprüft wird, auf die eine oder andre Weise schließlich Sklave der Menschen werden.

Das sagen wir nicht, als glaubten wir, daß je ein Mensch, selbst in der verdorbensten Zeit, so gelebt hätte, daß es niemand gab, vor dessen Urteil er zu seinem eignen Wohl in heilsamer Scheu hätte flüchten dürfen und können, dessen Urteil ihm Führer hätte sein können, das Gute in Wahrheit zu wollen. Soll diese Scheu vor dem Ehrwürdigen dem Bescheidenen in Wahrheit heilsam werden, so ist's doch unumgängliche Bedingung, daß er die größte Scheu vor sich selber hat. Deshalb könnte man mit Recht sagen, daß es einem Menschen in Wahrheit heilsam ist, vor einem Abgeschiedenen Scheu zu haben, und wenn er sie vor einem Lebenden hat, sie vor ihm wie vor einem Abgeschiedenen zu haben, oder, wenn's dir ansprechender scheint, mein Zuhörer, will ich einen andern Ausdruck gebrauchen, der doch dasselbe sagt, wenn er auch zugleich sinnig die Deutung enthält: vor ihm als vor einem Verklärten Scheu zu haben. Ein Abgeschiedener ist ja ein Verklärter. Der Lebende kann doch irren, kann sich ändern, kann sich im Augenblick übereilen und vom Augenblick übereilt werden — wenn er wirklich der Ehrwürdige ist, wird er dich selbst darauf hinweisen und dich ermahnen, damit du durch das Verhältnis zu ihm nicht in d i e Zwiespältigkeit geführt wirst, die darin liegt, eines andern Menschen Anhänger zu sein; der Lebende kann dir vielleicht zu günstig, vielleicht auch zu ungünstig sein; wenn du tagtäglich mit ihm verkehrst, könnte deine Scheu vielleicht etwas von ihrer Feierlichkeit einbüßen oder sich vielleicht eine hitzige Krankheit zuziehn, sodaß du dir ein Zaubermittel wünschst, den Ehrwürdigen zu bezaubern, sodaß du dich in seine Gunst einschleichen oder dich doch auf

Die Scheu zum Guten 133

jegliche Weise in seine Liebe hineindienen könntest, weil sein Urteil dir das wichtigste geworden ist. Wieviel Gefahr und Versuchung zur Zwiespältigkeit! Sie verschwindet erst, wenn du mit ihm wie mit einem Abgeschiedenen verkehrst, wenn du dich von ihm entfernst — ihn aber nie vergißt; sie schwindet erst, wenn du von ihm wie durch den Tod geschieden bist, ihm nicht irdisch und zeitlich zu nahe kommst, sondern dich ewig nur dessen erinnerst, was er selbst das Beste an seinem Wesen nennen würde! Einen Verklärten kann man nicht überreden; Gunst und Überredung und Übereilung gehören den Augenblicken des irdischen Lebens, der Abgeschiedene vernimmt solche Regungen nicht mehr, der Verklärte kann sie nicht verstehn, will sie nicht verstehn; wenn du sie nicht aufgeben willst, dann mußt du ihn aufgeben, dann mußt du, wenn du's wagst, den Verklärten kränken, dich mit ihm überwerfen, ihn vernichten; denn wenn er nicht der Verklärte ist, dann ist er ja gar nicht da. Mit dem Lebenden kann man auf andre Weise sprechen, weil er auch im irdischen Sinne da ist, und wenn es gelänge, ihn etwas zu ändern (zu deinem eignen Verderben und seiner Verkleinerung), so hättest du ihn doch immer noch und könntest dich scheinbar an ihn halten, hättest sein Wort, seinen vernehmbaren Beifall, und in eurem Zusammenleben könnte es vielleicht beiden entgehn, daß eine Veränderung eingetreten ist. Der Verklärte aber existiert nur als Verklärter: nicht sichtbar dem irdischen Auge, nicht hörbar dem irdischen Ohr, nur in dem heiligen stillen Schweigen der Scheu; er kann sich nicht verändern, nicht im mindesten, ohne daß man es sofort merkt und alles verloren ist und er verschwunden. Der Verklärte existiert nur als Verklärter: er kann sich nicht zu etwas Besserem verändern — er ist

ja der Verklärte; er kann sich nicht ändern — er ist ja
ein Verstorbener; er bleibt sich selbst treu, ein und derselbe, der Verklärte. Wie sollte der zwiespältig werden,
der aus Scheu vor ihm darin bestärkt wird, das Gute zu
wollen.

*

Der Zwiespältige gab, durch die Klugheit verleitet, den
Ausflüchten nach. „Dann wurde nichts aus ihm." Ach,
laßt uns doch nicht Jünglinge betrügen, laßt uns doch
nicht dasitzen und feilschen im Vorhofe zum Heiligen,
nicht eine unheilige Einleitung bilden zum Heiligen,
als solle man das Gute darum in Wahrheit wollen, damit
etwas aus einem werde in der Welt. Freilich brachte es
der Kluge zu etwas Großem in der Welt. Es gibt aber
eine Macht, die Erinnerung heißt; sie soll allen Guten
und allen Liebenden teuer sein, ja, den Liebenden so
teuer, daß sie dies Flüstern der Erinnerung fast dem Anblick des andern vorziehen, wenn sie sagen: Weißt du
noch, damals, und weißt du noch, damals! Sieh, die Erinnerung besucht auch den Zwiespältigen. Und sie sagt
zu ihm: Weißt du noch, damals —. Du wußtest gut bei
dir selbst und bei mir, was von dir gefordert wurde,
aber du entzogst dich (zu deinem eignen Verderben),
denkst du noch dran? Und zwar dadurch, daß du einen
großen Teil deines Vermögens gewannst (zu deinem
eignen Verderben), denkst du noch dran, weißt du noch?
— Du wußtest bei dir selbst und bei mir, was du wagen
solltest und welche Gefahr damit verbunden war, denkst
du noch dran, du entzogst dich (zu deinem eignen Verderben), denkst du noch dran — doch das tust du wohl;
denn das Ehrenband auf deiner Brust trägst du ja zur
Erinnerung daran, daran, daß du dich entzogst zu dei-

Entziehe dich nicht dem Guten

nem eignen Verderben! Weißt du noch, damals —. Du wußtest recht gut bei dir selbst und bei meiner einsamen Stimme in deinem Innern, was du wählen solltest, aber du entzogst dich (zu deinem eignen Verderben), weißt du noch, das war damals, als die Volksgunst und der Jubel der Menge dich grüßte als den Gerechten, weißt du noch, ja, das ist ja deine Sache, an den Jubel und die Volksgunst zu denken, denn in der Ewigkeit weiß man sowas nicht, doch in der Ewigkeit ist es nicht vergessen, daß du dich entzogst! — Ach, was hülfe es dem Menschen, so er die ganze Welt gewönne, sich selbst aber verlöre; was hülfe es ihm, wenn er die Zeit und was in der Zeit ist gewönne, wenn er mit dem Ewigen bräche; was hülfe es ihm, wenn er mit vollen Segeln, mit dem günstigen Wind des Jubels und der Bewunderung d u r c h d i e W e l t kam, wenn er an der Ewigkeit strandet; was hilft es, daß der Kranke sich einbildet, gesund zu sein, was auch alle glauben, wenn der Arzt sagt: er ist krank!

*

Wer in Wahrheit das Gute will, braucht die Klugheit gegen die Ausflüchte. Doch dann wird er nichts Großes in der Welt. Vielleicht, vielleicht auch nicht; eins aber wird er bestimmt: er wird ein Freund, ein Liebender der Erinnerung. Wenn ihn dann in einer stillen Stunde die Erinnerung besucht (schon darin welch Unterschied gegen den Besuch, bei dem die Erinnerung drohend an die Tür des Zwiespältigen pocht), spricht sie zu ihm: „Denkst du noch dran, damals, damals, als der gute Entschluß in dir siegte?" Und er antwortet: „Ja, Liebe!" Und die Erinnerung spricht (und Liebenden soll die Erinnerung so teuer sein, daß sie dem Anblick des andern das Flüstern der Erinnerung beinah vorziehn, wenn sie sich fragen: weißt du noch, und immer wieder: weißt du noch?). Und die Erinnerung spricht: „Denkst du noch dran, an alle Schwierigkeiten und Schmerzen, die du hattest um des Entschlusses willen?" Und er antwortet: „Nein, Liebe, das hab' ich vergessen — laß es vergessen sein! Doch sollte es in der Mühe des Lebens und Kämpfens, wenn sich alles vor meinen beschwerten Gedanken verwirrt, mir einmal so sein, als wäre das alles vergessen, was ich doch aufrichtig gewollt habe, ich weiß es, — o, du hast ja deinen Namen vom Erinnern, Sendbotin der Ewigkeit, Erinnerung, dann besuch mich, bringe mit dir das ersehnte, stärkende Wiedersehn!" Und die Erinnerung antwortet zum Abschied: „Ich verspreche es dir, ich schwör' es dir bei der Ewigkeit!" Dann scheiden sie, so muß es ja sein hier in der Zeitlichkeit; gerührt sieht er noch einmal der Entschwindenden nach, wie man einem Verklärten nachsieht; jetzt ist sie entschwunden und die stille Stunde; es war nur eine stille Stunde, kein großer Augenblick — darum hofft er, daß die Erinnerung hält, was sie versprach. In seinem Innern hegt er die Stille, in der er sich mit der Erinnerung trifft, wenn es ihr gefällt, ihn zu besuchen. Dies ist ihm der Lohn, und dieser Lohn geht ihm über alles. Wie eine Mutter, die auf schwierigem Weg ihr geliebtes Kind schlummernd an der Brust trägt, sich nicht drum kümmert, was aus ihr wird, nur fürchtet, das Kind könnte gestört, beunruhigt werden: so fürchtet er die Beschwerden der Welt nicht um seiner selbst willen; seine einzige Sorge ist, daß die Möglichkeit des Besuchs, die in seinem Innern schlummert, ja nicht gestört werde, ja nicht beunruhigt werde.

*

Das reine Herz. Die Idee 137

„Die Reinheit des Herzens" ist ein bildlicher Ausdruck, der das Herz mit dem Meere vergleicht, und weshalb grade damit? Weil die Tiefe des Meeres seine Reinheit ist; und die Reinheit ist die Durchsichtigkeit, weil das Meer nur tief ist, wenn es rein ist, und nur rein ist, wenn es durchsichtig ist; wenn es unrein ist, ist es auch nicht tief, sondern nur Oberfläche; und wenn es nur Oberfläche ist, ist es auch nicht durchsichtig! Wenn es aber in seiner Tiefe und Durchsichtigkeit rein ist, dann ist es ein und dasselbe, solange man's auch anschaut: dann ist seine Reinheit die Beständigkeit im Einen. Und deshalb vergleichen wir das Herz mit dem Meere, weil seine Reinheit darin besteht, beständig tief und durchsichtig zu sein. Kein Sturm darf's in Aufruhr bringen, kein Windstoß darf seine Oberfläche bewegen; kein schläfriger Nebel darf sich drüber breiten; keine zweifelhafte Bewegung darf darin sein; keine eilende Wolke darf's verdunkeln; sondern ruhig muß es liegen, tief durchsichtig; und wenn du's heute so siehst, dann erhebt es dich, des Meeres Reinheit zu schauen, und wenn du's jeden Tag so sähest, dann sagtest du: 's ist immer rein — dessen Herzen gleich, der nur Eines will. Wie das Meer, wenn es so ruhig, tief durchsichtig daliegt, nach dem Himmel verlangt, so verlangt das reine Herz, wenn es ruhig, tief durchsichtig ist, nach dem Guten; oder wie das Meer rein wird, wenn es allein nach dem Himmel verlangt, so wird das Herz rein, wenn es allein nach dem Guten verlangt. Wie das Meer in seiner reinen Tiefe die Höhe des Himmels spiegelt, so spiegelt das Herz, wenn es ruhig, tief durchsichtig ist, in seiner reinen Tiefe die himmlische Erhabenheit des Guten wider; kommt nur das Geringste zwischen sie, zwischen Himmel und Meer, zwischen das Herz und das Gute, wär's auch nur die Ungeduld, das Spiegelbild wiederzugeben, so ist das Meer nicht mehr rein, so spiegelt es den Himmel nicht mehr rein.

*

Der Idee dienen wollen, was gegenüber der erotischen Liebe heißt: nicht zwei Herren dienen wollen, ist auch ein anstrengender Dienst; denn keine Schöne kann so streng und genau sein wie die Idee; und keines Mädchens Mißbilligung so schwer wie der Unwille der Idee, den zu vergessen vor allem andern unmöglich ist.

*

Eine Ethik, die die Sünde ignoriert, ist eine ganz überflüssige Wissenschaft; führt sie aber die Sünde ein, so ist sie eo ipso über sich selbst hinaus.

*

Das Kennzeichen eines hochgesinnten Menschen, einer tiefen Seele, ist, daß er bereit ist zu bereuen; er rechtet nicht erst mit Gott, sondern bereut und liebt Gott in seiner Reue.

*

Es muß jedem daran liegen, sich durch Handschlag fest zu binden, daß er sich, falls ihm einmal die Geduld reißen und das Reich der Ewigkeit deshalb verloren gehn sollte, wenigstens von ganzer Seele anstrenge, zum letztenmal die Geduld (Gottes) zu preisen, und ihr das Recht widerfahren lasse, daß sie unschuldig war.

*

Es gibt nichts Lächerlicheres als zu denken, die Frage, ob man Sünder oder schuldig sei, gehöre unter die Rubrik „Zum Auswendiglernen".

*

Ein bereuender Mensch, der Reue fühlt, aber zu stolz ist, das wieder gutzumachen, was er verkehrt gemacht hat, wenn es sich noch gutmachen läßt: Gott weiß, was dann noch Reue ist!

*

Hier hast du meine unmaßgebliche Meinung darüber, was es heißt: zu wählen und zu bereuen. Es ziemt sich nicht, ein junges Mädchen so zu lieben wie seine Mutter, oder seine Mutter so wie ein junges Mädchen; jede Liebe hat ihre Eigentümlichkeit, und die Liebe zu Gott hat ihre absolute Eigentümlichkeit, ihr Ausdruck ist die Reue. Und was ist denn jede andere Liebe im Vergleich mit ihr: Kindergestammel. Ich bin kein aufgeregter junger Mann, der seine Lehren anzupreisen sucht; ich bin Ehemann, getrost laß ich's meine Frau hören, daß alle Liebe im Vergleich zur Reue doch nur Kindergestammel ist.

*

Es ist in alle Ewigkeit unwahr, daß die Schuld eine andre wird, — selbst wenn ein Jahrhundert verginge; so etwas sagen heißt das Ewige mit dem verwechseln, das dem Ewigen am wenigsten gleicht: mit menschlicher Vergeßlichkeit . .

Es ist kein Gewinn, an seiner Vergeßlichkeit zu merken, daß man älter wird, doch ist's ein Gewinn, wenn jemand durch die Veränderung der Reue von Innerlichkeit zu Innerlichkeit merkt, daß er älter wird. Man soll das Alter eines Baumes berechnen können, wenn man seine Rinde ansieht: wahrlich, man kann auch an der Innerlichkeit der Reue eines Menschen Alter im Guten erkennen. Es gibt einen Kampf der Verzweiflung, der ringt — nämlich mit den Folgen; der Feind greift ständig von hinten an, und doch soll der Streitende vorwärtsgehn: wo das geschieht, ist die Reue noch jung und schwach. Es gibt ein Leiden der Reue, das die Strafe zwar nicht ungeduldig trägt, aber sich doch jeden Augenblick unter ihr krümmt: wo das geschieht, ist die Reue noch jung und schwach. Es gibt einen stillen, schlaflosen Kummer bei der Vorstellung des Verscherzten; er verzweifelt nicht, doch der tägliche Gram läßt ihm nie Ruhe: wo das geschieht, ist die Reue noch jung und schwach. Es gibt einen mühsamen Fortschritt im Guten, der dem Gang dessen gleicht, dessen Füße wund sind; er hat den guten Willen, möchte gern schnell gehn, aber sein Mut hat Schaden gelitten, die Schmerzen machen seinen Gang unsicher und qualvoll: wo das geschieht, ist die Reue noch jung und schwach. Jedoch wenn sichere Schritte auf dem Wege gemacht werden, wenn die Strafe selbst Segen wurde, wenn die Folgen selbst Segen wurden, wenn der Fortschritt im Guten sichtbar ist: dann ist eine gemilderte, aber tiefe Trauer da, die der Schuld gedenkt; sie hat entfernt und überwunden, was den Blick täuschen und verwirren könnte; darum sieht sie nicht falsch, sondern sieht nur das eine Traurige: das ist die ältere, die stärkere, die kraftvolle Reue.

*

Die Sehnsucht der Reue nach Gott und die Bekümmernis der Innerlichkeit dürfen vor allem nicht mit der Ungeduld verwechselt werden. Die Erfahrung lehrt, daß es auch nicht der richtige Augenblick zur Reue ist, wenn man sofort bereut, weil in diesem Augenblick der Eile, wo die arbeitenden Gedanken und die verschiedenen Leidenschaften noch in lebhafter Bewegung oder doch

noch durch Abgespanntheit gespannt sind, die Reue sich
sogar leicht darin irren kann, was eigentlich zu bereuen
ist, sich mit ihrem Gegenteil verwechseln kann, mit der
augenblicklichen Zerknirschung — das heißt: mit der
Ungeduld —, mit einer peinigenden, qualvollen Sehnsucht nach der Welt — das heißt: mit der Ungeduld —,
mit einer verzweifelten Zerrissenheit in sich selbst —
das heißt: mit der Ungeduld. Doch solange die Ungeduld auch mit ihrem Toben anhält, nie wird sie Reue, so
verfinstert das Gemüt auch sei; ihr Weinen, so schluchzend es sei, wird nie das der Reue; ihre Tränen sind
ohne segnende Fruchtbarkeit, wie die wasserlosen Wolken, wie die krampfhaften Zuckungen des Regenschauers.

*

Die Liebe (Gottes zu den Menschen) ist von Grund aus
unglücklich; denn sie sind einander so ungleich, und das,
was so leicht scheint: daß Gott sich verständlich machen
könne, das ist gar nicht so leicht, wenn er nicht vernichten soll, was ihm ungleichartig ist . .

Gesetzt den Fall, es gab einen König, der ein einfaches
Mädchen liebte. Des Königs Herz war nicht angesteckt
von all der Weisheit, die laut genug verkündet wird, unbekannt mit den Schwierigkeiten, die der Verstand entdeckt, um das Herz wieder einzufangen, die den Dichtern
genug zu schaffen und ihre Zauberformeln notwendig
machen. Sein Beschluß war leicht auszuführen; denn
jeder Staatsmann fürchtete seinen Zorn, und keiner wagte
etwas verlauten zu lassen, und jeder fremde Staat zitterte
vor seiner Gewalt, und keiner wagte es zu unterlassen,
Gesandte mit Glückwünschen zur Vermählung zu schikken, und kein im Staube kriechender Schranz wagte ihn
zu verletzen, aus Angst, seinen Kopf zu wagen.

So laß also die Harfe gestimmt sein, laß des Dichters Lied beginnen, alles festlich sein, während die Liebe ihren Triumph feiert; denn übermütig ist die Liebe, wenn sie Gleiches vereint, aber triumphierend ist sie, wenn sie in Liebe das gleich macht, was ungleich war. — Da erwachte eine Bekümmernis in der Seele des Königs; wer träumt davon außer einem König, der königlich denkt! Er sprach mit niemand über seine Bekümmernis, denn wenn er's getan hätte, wohl jeder Hofmann hätte gesagt: „Euer Majestät erweisen dem Mädchen eine Wohltat, wofür es in seinem Leben nie genug danken kann", und damit hätte der Hofmann des Königs Zorn erregt, so daß er ihn hätte hinrichten lassen wegen Majestätsbeleidigung gegen seine Braut, und hätte so auf andre Art auch dem König Kummer verursacht. Einsam bewegte er die Sorge in seinem Herzen: ob wohl das Mädchen glücklich dabei würde, ob es so viel Freimut gewinnen würde, ihn nie daran zu erinnern, was der König nur zu gern vergessen wollte: daß er der König und sie nur ein einfaches junges Mädchen gewesen war. Denn geschähe dies, erwachte diese Erinnerung, rief sie bisweilen wie ein begünstigter Liebhaber ihren Gedanken vom König ab und lockte ihn in die Eingeschlossenheit heimlichen Kummers, oder ging sie zuzeiten an ihrer Seele vorüber wie der Tod über das Grab: was wäre dann die Herrlichkeit der Liebe! Dann wäre sie ja glücklicher gewesen, wenn sie in ihrer Verborgenheit geblieben wäre, von dem Gleichgestellten geliebt, genügsam in der geringen Hütte, doch freimütig in ihrer Liebe, und freudig von früh bis spät. Welch reicher Überfluß von Sorge steht hier gleichsam auf reifem Halm, beinah brechend unter der Last der Frucht, bloß wartend auf die Zeit der Ernte, wo der Gedanke des Königs den Samen der Bekümmernis drischt. Denn wenn auch das Mädchen damit zufrieden wäre, wieder zu nichts zu werden, so könnte das den König nicht befriedigen, gerade weil er sie liebte, und weil es ihm schwerer fiel, ihr Wohltäter zu sein, als sie zu verlieren. Und wenn sie ihn nun einmal nicht verstehen könnte; denn wollten wir schlecht über das Menschliche sprechen, so könnten wir ja eine Geistesverschiedenheit annehmen, die das Verständnis unmöglich macht, — welch tiefer Kummer schlummert doch in dieser unglücklichen Liebe, wer möchte wagen ihn zu wecken? Doch ein Mensch soll ihn nicht erleiden; denn ihn würden wir auf Sokrates hinweisen, oder auf das, was in einem noch schöneren Sinne vermag, das Ungleiche gleichzumachen.

*

Wenn man das Vergangene bleiben läßt, was es ist: vergangen, wenn es jemand hinter sich läßt, indem er den guten Weg einschlägt und nicht zu oft rückwärts schaut, so verändert er sich nach und nach, und gleichzeitig verändert sich das Vergangene unbemerkt, und am Ende scheinen sie nicht mehr zueinander zu passen; das Vergangene tritt zurück, nimmt unbestimmtere Formen an, wird zur Erinnerung, die Erinnerung wird weniger und weniger entsetzlich, wird stiller, milder, wehmütig, und bei jeder Veränderung ist sie im Begriff, sich mehr und mehr zu entfernen; zuletzt wird ihm das Vergangene beinah fremd, er kann nicht einmal fassen, wie es möglich war, daß er sich so verirren konnte, und er hört die Erzählung der Erinnerung, wie ein Wanderer die Sage in der fernen Gegend hört — doch der Rückfall lehrt uns verstehen, wie es möglich war; ja, die Angst vor dem Rückfall, wenn sie plötzlich erwacht, und sei's nur einen

Augenblick, sie weiß ihn zu benutzen, um alles so gegenwärtig zu machen, nicht wie eine Erinnerung, sondern wie etwas, das kommen wird.

*

Ich kenne nur eine Sorge, die mich zur Verzweiflung bringen und alles in Verzweiflung stürzen könnte: die Sorge, daß die Reue eine Täuschung sei, eine Täuschung nicht über die Vergebung, die sie sucht, sondern über die Verantwortung, die sie voraussetzt.

*

Denken wir uns den größten Verbrecher, der je gelebt hat, und denken wir uns, daß zu der Zeit die Psychologie ein paar noch herrlichere Brillen auf der Nase hätte als bisher, so daß sie dem Verbrecher erklären könnte: das Ganze sei Naturnotwendigkeit, sein Gehirn sei zu klein gewesen usw. . . — Wie entsetzlich wäre diese Freisprechung von jeder weiteren Anklage im Vergleich zu dem Urteil des Christentums über ihn, daß er in die Hölle führe, wenn er nicht umkehre.

*

Es ist merkwürdig genug, daß ein junges Mädchen, gerade je reiner es ist, um so eher seine Sündigkeit erkennt. Das hat mich sehr gefreut; denn gerade das war es, mit dem ich die meisten Schwierigkeiten hatte: hier die Sünde zu denken und alles der Sünde unterzuordnen; mit uns andern ist's leicht genug.

*

Wie Einladung steht an der Wegscheide, da, wo der Weg der Sünde von der Umfriedigung der Unschuld abbiegt,

— o, kommt, ihr seid ihm so nah; nur ein einziger Schritt auf dem andern Weg, und ihr seid schon unendlich weit von ihm fern. Vielleicht bedürft ihr der Ruhe noch nicht, versteht noch nicht recht, was das sagen will; aber folgt doch der Einladung, auf daß der Lader noch vor dem retten könne, von dem gerettet werden so schwer und gefahrvoll ist, auf daß ihr, gerettet, bei ihm bleiben könnt, der der Retter aller ist, auch der Unschuld. Denn selbst fände man sie irgendwo ganz rein, die Unschuld: warum sollte sie nicht auch eines Retters bedürfen, der sie vor dem Bösen gerettet hätte und beschützen könnte. — Die Einladung steht an der Wegscheide, da, wo der Weg der Sünde tiefer in die Sünde abbiegt. Kommt, all ihr Verirrten und Verlaufenen, was auch eure Verirrung und Sünde war, ob verzeihlicher in den Augen der Menschen und vielleicht doch schlimmer, oder in den Augen der Menschen schlimmer und doch vielleicht verzeihlicher, ob sie hier auf Erden offenbar wurde, oder nur verborgen im Himmel bekannt ist, ob ihr auf Erden Vergebung fandet, doch keine Ruhe in eurem Innern, oder keine Vergebung fandet, weil ihr keine suchtet, oder sie vergebens suchtet: kehret um und kommt, hier ist Ruhe! — Die Einladung steht an der Wegscheide, da, wo der Weg der Sünde zum letztenmal abbiegt und vor dem Blick sich verliert — im Verderben. Kehret um, kehret um, kommt, schaudert nicht vor der Schwierigkeit des Rückzugs, wie schwer es auch sei; fürchtet den beschwerlichen Gang der Bekehrung nicht, wie mühsam er auch zur Erlösung führt, während die Sünde mit beflügelter Fahrt, mit immer wachsender Schnelligkeit vorwärts führt oder — abwärts, so leicht, so unbeschreiblich leicht, ja, so leicht, wie das Pferd, ganz vom Ziehen befreit, auch mit all seiner Kraft den Wagen nicht mehr zum Stehen bringt, der es in den Abgrund reißt; verzweifelt nicht über jeden Rückfall, den zu vergeben der Gott der Geduld doch Geduld hat, und unter den sich zu demütigen ein Sünder doch Geduld haben sollte. Nein, fürchtet nichts und verzweifelt nicht; er, der da sagt: „Kommt her", er ist mit euch unterwegs, von ihm kommt Hilfe und Vergebung auf dem Weg der Bekehrung, der zu ihm führt, und bei ihm ist Ruhe.

*

Ich mache mich nicht besser als die andern. Und es ist deshalb nicht wahr, was der alte Bischof einmal zu mir sagte: ich spräche, als ob alle andern in die Hölle kämen; nein, wenn man sagen kann, daß ich von „In-die-Hölle-kommen" rede, so spreche ich: kommen die andern in die Hölle, so ich mit. Aber das glaube ich nicht, ich glaube im Gegenteil, daß wir alle selig werden, und ich mit, was meine tiefste Verwunderung erregt.

*

Das Evangelium ist nicht das Gesetz; das Evangelium will dich nicht durch Strenge, sondern durch Milde erretten; diese Milde will dich aber retten, nicht betrügen; darum ist die Strenge in ihr.

*

Wenn die Ewigkeit auf einmal und in ihrer Sprache dem Menschen seine Aufgabe setzen wollte, ohne auf sein Fassungsvermögen und seine schwachen Kräfte Rücksicht zu nehmen: der Mensch müßte verzweifeln.

*

Vater im Himmel! Was ist ein Mensch ohne dich! Wie ist all sein Wissen, und wär' es eine Fülle des Mannigfaltigsten, doch nur Bruchstück, wenn er dich nicht kennt; wie ist all sein Streben, und wär' es weltumspannend, nur halbfertige Arbeit, wenn er dich nicht kennt, dich, den Einen, der Eins ist und Alles! So gib dem Verstande Weisheit, das Eine zu fassen, dem Herzen Aufrichtigkeit, das Verstandne anzunehmen, dem Willen Reinheit, nur Eines zu wollen; gib in guten Tagen Beharrlichkeit, nur Eines zu wollen, in Zerstreuungen Sammlung, nur Eines zu wollen, in Leiden Geduld, nur Eines zu wollen. Oh, der uns beides gibt, das Anfangen und Vollenden, gibt frühe, wenn der Tag graut, dem Jüngling den Entschluß, nur Eines zu wollen, wenn der Tag sich neigt, dem Greise erneutes Gedenken an den ersten Entschluß, daß das Letzte wie das Erste und das Erste wie das Letzte sei: das Leben eines, der nur Eines wollte. Ach, aber so ist's ja nicht; es kam ja etwas dazwischen, die Sünde legte sich trennend dazwischen, tagtäglich kommt etwas dazwischen; das Zögern, der Stillstand, die Unterbrechung, die Verwirrung, das Verderben. So gib in der Reue freien Mut, wieder Eines zu wollen. Wohl ist's eine Unterbrechung des Tagewerks, ein Stillstand in der Arbeit, als wär' es ein Ruhetag, wenn der Reuige, nur mit seiner Reue mühselig beschäftigt, bei der Erkenntnis seiner Sünde sich beruhigt, in der Selbstanklage vor dir allein ist; ach, aber es ist eine Unterbrechung, die zu ihrem Anfang zurücksucht: daß sie das Getrennte wieder verbinde, das Versäumte in ihrer Sorge nachhole, das vor ihr Liegende in ihrer Bekümmernis vollbringen möge. O du, der du den Anfang gibst und das Vollbringen, gib den Sieg am Tage der Not, damit, was dem brennenden Wunsch, dem entschlossenen Vorsatz nicht gelang, dem in Reue Betrübten gelinge: nur Eines zu wollen.

*

Der Satz vom Verhältnis zwischen Gott und Mensch im Gottesverhältnis lautet:

Obersatz

Zwischen Gott und Mensch besteht ein unendlicher, gähnender qualitativer Unterschied.

Das heißt oder der Ausdruck dafür ist: der Mensch vermag gar nichts, Gott gibt alles, er ist es, der dem Menschen erst das Glauben usw. gibt.

Das ist die Gnade, und hier liegt der Anfang alles Christentums.

Untersatz

Obwohl natürlich nichts, überhaupt nichts Verdienstliches an irgendeinem Werke sein kann, so wenig wie der Glaube etwas Verdienstliches sein kann (denn damit wäre ja die divisio, der Obersatz, aufgehoben; und wir stehn ja hier in einem Untersatz), so gilt es doch den Mut zu haben, sich kindlich mit Gott zu stellen.

Soll der Obersatz alles sein, dann wird Gott so unendlich erhaben, daß es gar kein eigentliches, wirkliches Verhältnis zwischen Gott und dem einzelnen Menschen mehr gibt.

Man muß deshalb auf den Untersatz genau achtgeben, ohne den das Leben des Einzelnen eigentlich gar keinen Schwung bekommt.

Überhaupt muß man sehr genau hinhören, wer es ist, der spricht. Denn der Obersatz oder sein Inhalt kann so gesprochen werden, daß er der Ausdruck der tiefsten Gottesfurcht ist, aber auch so, daß es im Grunde ein Betrug ist, Gott so hoch zu schrauben. Man kann dabei entweder in weltlicher Lebensanschauung, ganz wie man selbst will, leben wollen, oder doch ein religiöses Stillleben führen wollen, ohne recht in die Gefahren hinauszukommen.

*

Luthers Lehre vom Glauben bezeichnet recht eigentlich die Wandlung vom Jüngling zum Mannesalter; seine Lehre vom Glauben ist die Religiosität des Mannesalters.

Dem Jüngling scheint das Ideal noch erreichbar, wenn man nur redlich und mit äußerster Kraft strebt; es gibt, wenn ich so sagen darf, ein kindliches, ebenbürtiges Verhältnis zwischen mir und dem Vorbild, wenn ich nur mit äußerster Kraft will. Hierin liegt die Wahrheit des Mittelalters. Man hatte die fromme Zuversicht, es wirklich erreichen zu können, wenn man alles den Armen gäbe, ins Kloster ginge usw.

Die Religiosität des Mannesalters ist eine Stufe höher und gerade deshalb daran erkennbar, daß sie sich vom Ideal um ein Stadium weiter entfernt fühlt.

Allmählich, wie das Individuum sich entwickelt, wird ihm Gott immer mehr unendlich, fühlt es sich immer weiter von Gott entfernt.

So kann die Lehre vom Vorbilde nicht mehr den ersten Platz einnehmen. Jetzt kommt erst der Glaube, Christus als Gabe. Das Ideal wird so unendlich erhaben, daß sich all mein Streben vor meinen eignen Augen in ein unsinniges Nichts verwandelt, wenn es dem Ideal ähnlich sein soll, oder gleichsam in einen frommen Scherz, wenn ich auch redlich strebe.

Das nennt man auch: ich ruhe einzig und allein im Glauben. Der Jüngling merkt nicht, wie ungeheuer die Aufgabe ist, er fängt frischweg an, in der frommen Illusion, daß es ihm schon glücken werde. Der Ältere weiß in seiner tiefsten Tiefe um den Abstand zwischen sich und dem Ideal — und nun muß sich „der Glaube" erst zwischen beide dazwischenschieben als das, worin man eigentlich ruht, der Glaube an die Genugtuung, der Glaube, daß ich allein durch den Glauben erlöst werde.

So hat Luther vollkommen recht, er bezeichnet einen Wendepunkt in der Entwicklung der Religiosität.

Das Mißverständnis in der Religiosität unserer Zeiten besteht darin, daß man jetzt den Glauben dermaßen zu einer Innerlichkeit macht, daß er eigentlich ganz verschwindet, so daß sich das Leben ohne weiteres rein weltlich gestalten darf, und daß man an die Stelle des Glaubens eine Versicherung seines Glaubens setzt.

*

DAS RELIGIÖSE LEBEN

Unsere Aufgabe ist, darüber klar zu werden, in welchem Verhältnis mein religiöses Sein zu meinem Äußeren steht und sich darin ausdrückt. Wer aber gibt sich in unsrer Zeit noch die Mühe, über so etwas nachzudenken, davon einmal abgesehn, daß sich das heutige Leben mehr denn je als ein flüchtig vorübereilender Augenblick erweist. Aber anstatt daraus zu lernen, das Ewige zu ergreifen, lernt man nur: sich selbst, seinem Nächsten und dem Augenblick das Leben abjagen — im Jagen nach dem Augenblick. Wenn man nur mitgehn kann, nur den Walzer des Augenblicks einmal mittanzen kann, dann hat man gelebt, wird beneidet von den Unglücklichen, die, wenn sie auch nicht ins Leben hineingeboren, sondern überkopf hineingestürzt sind und kopfüber immer weiterstürzen, das doch nie erreichen; dann hat man gelebt; denn um was ist ein Menschenleben mehr wert als die kurze Schönheit eines jungen Mädchens, das sich schon ungewöhnlich gut hielt, wenn es eine Nacht lang die Reihe der Tänzer bezauberte und gegen Morgen verblüht. Zu bedenken, wie ein religiöses Sein auch das Äußerliche durchdringt und beeinflußt, dazu ist keine Zeit. Wenn man auch nicht jagt mit der Hast der Verzweiflung, so ergreift man doch, was zunächst liegt. Auf die Weise wird man unter Umständen etwas Großes in der Welt; geht man nun außerdem noch manchmal in die Kirche, so ist alles überaus vortrefflich. Dies scheint darauf zu deuten, daß für einige Menschen das Religiöse das Absolute ist, für andere nicht, und dann gute Nacht mit jedem Sinn des Lebens! Die Sache wird natürlich um so schwieriger, je weiter die äußere Aufgabe vom Religiösen als solchen entfernt ist. Welch tiefreligiöses Besinnen gehörte beispielsweise dazu, sich einer äußerlichen Aufgabe zu widmen wie der: komischer Schauspieler zu sein! Daß es möglich ist, leugne ich nicht; denn wer sich etwas auf das Religiöse versteht, weiß, daß es weicher ist als Gold und absolut kommensurabel (mit Diesseitigem vergleichbar).

Der Fehler des Mittelalters war nicht die religiöse Besinnung, sondern daß man zu früh damit aufhörte. Hier erhebt sich nochmals die Frage der Wiederholung: inwieweit es einem Menschen gelingen kann, nach Beginn der religiösen Besinnung sich selbst wiederzubekommen bis zum I-Tüpfelchen. Im Mittelalter brach man sich ab. Wenn z. B. ein Mensch, der zu sich selbst zurückkehren wollte, bei sich auf Witz, Sinn für das Komische oder etwas Ähnliches stieß, so vernichtete er das alles wie etwas Unvollkommenes. Heute fände man das nur allzuleicht töricht; denn hat man Witz und Talent für das Komische, so ist man ja ein Glückspilz, was will man noch mehr? Solche Reden haben natürlich nicht die leiseste Ahnung von dem Problem; denn wie heute die Menschen klüger auf die Welt kommen als in alten Zeiten, so wird die große Menge der Menschen auch blind geboren in ihrem Verhältnis zum Religiösen.

*

Pflanzt man den Schoß der Eiche in ein irdenes Gefäß, — es springt; gießt man neuen Wein in alte Schläuche, — sie reißen. Wie wird es gehn, wenn sich Gott in die Gebrechlichkeit eines Menschen pflanzt, wenn dieser nicht ein neuer Mensch, ein neues Gefäß wird! Doch dies Werden, wie beschwerlich ist das, eine wie schwere Geburt.

*

Erhebung!

Es war einst ein reicher Mann, der ließ im Ausland für teures Geld ein Paar tadellose, erstklassige Pferde kaufen, die er zum eignen Vergnügen haben und die zu fahren er selbst das Vergnügen haben wollte. Ein oder zwei Jahre gingen ins Land. Sah ihn jetzt einer sie fahren, der früher die Pferde kannte, er hätte sie nicht wiedererkannt: das Auge matt und schläfrig, der Gang ohne Haltung und Straffheit; nichts vertrugen sie mehr, nichts hielten sie aus; kaum liefen sie eine Meile; er mußte unterwegs einkehren; manchmal blieben sie stehn, wenn er grade am besten saß und fuhr; und dabei hatten sie allerlei Launen und Unarten angenommen; und trotz des reichlichen Futters, das sie natürlich bekamen, wurden sie magerer von Tag zu Tag. Da berief er des Königs Kutscher. Der fuhr sie einen Monat lang: und in der ganzen Gegend gab es kein Paar Pferde, die den Kopf so stolz trugen, deren Blick so feurig, deren Haltung so schön war; kein Paar Pferde, die soviel durchhielten: wenn es sein mußte, sieben Meilen in einem Zug, ohne Einkehr. Wie kam das? Es ist leicht zu sehn. Der Besitzer, der, ohne Kutscher zu sein, sich dranmachte, Kutscher zu sein, fuhr sie nach den Begriffen der Pferde vom Fahren; der königliche Kutscher fuhr sie nach den Begriffen des Kutschers vom Fahren.

So mit uns Menschen. Ach, wenn ich an mich selbst und an die Unzähligen denke, die ich kennenlernte, dann habe ich mir oft mit Wehmut gesagt: hier sind Gaben genug, doch der Kutscher fehlt. Lange Zeit sind wir Menschen, ein Geschlecht ums andere, gefahren worden (um im Bilde zu bleiben) nach den Begriffen der Pferde vom Fahren; gelenkt, gebildet, erzogen nach dem Begriffe des Menschen vom Menschen. Sieh drum, was uns fehlt: Erhebung, und was weiter draus folgt: daß wir so wenig aushalten, ungeduldig sofort die Mittel des Augenblicks brauchen und ungeduldig im Augenblick den Lohn sehn wollen für unsere Arbeit — die dann auch danach ist.

Einst war es anders. Einst gefiel es der Gottheit selbst, wenn ich so sagen darf, Kutscher zu sein; und sie fuhr die Pferde nach den Begriffen des Kutschers vom Fahren. Ach, was vermochte ein Mensch damals.

Denke an den heutigen Text! Da sitzen zwölf Männer, alle aus der Klasse, die wir den gemeinen Mann nennen. Sie hatten ihn, den sie als Gott verehrten, ihren Herrn und Meister, am Kreuz gesehn; hatten alles verloren, wie es von keinem andern auch nur entfernt je gesagt werden kann. Gewiß, danach fuhr er siegreich gen Himmel — doch damit war er aber auch fort; und nun sitzen sie da und warten, daß ihnen der Geist gegeben werde, um, verflucht von dem Völkchen, dem sie angehören, eine Lehre zu verkünden, die den Haß der Welt wider sie erregen wird; diese zwölf Männer sollen die Welt umschaffen —, und zwar in furchtbarstem Maße wider ihren Willen. Hier steht der Verstand noch still, wenn man sich nach so langer Zeit einen schwachen Begriff davon machen will; der Verstand steht still, wenn irgend man einen hat; es ist, als müßte man den Verstand verlieren, wenn irgend man einen zu verlieren hat.

Es ist das Christentum, das durchgezogen werden soll. Und diese zwölf Männer, die zogen es durch. Sie waren in gewissem Sinn Menschen wie wir, doch sie wurden gut gefahren, wahrhaftig gut!

Dann kam das nächste Geschlecht. Die zogen auch das Christentum durch. Es waren Menschen wie wir; doch sie wurden gut gefahren! Wahrhaftig! Es ging ihnen wie dem Paar Pferde, als sie der Kutscher des

Erhebung!

Königs fuhr. Nie hat ein Mensch sein Haupt in Erhebung über die Welt so stolz gehoben wie die ersten Christen in Demut vor Gott. Und wie das Paar Pferde, wenn es sein mußte, sieben Meilen lief, ohne anzuhalten, ohne auszuschnaufen: so liefen sie; liefen siebzig Jahre in einem Zug, ohne ausgespannt zu werden, ohne Einkehr irgendwo; nein, stolz, wie sie waren, in Demut vor Gott, sagten sie: „Das ist nichts für uns mit dem Zögern unterwegs; wir halten erst — bei der Ewigkeit!"

O heiliger Geist, wir beten für alle! O heiliger Geist, der du lebendig machst; es fehlt ja nicht an Gaben, an Bildung, an Klugheit; eher ist dessen zuviel hier. Was aber fehlt, ist, daß du das von uns nimmst, was uns zum Verderben ist: die Macht; daß du dann die Macht nimmst und das Leben gibst. Gewiß geht das bei einem Menschen nicht zu ohne ein Grauen wie das des Todes, wenn du die Macht von ihm nimmst, um die Macht in ihm zu werden. Allein, wenn selbst Tiere später verstehn, wie gut es für sie war, daß der königliche Kutscher die Zügel ergriff, was ihnen zwar zuerst Furcht einflößte und wogegen sich ihr Sinn dennoch vergebens empörte, — sollte dann ein Mensch nicht bald verstehn können, welche Wohltat es für einen Menschen ist, daß du die Macht nimmst und das Leben gibst.

*

Zum Hoffen gehört Jugend, zum Erinnern gehört Jugend, aber um die Wiederholung zu wollen, dazu gehört Mut. Wer nur hoffen will, ist feige; wer nur erinnern will, wollüstig; wer aber die Wiederholung will, ist ein Mann; und je nachdrücklicher er verstanden hat, sie sich klarzumachen, ein um so tieferer Mensch ist er.

*

Hoffen heißt: die Möglichkeit des Guten erwarten; die Möglichkeit des Guten aber ist das Ewige.

*

Wenn das Ewige auch weit davon entfernt ist, Jugendlichkeit zu sein, so hat es doch mit der Jugendlichkeit weit mehr gemeinsam als mit der Querköpfigkeit, die oft genug mit dem Namen Ernst beehrt wird, der Stumpfheit des Alters, die in leidlich glücklichen Lebensumständen so leidlich zufrieden und beruhigt ist, doch nichts mehr mit der Hoffnung zu tun hat, und in unglücklichen Verhältnissen lieber beleidigt murrt, statt zu hoffen. In der Jugend hat einer Erwartungen und Möglichkeiten genug, sie entwickeln sich von selbst im Jüngling, wie die köstliche Myrrhe, die von Arabiens Bäumen tropft. Doch ist einer dann älter geworden, dann wird sein Leben sehr häufig, was es nun einmal so geworden ist: eine schläfrige Wiederholung und Umschreibung des Gleichen; keine Möglichkeit schreckt weckend mehr auf, keine Möglichkeit belebt mehr verjüngend; die Hoffnung wird etwas, was nirgendwo mehr zu Hause ist, und die Möglichkeit ein so Seltenes wie Grün im Winter. Man lebt ohne das Ewige, mit Hilfe von Gewohnheit, Klugheit, Nachäffung, von Erfahrung, Schick und Brauch. Und wahrlich, nimm all das, misch es, bereite es zu an dem Feuer der erschlafften oder nur irdisch glühenden Leidenschaften, und du wirst sehn, daß du da allerhand herausbekommst: einen mannigfach zubereiteten zähen Brei, den man Lebensklugheit nennt; aber noch nie machte jemand daraus eine Möglichkeit; Möglichkeit, dies Wunder, das so unendlich spröde ist (der feinste Stengel des Frühlings ist nicht so spröd!), so unendlich zart (das feinste Linnen ist nicht so zart!), und doch geworden durch Hilfe des Ewigen, und noch stärker als alles, wenn es die Möglichkeit des Guten ist!..

Doch wahrlich, jeder, der nicht verstehn will, daß sein ganzes Leben eine Zeit der Hoffnung sein soll, der ist verzweifelt, — gleichgültig, ganz gleichgültig, ob er davon weiß oder nicht, ob er sich glücklich preist in seinem vermeintlichen Wohlergehen, oder sich durch Langweile und Beschwerlichkeiten dahinquält.

*

Wer immer das Beste hofft, der wird alt, vom Leben betrogen; und wer immer auf das Schlimmste vorbereitet ist, der wird zeitig alt; aber wer glaubt, der bewahrt eine ewige Jugend.

*

Gib nie einen Menschen oder die Hoffnung auf ihn lieblos auf, denn es könnte selbst der verlorene Sohn, der am tiefsten gesunkene, doch noch gerettet werden; der erbittertste Feind, ach er, der dein Freund war, doch wieder dein Freund werden; dem, der am tiefsten sank, ach, weil er so hoch stand, doch wieder aufgeholfen werden; die Liebe, die erkaltete, doch wieder entbrennen; gib darum nie einen Menschen auf, auch im letzten Augenblick nicht, verzweifle nicht, nein, hoffe alles ..

Niemand kann aber hoffen, ohne daß er zugleich liebevoll ist, für sich selbst hoffen, ohne zugleich liebevoll zu sein; denn das Gute steht in unendlichem Zusammenhang. Wenn er aber liebevoll ist, hofft er gleichzeitig für andere. Und in demselben Grade, wie er für andere hofft, ganz in demselben hofft er für sich; denn das ist die unendlich genaue ewige Weise, Gleiches mit Gleichem zu vergelten, die in allem Ewigen herrscht. Ach, um alle

Dinge, wo die Liebe mit im Spiel ist, ist etwas unendlich Tiefsinniges! Der wahre Liebende sagt: „Hoffe alles, gib keinen Menschen auf, denn ihn aufgeben, heißt deine Liebe zu ihm aufgeben — und solange du sie nicht aufgibst, hoffst du noch; wenn du sie aber aufgibst, dann hörst du selber auf, der Liebende zu sein."

Aber leider geht's ja so leicht und bequem, über einen andern zu verzweifeln — während man sich selber sicher dünkt, voll Hoffens für sich selber, und gerade bei denen, die sich selbstgefällig ihrer selbst sicher dünken, bei denen geht's gewöhnlich am schnellsten, über andere zu verzweifeln. Doch so leicht's auch geht, in Wahrheit kann man's gar nicht tun — außer in Gedankenlosigkeit, was allerdings für die meisten am leichtesten ist. Nein hier gilt es wieder, das „Gleiches mit Gleichem" der Ewigkeit: über einen andern verzweifeln heißt selbst verzweifeln.

Und in demselben Grade, wie er für sich selbst hofft, hofft er auch für andere; denn in demselben Grade, wie er für sich selbst hofft, ist er auch Liebender.

*

Ich gestehe offen: ich habe in meiner Praxis noch kein einziges zuverlässiges Exemplar gefunden, — ohne damit leugnen zu wollen, daß vielleicht jeder zweite Mensch solch Exemplar ist. Und doch habe ich mehrere Jahre vergeblich nach ihm gesucht. Im allgemeinen reist man um die ganze Erde, um Flüsse und Berge zu sehn, neue Sterne, bunte Vögel, mißgestaltete Fische, lächerliche Rassen, gibt sich dem tierischen Stumpfsinn hin, der das Dasein anglotzt, und meint dann, man habe etwas gesehn. Dies kümmert mich nicht. Wüßte ich aber, wo so ein Ritter des Glaubens lebte, ich würde zu Fuß hinpilgern; denn dies Wunder beschäftigt mich ganz. Keinen Augenblick würde ich ihn außer acht lassen, jede Minute aufpassen, wie er die Übungen (des Glaubens) fertigbringt; würde mich für lebenslang versorgt halten und meine Zeit dazwischen teilen, ihn anzusehn und selbst Übungen zu machen, und so all meine Zeit dranwenden, ihn zu bewundern. Wie gesagt, ich habe noch keinen gefunden; doch kann ich ihn mir genau denken. Hier ist er. Man macht seine Bekanntschaft, ich werde ihm vorgestellt. Im ersten Moment, wie ich ihn genau ins Auge fasse, stoß' ich ihn gleich wieder von mir, mache einen Sprung rückwärts, schlage die Hände zusammen und sage zu mir: „Herr Gott! ist das der Mensch, ist er das wirklich; der sieht ja aus wie ein Steuereinnehmer." Aber er ist es doch. Ich schließe mich näher an ihn an, achte auf seine geringste Bewegung, ob sich nicht eine kleine unübereinstimmende Bruchtelegraphie vom Unendlichen zeige, ein Blick, eine Miene, eine Geste, eine Wehmut, ein Lächeln, welches das Unendliche verriete in seiner Unübereinstimmung mit dem Endlichen. Nein! Ich mustere seine Gestalt vom Scheitel bis zur Sohle, ob nicht ein Spalt da ist, durch den das Unendliche guckt. Nein! Er ist durch und durch von Fleisch und Blut. Sein Gang ist kräftig, gehört ganz der Endlichkeit an; kein geputzter Bürger, der Sonntagnachmittag seinen Spaziergang ins Freie macht, tritt fester auf die Erde; er gehört ganz und gar der Welt, kein Spießbürger kann ihr mehr gehören. Nichts an ihm zu entdecken von dem fremden und vornehmen Wesen, woran man den Ritter der Unendlichkeit erkennt. Er freut sich an allem, nimmt an allem teil, und wenn er an etwas teilnimmt, geschieht das mit der Ausdauer, die den diesseitigen Menschen auszeichnet, dessen Seele an diesen Dingen hängt. Er macht seine Arbeit. Wenn man ihn dabei sieht, könnte man glauben, er sei ein Schreiber, der seine Seele der italienischen Buchführung verschrieben hat, so auf den Punkt ist er. Sonntags hat er frei. Er geht in die Kirche. Kein himmlischer Blick oder irgend so ein Zeichen des Überirdischen verrät ihn; wenn man ihn nicht kennen würde, man könnte ihn unmöglich von der übrigen Menge unterscheiden; denn sein gesunder kräftiger Psalmengesang beweist höchstens, daß er eine gesunde Brust hat. Nachmittags geht er in den Wald. Er freut sich über alles, was er sieht, das Menschengewimmel, die neuen Omnibusse, den Sund; trifft man ihn auf dem „Strandweg", man könnte denken, er sei eine Krämerseele, die sich amüsiert, genau so freut er sich; denn er ist kein Dichter, und ich habe vergebens gesucht, ihm etwas Poetisch-Inkommensurables abzulauern. Gegen Abend geht er nach Hause; sein Gang ist unverdrossen wie der eines Postboten. Unterwegs denkt er, seine Frau hat gewiß ein kleines apartes Gericht für ihn, wenn er nach Hause kommt, etwa gebratenen Lammkopf mit Gemüse. Wenn er einen Gleichgesinnten träfe, er könnte ihn bis zur „Österport" mit der Leidenschaft eines Restaurateurs von seinem Leibgericht unterhalten. Zufällig besitzt er keine vier Schillinge, und doch glaubt er steif und fest, seine Frau hat das leckere Gericht für ihn. Hat sie's wirklich, so ist's ein beneidenswerter Anblick für vornehme Leute und ein begeisternder für einfachere, ihn essen zu sehen; denn sein Appetit ist stärker als der Esaus. Seine Frau hat's nicht — merkwürdig —, er ist ganz und gar derselbe. Auf dem Heimweg kommt er an einem Bauplatz vorbei; er trifft einen andern Mann. Sie sprechen einen Augenblick miteinander; er führt im Nu ein Gebäude auf, disponiert über alle dazu nötigen Kräfte.

Der Ritter des Glaubens

Der Fremde geht weg in dem Gedanken: das ist sicher ein Kapitalist; und mein bewunderter Ritter denkt: oh, wenn's drauf ankäme, ich kriegt's schon. Er liegt aus dem Fenster und sieht auf dem Platz, wo er wohnt, alles, was sich dort abspielt: wie eine Ratte unter das Rinnsteinbrett huscht, wie die Kinder spielen, alles beschäftigt ihn mit einer ruhigen Freude am Dasein, als ob er ein sechzehnjähriges Mädchen wär'. Und doch ist er kein Genie; das Inkommensurable des Genies hab' ich vergeblich bei ihm gesucht. Abends raucht er seine Pfeife; wenn man ihn sieht, könnte man drauf schwören, es ist der Speckbuckel von gegenüber, der in der Dämmerung vegetiert. Er läßt Fünf gerade sein mit einer Sorglosigkeit wie ein leichtsinniger Taugenichts, und doch kauft er in jedem Augenblick seines Lebens den glücklichen Augenblick zum teuersten Preise; denn er tut nicht das Mindeste, es sei denn kraft des Absurden. Und dennoch, dennoch, ich könnte rasend werden, wenn nicht sonst, so aus Neid: dieser Mensch hat jeden Augenblick die Bewegung der Unendlichkeit gemacht und macht sie. Er leert in unendlicher Resignation die tiefe Wehmut des Daseins bis zur Neige, kennt die Seligkeit der Unendlichkeit und hat den Schmerz erfahren, allem zu entsagen, dem Liebsten, was man auf der Welt hat; und dennoch schmeckt ihm die Endlichkeit genau so wie dem, der nie Höheres kannte; denn sein Bleiben in der Endlichkeit hat nichts von versagter, verängstigter Dressur; — und dennoch hat er diese Seelenruhe, wenn er sich an der Endlichkeit freut, als wäre sie das Gewisseste von allem. Und dennoch, dennoch ist seine ganze irdische Gestalt, sein ganzes Leben, ein neues Geschöpf kraft des Absurden. Er resignierte unendlich an allem, und dann ergriff er alles wieder kraft des Absurden. Er macht ständig die Bewegung der Unendlichkeit, doch macht er's mit solcher Korrektheit und Sicherheit, daß er stets wieder in der Endlichkeit landet, und nie merkt man etwas anderes als sie . . .

*

Wenn es so wäre, wie die eingebildete Klugheit meint, stolz, daß man sie nicht betrügen könne: man solle nur glauben, was man mit seinen leiblichen Augen sehn könne: dann sollte man vor allen Dingen aufhören, an die Liebe zu glauben. Und wenn man das täte, und täte es aus Furcht, betrogen zu werden, wäre man dann nicht betrogen? Sich selbst um die Liebe betrügen ist das Furchtbarste, ist ein ewiger Verlust, für den es keinen Ersatz gibt, weder in der Zeit noch in der Ewigkeit. Denn wenn sonst gesagt wird, wie auch immer, es sei jemand in seinem Verhältnis zur Liebe betrogen worden, so steht der Betrogene doch in einem Verhältnis zur Liebe, und der Betrug ist nur der, daß sie nicht da war, wo sie vermutet wurde; aber der Selbstbetrogene hat sich selbst ausgeschlossen und schließt sich selbst aus von der Liebe. Man sagt auch: jemand sei vom Leben oder im Leben betrogen worden; wer sich aber selbstbetrügerisch selbst ums Leben betrog, dessen Verlust ist unersetzlich. Selbst dem, der sein ganzes Leben vom Leben betrogen wurde, kann die Ewigkeit reichlichen Ersatz aufbewahren; aber der Selbstbetrogene hat sich selbst gehindert, das Ewige zu gewinnen. Wer gerade durch seine Liebe ein Opfer des menschlichen Betrugs wurde, ja, was hat er denn eigentlich verloren, wenn sich in der Ewigkeit zeigt, daß die Liebe bleibt und der Betrug aufhört? Doch wer listig — sich selbst betrog, indem er klug in die Schlinge der Klugheit ging, ja, und wenn er sich das ganze Leben lang in seiner Einbildung glücklich priese, was hat er verloren, wenn sich in der Ewigkeit zeigt, daß er sich selbst betrog! Denn in der Zeitlichkeit kann es dem Menschen vielleicht gelingen, die Liebe zu entbehren, vielleicht gelingen, durch die Zeit zu schlüpfen, ohne seinen Selbstbetrug zu entdecken, das Furchtbare: in einer Einbildung zu bleiben, stolz, in ihr befangen zu sein; in der Ewigkeit aber kann er die Liebe nicht entbehren und der Entdeckung nicht entgehn, daß er alles verscherzt hat.

*

Woher kommt die Liebe, wo hat sie ihren Ursprung und ihre Entstehung, wo ist die Stelle, wo sie wohnt, von der sie ausgeht? Ja, die Stelle ist verborgen oder im Verborgenen. Es gibt eine Stelle im Innersten des Menschen; von ihr geht das Leben der Liebe aus, denn „vom Herzen geht das Leben aus". Doch kannst du die Stelle nicht sehn, wie tief du auch eindringst, der Ursprung entzieht sich dir in der Ferne und Verborgenheit; selbst wenn du am tiefsten eindringst, ist's, als ob der Ursprung immer noch ein Stück tiefer innen wäre, wie der Ursprung der Quelle, gerade wenn du ihr am nächsten bist, noch ein Stück weiter fort ist. Von dieser Stelle geht die Liebe aus, auf mannigfaltigen Wegen; doch auf keinem der Wege dringst du zu der verborgenen Stelle, wo sie entsteht. Wie Gott in einem Licht wohnt, von dem jeder Strahl ausgeht, der die Welt erhellt, und doch niemand auf diesen Wegen eindringen kann, Gott zu sehen, denn die Wege des Lichts verwandeln sich in Finsternis, wenn man sich zu dem Licht hinwendet: so wohnt die Liebe im Verborgenen, oder verborgen im Innersten. Wie das Hervorsprudeln der Quelle durch murmelnde

Überredung ihres Rieselns den Menschen lockt, ja fast bittet, auf dem Weg zu gehn und nicht neugierig eindringen zu wollen, um ihren Ursprung zu finden und dessen Geheimnis zu enthüllen; so wie der Strahl der Sonne den Menschen einlädt, durch seine Hilfe die Herrlichkeit der Welt zu betrachten, aber warnend den Vermessenen mit Blindheit straft, wenn er sich umwenden will, um neugierig und frech den Ursprung des Lichts zu entdecken; so wie der Glaube sich winkend anbietet, des Menschen Wegbegleiter zu sein, aber den Frechen versteinert, der sich umwendet, um frech zu begreifen: so ist es der Wunsch und die Bitte der Liebe, daß ihr versteckter Ursprung und ihr verborgnes Leben im Innersten ein Geheimnis bleibe, daß niemand neugierig frech störend eindringe, um zu sehn, was er doch nicht sehn, doch dessen Freude und Segen er sich durch Neugier verscherzen kann. Das Leiden ist immer das schmerzlichste, bei dem der Arzt sich genötigt sieht, zerstörend in die edleren und grade darum verborgnen Teile des Körpers einzudringen; so ist es auch das schmerzlichste und zugleich verderblichste Leiden, wenn jemand, statt sich über die Liebe in ihren Offenbarungen zu freuen, sich dadurch Freude schaffen will, daß er sie ergründet, das heißt dadurch, daß er sie zerstört.

Das verborgne Leben der Liebe ist im Innersten unergründlich und in einem unergründlichen Zusammenhang mit dem ganzen Dasein. Wie der stille See tief in den verborgnen Quellen seinen Grund hat, die kein Auge sah, so hat die Liebe des Menschen ihren noch tieferen Grund in Gottes Liebe. Wenn in der Tiefe keine Quelle wäre, wenn Gott nicht die Liebe wäre, dann wäre weder der kleine See noch die Liebe des Menschen. Wie der stille See seinen dunkeln Grund in der tiefen Quelle hat, so hat die Liebe eines Menschen ihren rätselhaften Grund in Gottes Liebe.

*

Die Innerlichkeit der Liebe muß aufopfernd sein und darf darum keinen Lohn verlangen. Die rein menschliche Auffassung der Liebe lehrt: die Liebe verlangt keinen Lohn — nur will sie wiedergeliebt sein, als wäre das kein Lohn, als bliebe ihr ganzes Verhalten dann doch nicht innerhalb der Bestimmung, die dem Verhalten von Mensch zu Mensch gilt. Die Innerlichkeit der christlichen Liebe ist aber willig, als Lohn ihrer Liebe von dem Geliebten gehaßt zu werden.

*

Was muß man tun, um untereinander in der Liebe Schuld zu bleiben? Wenn der Fischer einen Fisch fing, den er am Leben erhalten will, was muß er dann tun? Er muß ihn sofort ins Wasser tun, sonst siecht er hin und stirbt über kurz oder lang. Und warum muß er ihn ins Wasser tun? Weil das Wasser das Element des Fisches ist, und **alles, was am Leben erhalten werden soll, muß in seinem Element erhalten werden**; das Element der Liebe ist aber die Unendlichkeit, die Unerschöpflichkeit, die Unermeßlichkeit. Wenn du deshalb deine Liebe bewahren willst, so mußt du darauf achten, daß sie, mit Hilfe der Unendlichkeit der Schuld zu Freiheit und Leben gefangen, beständig in ihrem Element bleibe, sonst siecht sie hin und stirbt — nicht über kurz oder lang, denn sie stirbt sofort, das ist eben ein Zeichen ihrer Vollkommenheit, daß sie **nur in der Unendlichkeit leben kann**.

*

Die Liebe bedeckt die Menge der Sünden; denn was sie zu sehn und zu hören nicht vermeiden kann, das deckt sie mit Schweigen, mit mildernder Erklärung, mit Vergebung.

Mit Schweigen deckt sie die Menge der Sünden.

Es geschieht bisweilen: zwei Liebende möchten ihre Liebe geheimhalten. Gesetzt nun, gerade als sie einander die Liebe gestanden und einander Schweigen gelobten, war ganz zufällig ein Dritter zugegen, doch dieser Unbeteiligte, ein redlicher und liebevoller Mensch, auf den man sich verlassen konnte, gelobte ihnen Stillschweigen: war und blieb dann nicht das Geheimnis ihrer Liebe verborgen? So handelt der Liebende, wenn er unversehens, zufällig, ohne die Gelegenheit zu suchen, Mitwisser wird von jemandes Sünde, von seinem Fehler, wie er etwas verbrach oder ihn eine Schwachheit befiel: der Liebende verschweigt's und bedeckt die Menge der Sünden.

Sage nicht, der Sünden Menge bleibe sich gleich, ob sie verschwiegen oder erzählt werden, da Schweigen doch nichts aus der Welt schaffe, weil man nur verschweigen könne, was vorhanden ist. Beantworte lieber die Frage, ob nicht der, der die Fehler und Sünden seines Nächsten erzählt, die Menge der Sünden vergrößert... Wer durch Erzählen der Fehler seines Nächsten mithilft, die Menschen zu verderben, der vergrößert die Menge der Sünden.

Selig der Gläubige, der da glaubt, was er nicht sehn kann, selig der Liebende, der wegglaubt, was er doch sehn kann.

*

Wenn es zwei Künstler gäbe, und der eine sagte: „ich bin viel gereist und habe mich viel in der Welt umgesehn, aber ich habe vergeblich einen Menschen gesucht, der es wert wäre, gemalt zu werden, ich habe kein Antlitz gefunden, das so sehr das vollkommene Bild der Schönheit wäre, daß ich mich hätte entschließen können, es zu zeichnen, in jedem Antlitz sah ich den oder jenen kleinen Fehler, darum such' ich vergebens", — wäre das ein Zeichen dafür, daß dieser Künstler ein großer Künstler wäre? Der andre Künstler dagegen sagte: „nun, ich gebe mich ja eigentlich nicht dafür aus, ein Künstler zu sein, ich habe auch keine Reisen ins Ausland gemacht, aber um bei dem kleinen Kreise der Menschen zu bleiben, die mir die nächsten sind, so habe ich da kein einziges Antlitz so unbedeutend oder so fehlerhaft gefunden, daß ich ihm nicht doch eine schönere Seite abgewinnen und etwas Verklärtes in ihm entdecken konnte; darum bin ich froh über die Kunst, die ich ausübe, und die mich befriedigt, ohne daß ich Anspruch darauf erhebe, ein Künstler zu sein —"; wäre das nicht ein Zeichen dafür, daß gerade er der Künstler war, der dadurch, daß er ein gewisses Etwas mitbrachte, sogleich auf der Stelle fand, was der weitgereiste Künstler an keiner Stelle der Welt fand, vielleicht, weil er kein gewisses Etwas mitbrachte! Der zweite war also der Künstler.

Und wäre es nicht traurig, wenn das, was dazu bestimmt ist, das Leben zu verschönen, nur wie ein Fluch auf das Leben sein könnte, so daß „die Kunst", statt uns das Leben zu verschönen, nur wählerisch entdeckte, daß niemand von uns schön wäre? Und noch trauriger wäre es und noch verworrener, wenn auch die Liebe nur zum Fluch würde, weil schon ihre Forderung es zeigen könnte, daß niemand von uns wert ist, geliebt zu werden, statt daß die Liebe doch gerade daran erkannt würde, daß sie liebevoll genug ist, etwas Liebenswertes an uns allen zu finden, also liebevoll genug, um uns alle zu lieben.

*

Überlegenheit ist: der Verteidiger seines Feindes sein.

*

Die Schrecken des Heidentums (das Kastenwesen) hat das Christentum, und zwar ein für allemal, verjagt; aber die Verschiedenartigkeit des Erdenlebens hat es nicht verjagt. Diese muß bestehen, solange die Zeitlichkeit besteht, und muß jeden Menschen, der in die Welt kommt, immer wieder versuchen; denn dadurch, daß er ein Christ ist, wird er noch nicht von der Verschiedenartigkeit befreit, aber dadurch, daß er in der Versuchung der Verschiedenartigkeit siegt, wird er ein Christ. In der sogenannten Christenheit ist die Verschiedenartigkeit des Erdenlebens deshalb noch eine ständige Versuchung, ach, sie tut vielleicht noch mehr als versuchen, so daß der eine sich hochmütig bläht, und der andre trotzig beneidet. Das ist aber doch beides Aufruhr, ist Aufruhr gegen das Christliche. Es sei wahrhaftig ferne von uns, jemanden in dem vermessenen Irrtum zu bestärken, nur die Mächtigen und Vornehmen seien schuldig; denn wenn die Geringen und Ohnmächtigen trotzig nach den ihnen verweigerten Vorteilen des Erdenlebens streben, statt demütig der seligen Gleichmäßigkeit des Christlichen nachzustreben, so heißt auch das: Schaden an seiner Seele nehmen.

Blind ist das Christentum nicht, auch nicht einseitig;

es sieht mit der Ruhe der Ewigkeit gleichmäßig auf alle Verschiedenartigkeiten des Erdenlebens; aber es hält es nicht streitsüchtig mit einer einzigen; es sieht, und wahrhaftig mit Trauer, daß irdische Hast und die falschen Propheten der Weltlichkeit im Namen des Christentums den Schein erzeugen wollen, als wären es nur die Mächtigen, die sich an der Verschiedenartigkeit des Erdenlebens versehen können, als wäre der Geringe berechtigt, alles zu tun, um die Gleichheit zu erreichen — nur nicht mit Hilfe d e s Mittels: in Ernst und Wahrheit Christ zu werden. Kommt man auf dem Wege der christlichen Gleichmäßigkeit und Gleichheit näher? . .

Die vornehme Verderbtheit will den Vornehmen lehren, daß er nur für die Vornehmen existiere, daß er nur im Zusammenhang ihres Kreises leben, daß er nicht für andere Menschen existieren solle, geradeso wie diese für ihn nicht existieren sollen. Doch ist Vorsicht geboten: er muß verstehn, es möglichst leicht und geschickt zu machen, um die Menschen nicht aufzuregen, das heißt, das Geheimnis und die Kunst ist, gerade dies Geheimnis für sich zu haben; im Vermeiden der Berührung darf sich kein inneres Verhältnis zeigen, ebensowenig darf er in einer auffallenden Art, die Aufmerksamkeit erregen würde, die andern Kreise meiden, nein, das Ausweichen soll geschehn, um sich zu sichern, und darum so vorsichtig, daß niemand darauf aufmerksam wird, geschweige denn sich daran stößt.

So steht es also mit der vornehmen Verderbtheit. Und wenn es einen Vornehmen gäbe, dessen Leben also durch Geburt und Willkür dieser irdischen Verschiedenartigkeit besonders angehörte, einen Vornehmen, der nicht einwilligen wollte in diese Verschwörung der Streitsucht gegen das Allgemein-Menschliche, das heißt, gegen den Nächsten, wenn er das nicht übers Herz brächte, wenn er wohl die Folgen einsähe, aber sich dennoch vor Gott getraute, die Stärke zu haben, um die Folgen zu tragen, während er die Stärke nicht hatte, sein Herz zu verhärten: die Erfahrung würde ihn schon lehren, was er wagte. Zunächst würde die vornehme Verderbtheit ihn als Verräter und Selbstsüchtigen anklagen —, weil er seinen Nächsten lieben wollte; denn mit der Verderbtheit zusammenzuhalten, das wäre Liebe und Treue, Aufrichtigkeit und Hingabe! Und wenn dann, wie das so oft geht, die Geringern ihn wiederum von ihrem andern Standpunkt her mißverstanden und verkannten, ihn, der ja nicht zu ihrer Gemeinschaft gehörte, mit Spott und Hohn dankten, weil er seinen Nächsten lieben wollte: ja, dann wäre er in doppelter Gefahr. Denn hätte er sich an die Spitze der Geringern gestellt, um durch einen Aufstand die Andersartigkeit der Vornehmen niederzutreten, dann hätten sie ihn vielleicht geliebt und geehrt. Aber das wollte er nicht, er wollte nur ausdrücken, was in ihm ein christlicher Drang war, dies, seinen Nächsten zu lieben. Und gerade darum wurde sein Schicksal so mißlich, gerade dadurch doppelt seine Gefahr.

Laßt uns nun die Verschiedenartigkeit der Geringen bedenken. Die Zeiten sind vorbei, wo die sogenannten Geringeren keine Vorstellung von sich selber hatten oder nur die Vorstellung, Knechte zu sein, nicht nur geringe Menschen zu sein, sondern eigentlich nicht einmal Menschen; der wilde Aufruhr, der Schrecken, der diesem Schrecken folgte, ist vielleicht auch vorbei: ob nicht aber darum doch die Verderbtheit verborgen in einem Menschen wohnen kann? So wird die verderbte Geringheit dem Geringen eingeben, daß er in den

Mächtigen und Vornehmen, in jedem, der durch einen Vorzug begünstigt ist, seinen Feind sehn soll.

Denke dir jemanden, der ein Gastmahl gab und dazu Lahme, Blinde, Krüppel und Bettler einlud: ich bin weit entfernt, von der Welt anders zu denken, als daß sie das schön, wenn auch eigentümlich fände. Aber denke dir, dieser Mann, der das Gastmahl gab, hätte einen Freund, zu dem er sagte: „Gestern gab ich ein großes Gastmahl —", nicht wahr, der Freund würde sich zunächst wundern, daß er nicht mit geladen gewesen sei. Wenn er dann erführe, wer die Geladenen waren: ich bin weit entfernt, von dem Freund anders zu denken, als daß er das schön, wenn auch eigentümlich fände. Doch würde er sich wundern und vielleicht sagen: „das ist ein merkwürdiger Sprachgebrauch, solche Versammlung Gastmahl zu nennen, Gastmahl — wo die Freunde nicht mit dabei sind, Gastmahl — wo es nicht um gute Weine, Wahl der Gäste, Zahl der Diener geht, die bei der Tafel aufwarten, „das ist", würde der Freund sagen, „was man so ein Werk der Barmherzigkeit nennen kann, aber kein Gastmahl." Denn so gut auch das Essen gewesen ist, wenn es nicht bloß wie das der Armenverwaltung „kräftig und wohlschmeckend", sondern wirklich erlesen und köstlich war, ja, und wenn sie zehn Sorten Wein bekommen hätten, — die Leute selbst, die Einrichtung des Ganzen, ein gewisses fehlendes Etwas, ich weiß nicht was, war doch im Wege, so etwas Gastmahl zu nennen, es ist gegen den Sprachgebrauch, — der doch den Unterschied macht.

O mein Zuhörer, glaubst du, daß das nur ein Wortstreit um den Gebrauch des Wortes Gastmahl sei? Oder siehst du nicht, daß der Streit darum geht, den Nächsten zu lieben; denn der, der die Armen speist, aber doch nicht so über seine Gesinnungsweise siegt, daß er diese Speisung ein Gastmahl nennt, der sieht in den Armen und Geringen nur die Armen und Geringen. Der, der das „Gastmahl" gibt, der sieht in den Armen und Geringen seine Nächsten — wie lächerlich das auch in den Augen der Welt scheinen mag.

Seinen Nächsten lieben heißt: indem man in der irdischen Verschiedenartigkeit verbleibt, wie sie einem angewiesen ist, im wesentlichen unbedingt jedem Menschen gegenüber gleichmäßig sein wollen.

Das Christentum wollte nicht vorwärts stürmen, um die Verschiedenartigkeiten abzuschaffen, weder die der Vornehmheit, noch die der Geringheit, ebensowenig hat es weltlich ein weltliches Übereinkommen schließen wollen zwischen den Verschiedenartigkeiten; sondern es will, daß die Verschiedenartigkeit nur lose um den Menschen hänge, lose gleich dem Mantel, den die Majestät abwirft, um zu zeigen, wer sie ist; lose gleich den Lumpen, in denen ein übernatürliches Wesen sich barg. Denn wenn die Verschiedenartigkeit so lose hängt, dann sieht man, undeutlich zwar, aber immer wieder, in jedem Einzelnen jenes wesentliche Andere, das allen Gemeinsame, das ewig sich Gleichbleibende, die Gleichheit.

Wenn es so wäre, wenn jeder Einzelne so lebte, dann hätte die Zeitlichkeit ihren Höhepunkt erreicht. Wie die Ewigkeit kann sie nicht sein; aber diese erwartungsvolle Feierlichkeit, die, ohne des Lebens Gang zu hemmen, sich täglich durch das Ewige und die Gleichmäßigkeit der Ewigkeit verjüngt, täglich die Seele erlöst von der Verschiedenartigkeit, in welcher sie trotzdem bleibt: das wäre schon der Abglanz der Ewigkeit. Dann würdest du den Herrscher im wirklichen Leben sehn, ihm froh und ehrerbietig deine Huldigung bringen, aber trotzdem würdest du im Herrscher die innere Herrlichkeit sehn, die Gleichheit der Herrlichkeit, über welche seine Pracht nur eine Hülle wirft. Dann würdest du, vielleicht schmerzlicher leidend als er selber, den Bettler sehn, aber trotzdem würdest du die innere Herrlichkeit in ihm sehn, die Gleichheit der Herrlichkeit, über die sein geringer Mantel eine Hülle wirft. Ja, dann würdest du, wohin du dein Auge wendetest, deinen Nächsten sehn.

*

Nimm den geringsten, meistübersehenen Bedienten, denke dir, was wir so eine recht einfältige, arme, geringe Arbeiterfrau nennen, die sich ihren Unterhalt durch die geringste Arbeit verdient: im christlichen Sinne hat sie das Recht (ja wir bitten sie im Namen des Christentums recht inständig, daß sie das tue, wozu sie das Recht hat), während sie ihre Arbeit tut, mit sich selbst sprechend und mit Gott, was keineswegs die Arbeit verzögert, — sie hat das Recht zu sagen: „Ich tue diese Arbeit für Tagelohn, daß ich sie aber so sorgfältig tue, das tue ich — um des Gewissens willen!" Vom weltlichen Standpunkt gibt es nur einen Menschen, einen einzigen, der keine andren Verpflichtungen anerkennt als die des Gewissens: das ist der König. Und doch hat diese geringe Frau vom christlichen Standpunkt aus das Recht, vor Gott königlich von sich selbst zu sagen: „ich tue es um des Gewissens willen!" Wird sie ärgerlich, weil kein Mensch auf ihre Worte hören will, so beweist das nur, daß sie nicht christlich gesinnt ist; denn im übrigen scheint mir, daß es genügen kann, daß mir Gott erlaubt hat, so mit ihm zu sprechen — in dieser Weise heftig Redefreiheit verlangen ist eine große Torheit gegen sich selbst; denn es gibt Dinge, darunter besonders die Geheimnisse der Innerlichkeit, die verlieren, wenn man sie veröffentlicht, und die gänzlich verloren sind, wenn einem das Veröffentlichen das Wichtigste wurde, ja es gibt Geheimnisse, die dann nicht nur verloren, sondern sinnlos geworden sind.

Die göttliche Ansicht des Christentums ist die: zu jedem Menschen im stillen zu sagen: mühe dich nicht, die Gestalt der Welt oder deine Lebensumstände zu verändern, als ob du, um beim Exempel zu bleiben, es vielleicht dahin bringen kannst, statt eine arme Arbeiterfrau zu sein, Madame genannt zu werden, nein, eigne dir das Christliche an, und es wird dir einen Punkt zeigen, außerhalb der Welt, mit dessen Hilfe du Himmel und Erde bewegen wirst, ja noch wunderbarer, du wirst Himmel und Erde so still und leicht bewegen, daß es niemand merkt.

*

Gerechtigkeit wird daran erkannt, daß sie jedem das Seine gibt, so wie sie auch wieder das Ihre fordert; das heißt; die Gerechtigkeit rechtet um das Eigene, trennt und teilt, bestimmt, was jeder sein Eigen nennen darf, verurteilt und straft, wenn jemand keinen Unterschied zwischen Mein und Dein machen will. Mit diesem umstrittenen, doch einem mit Recht zukommenden Mein darf jeder Einzelne jedoch tun, was er will; und wenn er auf keine andere Art als die, die die Gerechtigkeit zuläßt, sein Eigenes sucht, kann ihm die Gerechtigkeit nichts vorwerfen und hat kein Recht dazu. So behält jeder das Seine; sobald einem das Seine entwendet wird, oder sobald einer einem andern das Seine entwendet, greift die Gerechtigkeit ein; denn sie sichert die allge-

Barmherzigkeit! Laß dir genügen

meine Sicherheit, in der jeder das Seine hat, wenn er es rechtmäßig hat. — Doch dann gibt es zuweilen eine Veränderung, eine Umwälzung, einen Krieg, ein Erdbeben oder ein andres großes Unglück der Art, und alles wird verwirrt. Vergebens versucht die Gerechtigkeit jedem das Seine zu sichern, den Unterschied zwischen Mein und Dein zu behaupten, sie kann's nicht mehr, sie kann in der Verwirrung nicht mehr das Gleichgewicht halten, darum wirft sie die Waage von sich: sie verzweifelt.

Furchtbares Schauspiel! Und doch, verursacht nicht die Liebe in gewissem Sinne, wenn auch auf die seligste Weise, dieselbe Verwirrung? Aber Liebe ist auch ein Ereignis, das größte von allen und dabei das glücklichste; die Liebe ist eine Veränderung, die merkwürdigste von allen, doch die wünschenswerteste, — wir sprechen gerade im besonderen Sinn davon, daß einer, der von Liebe ergriffen wird, sich verändert oder verändert wird; Liebe ist eine Umwälzung, die tiefste von allen, aber die seligste. So ist denn mit der Liebe die Verwirrung da; in dieser glückseligen Verwirrung ist für die Liebenden kein Unterschied zwischen Mein und Dein. Wie wunderbar, es gibt ein Du und ein Ich, und es gibt kein Mein und Dein. Denn ohne Du und Ich keine Liebe, und mit Mein und Dein keine Liebe; doch Mein und Dein (diese Eigentums-Fürworte) sind ja gebildet von Du und Ich und scheinen darum überall da sein zu müssen, wo es Du und Ich gibt. Das ist auch überall der Fall, nur in der Liebe nicht, die eine Umwälzung von Grund aus ist. Je tiefer die Umwälzung ist, je vollkommener der Unterschied von Mein und Dein verschwindet, um so vollkommener ist die Liebe, ihre Vollkommenheit beruht im wesentlichen darauf, daß sich der doch im Grunde verborgen liegende Unterschied zwischen Mein und Dein nicht zeigt, sie beruht also im wesentlichen auf dem Grade der Umwälzung. Je tiefer die Umwälzung ist, desto mehr schaudert die Gerechtigkeit, je tiefer die Umwälzung ist, desto vollkommener die Liebe.

*

Die Ewigkeit hält unerschütterlich daran fest, daß die Barmherzigkeit das Wichtigste ist. Kein Denker kann so hartnäckig sein wie die Ewigkeit in diesem ihrem Gedanken; kein Denker ist so ruhig, so ungestört von der Hast und der Gefahr des Augenblicks, die doch einzuschärfen scheinen, daß es das Wichtigste ist, auf jede Weise zu helfen, kein Denker ist so ruhig und ungestört wie die Ewigkeit. Und kein Denker ist so sicher, daß die Menschen zuletzt doch nachgeben und seine Gedanken denken müssen wie die Ewigkeit; denn sie sagt: bleibe, wir sprechen weiter in Ewigkeit, und da sprechen wir einzig und allein von der Barmherzigkeit, und einzig und allein von dem Unterschied: barmherzig — unbarmherzig. O könnte ich das Antlitz der Ewigkeit wiedergeben, wenn der Reiche auf die Frage, ob er barmherzig gewesen ist, antwortet: ich gab Hunderttausend an die Armen. Die Ewigkeit wird ihn verwundert ansehn, wie jemand, der es nicht faßt, wovon er spricht; und dann wird sie ihn abermals fragen: warst du barmherzig?

Denke dir, ein Mann ginge zu einem Berg, um mit dem über seine Angelegenheiten zu sprechen, oder es ließe sich jemand mit dem Winde auf seine Taten ein: mehr wird die Ewigkeit davon nicht verstehen, was der Reiche mit seinen Hunderttausend meint, und was der Mächtige damit, er habe alles getan.

*

Laß dir genügen

Es war einmal eine Lilie, die stand an einer abgelegenen Stelle an einem kleinen rinnenden Wasser und war gut bekannt mit einigen Nesseln samt ein paar anderen Blümchen dort in der Nähe. Die Lilie war, nach den wahren Worten des Evangeliums, schöner bekleidet denn Salomo in aller seiner Herrlichkeit, dabei sorglos und froh den ganzen langen Tag. Unmerklich und glückselig glitt die Zeit dahin, wie das rinnende Wasser, das rieselt und schwindet. Aber da traf es sich, daß eines Tags ein Vögelchen kam und die Lilie besuchte, am nächsten Tag kam's wieder, blieb einige Tage fort und kam wiederum; das fand die Lilie sonderbar und unerklärlich, unerklärlich, daß der Vogel nicht auf derselben Stelle blieb, so wie die Blümchen, sonderbar, daß der Vogel so launenhaft sein konnte. Aber, wie es so oft geht, so ging es auch der Lilie, sie verliebte sich gerade darum immer mehr in den Vogel, weil er so launenhaft war.

Dies Vögelchen war ein schlimmes Vögelchen; statt sich an die Stelle der Lilie zu versetzen, statt sich an ihrer Schönheit zu freuen und sich mit ihr in ihrer unschuldigen Glückseligkeit zu freuen, wollte sich der Vogel dadurch wichtig tun, daß er seine Freiheit fühlte und die Lilie ihre Gebundenheit fühlen ließ. Und nicht nur das, zugleich war das Vögelchen redselig, es erzählte von allem, was es gibt, Wahres und Unwahres, davon, daß an andern Stellen große Mengen von viel prächtigeren Lilien stünden, wo eine Freude und eine Munterkeit herrsche, ein Duft, eine Farbenpracht, ein Vogelgesang, daß es alle Beschreibung übertreffe. So erzählte der Vogel und jede seiner Erzählungen schloß er gerne mit der für die Lilie demütigenden Bemerkung, daß sie im Vergleich mit solcher Herrlichkeit wie nichts aussähe, ja, daß sie so unbedeutend sei, daß es überhaupt eine Frage wäre, mit welchem Recht sie sich eigentlich Lilie nenne.

So wurde die Lilie bekümmert; je mehr sie auf den Vogel hörte, desto bekümmerter wurde sie; sie schlief nicht mehr ruhig in der Nacht und erwachte nicht mehr froh am Morgen; sie fühlte sich gefangen und gebunden, sie fand das Rieseln des Wassers langweilig und den Tag lang. Sie fing nun in ihrer Betrübnis über sich selber an, sich mit sich und ihren Lebensbedingungen zu beschäftigen den ganzen langen Tag. „Es kann ja ganz schön sein", sagte sie zu sich selbst, „ab und zu, zur Abwechslung, auf das Rieseln des Bachs zu hören, aber Tag für Tag immer dasselbe zu hören, das ist allzu langweilig." „Es kann vielleicht ganz angenehm sein", sagte sie zu sich selbst, „ab und zu an einer abgelegenen Stelle zu sein und einsam, aber so das ganze Leben hindurch vergessen zu sein, und ohne Gesellschaft zu sein, oder in der Gesellschaft von Brennesseln, die doch wohl keine Gesellschaft für eine Lilie sind: das ist nicht zum Aushalten." „Und dann so gering aussehn, wie ich", sagte die Lilie zu sich selber, „so unbedeutend sein, wie das Vögelchen von mir sagt: ach, warum bin ich nicht wo anders erschaffen, unter andren Bedingungen, ach, warum bin ich keine Kaiserkrone geworden." Das Vögelchen hatte ihr nämlich erzählt, die Kaiserkrone gelte unter allen Lilien für die schönste und würde von allen andren Lilien beneidet. Die Lilie sah nun, traurig genug, daß die Bekümmernis sie angriff; dann sprach sie vernünftig zu sich selbst; doch nicht so vernünftig, daß sie sich die Bekümmernis aus dem Sinn geschlagen hätte, sondern so, daß sie sich selbst davon überzeugte, daß die Bekümmernis richtig sei: „mein Wunsch", sagte sie, „ist ja kein unvernünftiger Wunsch, ich verlange ja nicht das Unmögliche, etwas zu werden, was ich nicht bin, z. B. ein Vogel, mein Wunsch ist bloß, eine prächtige Lilie zu werden oder gar die prächtigste."

Inzwischen flog das Vögelchen hin und her; mit jedem seiner Besuche und jeder darauf folgenden Trennung wuchs die Unruhe der Lilie. Zuletzt vertraute sie sich ganz dem Vogel. Eines Abends besprachen sie, am nächsten Morgen solle es anders und der Bekümmernis ein Ende gemacht werden. Früh am nächsten Morgen kam das Vögelchen, mit seinem Schnabel hackte es das Erdreich von der Wurzel der Lilie, daß sie so frei wurde. Als das geglückt war, nahm der Vogel die Lilie unter seinen Flügel und flog fort. Die Absicht war die, der Vogel solle mit der Lilie dahin fliegen, wo die prächtigen Lilien blühten; dann solle der Vogel ihr dort beim Einpflanzen helfen, damit es der Lilie durch die Ortsveränderung und die neue Umgebung gelinge, eine prächtige Lilie zu werden in der Gesellschaft der vielen, oder gar eine Kaiserkrone, beneidet von allen andern.

Ach, unterwegs welkte die Lilie. Hätte die bekümmerte Lilie sich damit genügen lassen, Lilie zu sein, dann wäre sie nicht bekümmert geworden; wäre sie nicht bekümmert geworden, dann wäre sie stehn geblieben, wo sie stand — wo sie stand in aller ihrer Schönheit; wäre sie stehn geblieben, dann wäre es gerade die Lilie gewesen, von der der Prediger am Sonntag sprach, als er das Wort des Evangeliums wiederholte: „Sehet die Lilien, ich sage euch, daß Salomo in aller seiner Herrlichkeit nicht bekleidet war wie derselben eine."

Wenn nun der Mensch nicht ohne Lächeln an die Bekümmernis der Lilie, die eine Kaiserkrone werden wollte, denken kann, daran denken, daß sie unterwegs starb: dann bedenke, o Mensch, daß es zum Weinen wäre, wenn ein Mensch sich ebenso unvernünftig bekümmerte; ebenso unvernünftig! Doch nein, wie dürfte ich's wagen, dies so unklar zu lassen, wie dürfte ich's wagen, so im Ernst die göttlichen und dazu bestellten Lehrmeister zu beschuldigen, die Lilien auf dem Felde Nein, die Lilie bekümmert sich nicht so, gerade darum sollen wir davon lernen. Und wenn dann ein Mensch, wie die Lilie, sich damit genügen läßt, ein Mensch zu sein, so wird er nicht krank durch zeitliche Bekümmernis; und wenn er nicht zeitlich bekümmert wird, dann bleibt er auf dem Platz stehen, der ihm angewiesen ist; und wenn er dort bleibt, dann ist es wahrhaftig so: er, dadurch daß er Mensch ist, ist herrlicher als Salomos Herrlichkeit.

*

Nun wendet sich das Wort an dich, du Armer und Elender. O sei barmherzig. Bewahre dies Herz in deiner Brust, das trotz Elend und Armut doch Mitleid hat mit dem Elend anderer, dies Herz, das vor Gott den Freimut hat, zu wissen, daß man barmherzig sein kann, ja, daß man gerade im höchsten Grad, in ausgezeichnetem und vorzüglichem Sinne barmherzig sein kann, wenn man nichts zu geben hat.

Denke dir eine arme Witwe; sie hat nur eine einzige Tochter, doch dieser Tochter hat die Natur stiefmütterlich fast jede Gabe verweigert, das Leben der Mutter zu erleichtern, — denke dir dies unglückliche Mädchen, das unter der schweren Bürde seufzt, so daß sie, gegenüber dem Wenigen, das sie kann, doch unerschöpflich ist in Erfindung, um das Wenige, das Nichts zu tun, das sie kann, um das Leben der Mutter zu erleichtern. Sieh, das ist Barmherzigkeit! Kein reicher Mann soll die tausend Reichstaler verschwenden, um es von einem Künstler malen zu lassen, denn es läßt sich nicht malen. Doch jedes Mal, wenn der vornehme Beschützer, der der Helfer der Mutter ist, zu ihnen kommt, dann steht das arme Mädchen beschämt da; denn „er", er kann so viel tun — seine Barmherzigkeit verdunkelt die des Mädchens. Ach ja, in den Augen der Welt, vielleicht sogar in denen eines Künstlers und denen eines Kunstkenners.

Und nun wendet sich das Wort an dich, du Elende, die gar nichts tun kann; vergiß nicht, barmherzig zu sein! Sei barmherzig! Dieser Trost, daß du es sein kannst, nicht von dem Trost zu reden, daß du es bist, ist viel größer als der, wenn ich dir dafür einstehn könnte, daß der Mächtigste dir Barmherzigkeit erweisen will. Sei barmherzig gegen uns Glückliche! Dein kummervolles Leben ist wie ein gefährlicher Einwand gegen die liebreiche Weltlenkung. So hast du es in deiner Macht, uns andre zu ängstigen; deshalb sei barmherzig! Wahrlich, wieviel Barmherzigkeit wird nicht den Mächtigen und Glücklichen erwiesen von einem solchen Unglücklichen! Was ist barmherziger, der Not anderer kräftig abzuhelfen, oder durch stilles, geduldiges Leiden barmherzig darauf zu achten, daß man die Freude und das Glück der andern nicht störe? Wer von beiden liebt am meisten: der Glückliche, der an den Leiden anderer teilnimmt, oder der Unglückliche, der an der Freude und dem Glück anderer wahrhaft teilnimmt?

*

Du wirst der Wahrheit sicherlich weit näher kommen, als du ihr bist, wenn du die Sache einmal umgekehrt betrachtest: daß die Arbeit nicht einfach Mühe und Beschwerde ist, wovon man am liebsten verschont bleiben möchte, daß vielmehr die Möglichkeit, arbeiten zu können, von Gottes Seite ein Zugeständnis an den Menschen ist, um ihm ein Vergnügen zu gönnen, ein Selbständigkeitsgefühl, das nicht zu teuer erkauft werden kann, selbst nicht mit dem Schweiße des Angesichts; denn ob man schwitzt oder nicht, kann doch nicht ausschlaggebend sein; ein Tänzer schwitzt ja auch, und doch nennt man das Tanzen keine Arbeit, Mühe und Beschwerde. Dies ist der einzige göttliche Sinn des Arbeitens, — und dann ist man weit davon entfernt, über den Schweiß des Angesichts zu klagen. Betrachte ein Kind gegenüber seinen Eltern: Der kleine Ludwig wird jeden Tag in seinem Kinderwagen spazierengefahren, ein Vergnügen, das gewöhnlich eine Stunde dauert; und daß es ein Vergnügen ist, weiß der kleine Ludwig wohl. Und trotzdem hat die Mutter etwas Neues entdeckt, das dem kleinen Ludwig sicher noch mehr Freude machen wird: kann er nicht selber den Wagen ziehn? Und er kann's! Wie, er kann's? Ja, sieh, Tante, der kleine Ludwig kann selber den Wagen ziehn! — Laßt uns nun Menschen sein, nicht das Kind stören; denn wir wissen recht gut, daß es der kleine Ludwig nicht kann, daß es eigentlich die Mutter ist, die den Wagen zieht, und nur um ihn recht zu erfreuen, spielt sie das Spiel, der kleine Ludwig kann's selber. Und der! er schnauft und stöhnt. Schwitzt er etwa nicht? Ja, wirklich, er schwitzt, der Schweiß steht ihm auf der Stirn, im Schweiße seines Angesichts zieht er den Wagen — doch sein Gesicht ist freudestrahlend, freudetrunken könnte man's nennen, und wird's womöglich noch mehr, jedesmal wenn die Tante sagt: nein, sieh, der kleine Ludwig kann's selber. Das war ein Vergnügen ohnegleichen. Zu schwitzen? Nein, selber zu können.

*

Jeder Mensch ist Gottes Leibeigner, darum darf er keinem Menschen in der Liebe angehören, ohne in derselben Liebe Gott anzugehören, und keinen Menschen in der Liebe besitzen, ohne daß der andre und er selber in der Liebe Gott angehören; ein Mensch darf nicht einem andern Menschen angehören, als wäre dieser andre Mensch ihm alles; ein Mensch darf nicht zulassen, daß ein andrer ihm so angehört, als wäre er diesem andern alles.

*

Dir, Weib, ist es vergönnt, den Hörer und Leser des Worts, den nicht vergessenden, zu verwirklichen. Erfülle, wie es sich ziemt, die Ermahnung des Apostels: das Weib schweige in der Gemeinde; so ziemt es sich. Ebensowenig soll sie sich zuhause damit befassen, zu predigen; das ist unkleidsam. Nein, sie sei schweigsam; in Schweigsamkeit verberge sie das Wort; ihre Schweigsamkeit drücke aus, daß sie es tief verbirgt. Glaubst du nicht an Schweigsamkeit? Ich tue es. Als Kain Abel erschlagen hatte, schwieg Abel. Doch Abels Blut schreit gen Himmel; es schreit (nicht: es schrie) gen Himmel; furchtbare Beredsamkeit, die nie verstummt; o Macht der Schweigsamkeit! Der königliche Mann, der den Namen der Schweiger trägt, — bedeutete sein Schweigen nichts? Die andern haben wohl laut genug über die Rettung des Staates geredet und darüber, was sie tun wollten, — nur er schwieg. Was bedeutete dies Schweigen? Daß er der Mann war, daß er den Staat rettete; o Macht der Schweigsamkeit!

So ist's mit dem Weibe. Ich will dir so ein Weib beschreiben, das ein Hörer des Worts ist, der es nicht vergißt; doch vergiß über dieser Beschreibung nicht, selber ein solcher zu werden! Wie gesagt, sie spricht nicht in der Gemeinde, sie schweigt; ebensowenig spricht sie zu Hause über Religion, sie schweigt. Sie ist auch nicht wie eine Geistesabwesende weit fort in andren Gegenden: du sitzt da und sprichst mit ihr, und wenn du so am besten dasitzst, sagst du dir selbst: sie ist schweigsam, — was bedeutet dies Schweigen? Sie steht der Wirtschaft ihres Hauses vor, ist ganz gegenwärtig, ist mit ihrer ganzen Seele selbst bei der geringsten Kleinigkeit dabei, sie ist froh, manchmal scherzhaft und munter, sie ist fast mehr als die Kinder die Freude im Hause, — und wenn du so am besten dasitzst und sie ansiehst, sagst du dir selbst: sie ist schweigsam, was bedeutet dies Schweigen? Und wenn selbst der, der ihr am nächsten steht, mit dem sie durch ein unauflösliches Band verknüpft ist, den sie von ganzer Seele liebt und der Anspruch auf ihr Vertrauen hat, — wenn es sich denken ließe, daß er einfach zu ihr sagte: „Was bedeutet dies Schweigen, woran denkst du? Denn es ist etwas hinter all dem dahinter, etwas, das du immer in Gedanken haben mußt, sag's mir!" — sie sagt's nicht, ausweichend sagt sie vielleicht höchstens: „Gehst du denn am Sonntag mit zur Kirche?" — und dann spricht sie von andern Dingen; oder sie sagt: „Versprich, mir am Sonntag eine Predigt vorzulesen!" — und dann spricht sie von andern Dingen. Was bedeutet dies Schweigen?

Was es bedeutet? Ja, laßt uns nicht weiter danach fragen; wenn sie ihrem Manne nichts sagt, so können wir doch nicht verlangen, daß wir etwas erfahren. Nein, laßt uns nicht weiter danach fragen, sondern bedenken, daß dies Schweigen grade das ist, was wir brauchen, wenn Gottes Wort etwas Macht über die Menschen bekommen soll.

Ach, wenn man (wozu man vom christlichen Standpunkt aus gewiß berechtigt ist) im christlichen Sinne sagen müßte, indem man den jetzigen Zustand der Welt, das ganze Leben betrachtet: es ist eine Krankheit, — und wenn ich Arzt wäre, und mich jemand fragte: „was, glaubst du, soll getan werden?" — dann würde ich antworten: „Das erste, die unbedingte Bedingung dafür, daß etwas getan werden kann, das erste also, was getan werden muß, ist: schaffe Schweigen, führe Schweigsamkeit ein; Gottes Wort kann nicht gehört werden, und will man es durch lärmende Mittel hinausschreien, damit es durch Getöse gehört werde, so wird es nicht Gottes Wort; schaffe Schweigen! Oh, alles lärmt; und wie man von einem hitzigen Getränk sagt, es bringe das Blut in Aufruhr, so ist in unsrer Zeit alles, selbst das unbedeutendste Unternehmen, jede, selbst die nichtssagendste Mitteilung, nur darauf berechnet, die Sinne zu erschüttern oder die Masse zu erregen, die Menge, das Publikum, den Lärm! Und der Mensch, dieser kluge Kopf, ist gleichsam schlaflos geworden, um neue, immer neue Mittel zu erfinden, den Lärm zu vermehren, um möglichst schnell im größten Maßstabe das Getöse und das Nichtssagende auszubreiten. Ja, die umgekehrte Ordnung ist bald erreicht; der Wert der Mitteilung hat bald seinen größten Tiefstand, und gleichzeitig haben die Mitteilungsmittel und die alles überschwemmende Ausbreitung etwa ihren Höhepunkt erreicht; denn was wird schneller ausposaunt und was wird auf der andern Seite weiter verbreitet als Klatsch! O schaffe Schweigen!"

Und das kann eine Frau. Es bedarf einer außerordentlichen Überlegenheit, wenn ein Mann durch seine bloße Nähe Männern Schweigen gebieten soll; doch kann das jede Frau in ihrem Bereich, ihrem Kreis, wenn sie es ohne Selbstsucht demütig im Dienst eines Höheren will.

Wahrlich, die Natur hat das Weib nicht übervorteilt und das Christentum auch nicht. Es ist ja nur menschlich, und so auch weiblich, in seinen Grenzen entsprechende Geltung zu beanspruchen — und — nun ja — eine Macht sein zu wollen. So kann ein Weib auf verschiedene Art Macht ausüben: durch seine Schönheit, durch seine Anmut, durch seine Gaben, durch seinen glücklichen Sinn — sie kann auch auf laute Art versuchen, eine Macht zu werden: letzteres ist unschön und unwahr, ersteres zerbrechlich und unsicher. Doch willst du eine Macht sein, Weib, laß mich dir es sagen, wie. Lerne Schweigsamkeit und lehre Schweigsamkeit! Du kannst es ja, — wenn nur bescheidne Verhältnisse dir zuteil wurden, du kannst dein Haus, dein Heim freundlich, freundlich-einladend, trotz aller Beschränkung reizvoll einrichten; und wenn reichere Mittel dir zuteil wurden, du kannst dein Haus, dein Heim geschmackvoll, heimisch-überredend, reizvoll einrichten; und wenn Überfluß dir zuteil wurde, du kannst mit sinnreichem Takt, indem du den Reichtum fast verbirgst, gerade dadurch einen Reiz über dein Haus, dein Heim ausbreiten und so Reichtum und Schlichtheit verbinden. Mein Auge ist dafür nicht blind, ich habe vielleicht zuviel Dichterisches in mir, doch laß dies andre preisen. Es gibt aber eins: wenn du vergäßest, das in deinem Hause, deinem Heim anzubringen, — dann fehlte das Wichtigtigste: das ist Schweigen! Schweigen! Schweigen, das ist nicht ein bestimmtes Etwas, denn es besteht ja nicht darin, daß nicht gesprochen wird. Nein, Schweigen ist wie die milde Beleuchtung in traulichem Zimmer, wie die Freundlichkeit in der dürftigen Stube: man spricht nicht davon, aber es ist da und übt seine wohltuende Macht. Schweigen ist wie die Stimmung, die Grundstimmung, die nicht hervorgezogen wird, deshalb heißt sie ja Grundstimmung, weil sie zugrundeliegt.

Doch kannst du dies Schweigen nicht so anbringen, wie du etwa nach jemandem schickst, der Gardinen anbringen soll; nein, wenn Schweigen angebracht werden soll, so hängt das von deiner Gegenwart ab, oder davon, wie du in deinem Haus, deinem Heim bist. Und wenn du dann jahraus, jahrein durch deine Gegenwart das Schweigen beständig in deinem Hause angebracht hast, so wird dies Schweigen zuletzt auch in deiner Abwesenheit dasein, ein Zeugnis von dir, und schließlich, ach, eine Erinnerung an dich.

Es gibt ein Eigenschaftswort, das die für das Weib entscheidende Eigenschaft bezeichnet; wie groß der Unterschied zwischen Weib und Weib in vieler Hinsicht auch sein mag, dies wird von jedem Weib gefordert, kein Überfluß verbirgt, keine Armut entschuldigt seinen Mangel; es ist damit wie mit dem Zeichen der Macht, das die Obrigkeit trägt: die Personen sind sehr verschieden, der eine ist der Oberste, in der Gesellschaft ein sehr hochstehender Mann, ein andrer der Geringste, in der Gesellschaft ein sehr untergeordneter Mann, aber eins haben sie gemeinsam: das Zeichen der Macht. — Diese Eigenschaft ist: Häuslichkeit. Häuslichkeit ist der Charakter des Weibes, wie es der Charakter des Mannes sein soll, Charakter zu sein; die unzählige Menge der Frauen mit all diesen mannigfachen und mannigfach entstandenen Verschiedenheiten, — eins müssen sie alle gemeinsam haben, wie sie das alle gemeinsam haben, Weib zu sein; und dies eine ist: Häuslichkeit. Nimm eine einfache Bürgersfrau, — wenn wirklich von ihr gesagt werden kann, sie ist häuslich: Ehre sei ihr; ich beuge mich so tief vor ihr wie vor einer Königin! Und auf der andern Seite: wenn die Königin keine Häuslichkeit hat, ist sie doch nur eine mittelmäßige Madam. Nimm ein junges Mädchen, von dem man nicht grade sagen kann, sie ist eine Schönheit, — wenn sie, wie es ein junges Mädchen sein kann, häuslich ist: Ehre sei ihr! Und auf der andern Seite: eine strahlende Schönheit, und gib ihr meinetwegen noch allerhand Talente als Zugabe, und laß sie meinetwegen eine berühmte Person sein: wenn sie nicht häuslich ist, wenn sie nicht einmal Ehrerbietung dafür hat, dann ist sie mit all ihrer Schönheit, ihren Talenten und ihrer Berühmtheit doch nur ein mittelmäßiges Frauenzimmer. Häuslichkeit! Damit machen wir dem Weibe das große Zugeständnis, daß es eigentlich das Weib ist, das das Heim schafft; des jungen Mädchens Rang, und wenn es auch nie verheiratet würde, bestimmen wir trotzdem nach seiner weiblichen Würde: Häuslichkeit.

Schweigsamkeit aber, in einem Hause angebracht, ist die Häuslichkeit der Ewigkeit!

Doch wenn du, Weib, imstande sein willst, dies Schweigen anzubringen, es lehren willst, dann mußt du selbst in die Schule gehn. Du mußt achtgeben, dir Zeit schaffen, wo du dich selbst jeden Tag im Eindruck des Göttlichen sammelst. Du mußt dir Zeit schaffen, und hast du auch noch so viel zu tun, du bist ja — hier kommt es wieder — du bist ja häuslich; und wenn man haushälterisch mit der Zeit umgeht, gewinnt man auch Zeit. Darauf mußt du achtgeben. Der Mann hat soviel zu erledigen, hat soviel, nur allzuviel mit dem Lärmenden zu tun; wenn du nicht achtgibst, daß alles in Ordnung ist, daß das Schweigen da ist, wird nie Schweigsamkeit in dein Haus kommen.

Schaffe Schweigen!

Achte also gut darauf! Denn in unsrer Zeit lernt ein Mädchen so viel in der Schule: Deutsch, Französisch, Zeichnen; und zu Haus lernt sie gewiß viel nützliche Dinge: die Frage ist, ob sie in unsrer Zeit das lernt, was das Wichtigste ist, das, was sie später lehren soll (denn nur wenige kommen ja später in die Lage, Deutsch und Französisch lehren zu müssen), ob sie — Schweigsamkeit lernt! Ich weiß es nicht; aber du mußt hier aufmerksam sein; deine Aufgabe ist es ja, das Schweigen anzubringen. Gedenke der Worte des Apostels: sich selbst im Spiegel des Wortes zu betrachten. Ein Weib, das sich viel spiegelt, wird eitel und in der Eitelkeit geschwätzig! Und ein Weib, das sich im Spiegel der Zeit spiegelt, wird laut und lärmend! Ein Weib aber, das sich im Spiegel des Wortes spiegelt, das wird schweigsam! Und wenn es das wird, so ist das vielleicht der stärkste Ausdruck dafür, daß es kein vergeßlicher Hörer oder Leser ist. Wer redselig wurde, nachdem er sich im Spiegel des Wortes betrachtet hatte, — das kann ein Zeichen davon sein, daß er nicht vergessen hat, vielleicht; wer aber schweigsam wurde, — das ist sicher. Du weißt es ja: wer verliebt wurde — und redselig wurde: nun ja! Aber schweigsam werden: das ist sicherer.

*

Es ist Gottes Gnade gegen einen Menschen, wenn er einem seltnen Instrumente gleich sich gerade in Widerwärtigkeiten so glücklich konstruiert erweist, daß bei *jeder neuen Widerwärtigkeit nicht allein die Saiten* unbeschädigt bleiben, sondern noch eine Saite mehr in das Saitenspiel kommt.

*

Meine Stimme soll hell jubeln, heller als des Weibes Ruf, das geboren hat, heller als der Engel Freudenschrei über einen Sünder, der Buße tut, froher als der Vögel Morgensang; denn was ich suchte, habe ich gefunden; und wenn die Menschen mir alles raubten, mich aus ihrer Gemeinschaft ausstießen, so behielte ich doch die Freude; würde mir alles genommen, so behielte ich doch immer das Beste — die selige Verwunderung über Gottes unendliche Liebe, über die Weisheit seiner Ratschlüsse.

*

Wahrhaftig, es gibt eine Gemeinschaft der Leiden mit Gott, einen Bund der Tränen, der an und für sich überaus schön ist.

*

Denke dir die verborgene Stelle, wo der kostbare Schatz verwahrt liegt; eine schlichte Einfassung birgt sie; die Feder, auf die man drücken muß, ist da, aber sie ist verborgen, und der Druck, den man ausüben muß, muß eine gewisse Kraft haben, so daß sie nicht vor dem zufälligen Drucke nachgibt. So ist das Hoffen der Ewigkeit im Innersten des Menschen verborgen, und die Leiden sind der Druck; wenn auf die verborgene Feder gedrückt wird, stark genug, erscheint der Inhalt in seiner ganzen Herrlichkeit.

*

Wie das menschliche Auge das Sonnenlicht nicht erträgt, außer durch ein verdunkelndes Glas, so kann der Mensch die Freude der Ewigkeit auch nicht ertragen, außer durch das Verdunkelnde, auf daß sie als Trost verkündigt wird.

*

Die Freude in Leiden

Wer Gott liebt, der braucht keine Tränen, keine Bewunderung, das Leiden vergißt er in der Liebe; ja er hat es so vollständig vergessen, daß auch nicht die leiseste Ahnung von seinem Schmerz bei ihm zurückbliebe, wenn nicht Gott selbst sich dessen erinnerte; denn er sieht ins Verborgene und kennt die Not und zählt die Tränen und vergißt nichts.

*

Die meisten Menschen haben gewiß eine Vorstellung, mitunter eine lebhafte Vorstellung, in einzelnen Augenblicken ein inniges Gefühl davon, daß Gott die Liebe ist; und doch gibt es wohl viele, die so leben, daß sie dunkel ahnen, wenn der oder jener Schrecken, vor dem ihnen besonders graut, über sie käme, daß sie dann den Glauben aufgeben müßten und Gott lassen und ihn verlieren. Aber gibt es wohl etwas, was unverantwortlicher ist, als so dahinzuleben, die höchste Leidenschaft in einem Halbschlummer zwischen Zweifel und Zuversicht ermatten zu lassen, so daß man den heimlichen Feind nie vor Augen bekommt, der doch das Blut aus dem Innern saugt, so daß man niemals über diesen Zustand schaudert, indem man meint, daß man kein Verzweifelter ist —, weil man in der Verzweiflung eingeschlummert ist! Ach, Gott ist ja nicht der, der dabei etwas verliert; aber er, der Schlafende, er, der wahrhaftig durch sein Schlafen sündigt, er verliert alles, verliert das, ohne was das Leben eigentlich nichts ist. Denn wie man in der Schrift spricht: Schiffbruch am Glauben leiden, so muß man wohl von dem, der den Glauben an Gottes Liebe aufgab, sagen, daß er Schiffbruch litt an der Lebenslust der Ewigkeit. Denn was gibt es mehr, wofür man leben könnte? Laß es nur stürmen — solange das Schiff nur zusammenhält: das ist schwer; laß günstiges Wetter kommen und Mitwind: das ist erfreulich; wenn das Schiff aber einen Grundschaden hat, was hilft oder schadet dann alles andere; wenn die Planken auseinandergehn, was ist dann noch mehr zu erwarten? Der Mensch aber, der Gott aufgab, der da meinte, daß etwas geschehen wäre oder geschehen könnte, was den Glauben an Gottes Liebe zerstören könnte, der nahm ja gerade Schaden an dem innersten Zusammenhalt eines Menschen. Ob es einen Spieker gibt, von dem im besonderen gesagt werden kann, daß er den Bau des Schiffes zusammenhält, weiß ich nicht, doch das weiß ich, daß der Glaube der göttliche Zusammenhalt in einem Menschen ist, der, wenn er hält, ihn zum stolzesten Segler macht, wenn er gelöst wird, ihn zum Wrack macht und damit den Inhalt des Lebens zu Tand und elender Eitelkeit . . .

Die Seligkeit des Glaubens dagegen ist, daß Gott die Liebe ist. Daraus folgt nicht, daß der Glaube versteht, wie Gottes Handeln gegen einen Menschen immer Liebe ist. Gerade hier besteht der Streit des Glaubens: glauben können ohne zu verstehen. Und wenn dann dieser Streit des Glaubens beginnt, wenn die Zweifel sich erheben wollen, oder wenn der Zweifel mit vielen wilden Gedanken gegen den Glauben stürmt, dann tritt das Bewußtsein der Schuld hinzu als Entsatz, als letzte Verstärkung. Man sollte glauben, daß es eine feindliche Macht wäre, aber nein, es will ja dem Glauben gerade helfen, dem Glaubenden helfen, dadurch, daß es ihn lehrt, nicht an Gott zu zweifeln, wohl aber an sich selbst. Statt des lügenhaften: den Zweifel durchdenken, was ja gerade der gefährlichste Vorwand des Zweifels ist, kommt das Bewußtsein der Schuld mit dem Donnerwort Halt! und führt den Glauben gerettet zurück, gerettet dadurch, daß kein Streit entstand darüber, ob Gott die Liebe wäre. Denn wie die Schrift sagt, daß Gott alles unter die Sünde gestellt hat, auf daß jeder Mund gestopft werde, so stopft dieser demütigende, doch zugleich rettende Gedanke den Zweifeln den Mund. Wenn die tausend Fragen der Zweifel den Glauben anfechten wollen und den Schein erwecken, als könne Gott nicht antworten, dann lehrt das Bewußtsein der Schuld den Glaubenden, daß er es ist, der nicht Eins von Tausend beantworten kann: also ist Gott die Liebe. Wenn du die Macht dieses Schlusses nicht faßt, so faßt sie der Glaube. Wenn du das Erfreuliche darin nicht faßt, daß es so für ewig gesichert ist, daß Gott die Liebe ist, dann faßt es der Glaube; er versteht, daß es eine Einbildung ist, daß es sich ermöglichen ließe, den Zweifel zu durchdenken, daß es aber selig ist, daß es unmöglich gemacht wird, zu zweifeln. Wenn es für einen Sohn schrecklich ist, gegenüber seinem Vater recht zu haben, wenn es ein erbaulicher Gedanke ist, daß ein Sohn immer unrecht hat gegenüber seinem Vater, dann ist es auch selig, daß es unmöglich gemacht ist, an Gottes Liebe zu zweifeln. Laß nur die fade Lobpreisung von Gottes Liebe verstummen, die wahre Ehrenerklärung ist die: ich leide immer schuldig, — so gewiß ist es in alle Ewigkeit, daß Gott die Liebe ist. Ach, im Heidentum war der seligste aller Gedanken nicht besser gesichert, als daß ein Mensch denken konnte, recht gegen Gott zu haben: im Christentum ist er ewig gesichert. Und wenn dies nun der einzige erfreuliche Gedanke ist, im Himmel und auf Erden, wenn es der Freude, und abermals sage ich euch: der Freude einzige Quelle ist, daß Gott die Liebe ist: dann ist es auch erfreulich, daß es so fest steht, daß kein Zweifel, auch nicht der leiseste, daran rütteln kann, ja nicht einmal dazu kommen kann, daran zu rütteln. Denn das Bewußtsein der Schuld ist der Gewaltige, der diesen Schatz hütet: in dem Augenblick, wo der Zweifel ihn antasten will, ist er des Todes, da stößt ihn der Gewaltige in den Abgrund, in das Nichts hinunter, aus dem er kam; doch im gleichen Augenblick hat der Glaube wieder seinen Gegenstand, daß Gott die Liebe ist. Hier ist also nicht die Rede, die verräterische Rede von dem zweifelhaften Siege, oder richtiger: von dem sicheren Siege des Zweifels: den Zweifel zu durchdenken, sondern hier ist die ganz sichere Rede vom sicheren Tod des Zweifels, seinem sicheren Tod bei seiner Geburt. Wenn der Zweifel den geringsten Schein einer Grundlage haben soll, so muß er sich auf die Unschuld berufen können, die Unschuld nicht im Vergleich mit anderen Menschen oder mit dem oder jenem, sondern die Unschuld vor Gott. Und wenn er die nicht hat — was eine Unmöglichkeit ist —, dann ist er im selben Augenblick zerschmettert, vernichtet; er ist zu nichts geworden, ach, das ist ja gerade das Entgegengesetzte davon, mit nichts zu beginnen . .

Doch für den täglichen Gebrauch wird ein Mensch sich nicht jeden Augenblick des Grundverhältnisses bewußt; das könnte kein Mensch aushalten; für den täglichen Gebrauch lebt der Mensch mehr oder weniger nach den Bestimmungen des menschlichen Maßstabes — während das Grundverhältnis ihn ja an Gott mißt. Doch das will nicht sagen, daß das Grundverhältnis fehlt, im Gegenteil: es ruht nur in der Tiefe der Seele. So existiert das Gesetz ständig im Staat, aber es ruht gleichsam; sobald aber ein Verbrechen begangen wird, rührt sich das Gesetz, tritt gleichsam aus seiner Ruhe heraus und be-

Die Seligkeit des Glaubens 197

hauptet seine Geltung. Ganz ähnlich ist es mit dem Grundverhältnis eines Menschen zu Gott. Wenn die Verwirrung eintreten will, wenn die Ungeduld sich an einer Einzelheit schwindlich starrt und dadurch zuletzt alles umkehrt: dann behauptet sich das Grundverhältnis. Wenn die Ungeduld sich gleichsam gegen Gott empören will mit der Behauptung, recht zu haben, dann geschieht etwas anderes, dann empört sich das Grundverhältnis gegen den Ungeduldigen und lehrt ihn, daß ein Mensch gegen Gott wesentlich schuldig ist, und darum immer schuldig . .

So steht nun die Annahme fest — doch damit steht ja auch wiederum fest, was während der Annahme entwickelt wurde —, es steht fest: daß darin das Erfreuliche besteht, daß ein Mensch im Verhältnis zu Gott immer schuldig leidet. Aber dies Erfreuliche hat seine demütigende Seite. Wie ein Mensch den andern nicht verurteilen soll, wenn der Leidende, menschlich gesprochen, unschuldig leidet, so soll jeder, der es, geprüft, selbst versuchen will, erfahren, welche Freude in diesem Gedanken liegt. Denn wenn das Schweben immer anstrengend ist, wenn es immer trostlos ist, zu keinem Schlusse kommen zu können: wahrhaftig, dieser Gedanke ist ein Schluß-Gedanke. Wenn man den Zweifel durchdenken wollte, wäre es ja möglich, daß man in dem Augenblick, wo man meint, fertig zu sein, entdeckt, daß man doch noch einen Zweifel vergessen hat, so daß man von vorne anfangen muß; aber dieser ewige Schluß-Gedanke ist gerade darum ein Schluß, weil er derselbe ist beim Beginn und beim Schluß; er ist ein Schluß-Gedanke, ja, der einzige, mit dem man in Wahrheit beginnen kann, und doch wieder ein Schluß-Gedanke, der einzige, mit dem man aufhören kann. Doch ist er zugleich ein starker und mächtiger Gedanke. Er ist kein Glücksritter, der auf Abenteuer im Leben ausgeht und es im Zweifel läßt, was ihm geschehen und was aus ihm werden wird, nein, er ist ein Schwergewaffneter in voller Rüstung, und er ist schon, was e r werden soll; denn er ist der Wille eines Mannes —, doch das will ja noch nicht viel sagen, aber er ist der Wille eines Mannes im Bunde mit Gott, er ist ein vor Gott entschlossener Manneswille, der entschlossen von den Gefahren weiß, aber auch entschlossen im Bund mit dem Siege ist.

*

„Meine Last ist leicht." Was ist denn Sanftmut anderes als: die schwere Last leicht tragen, wie Ungeduld und Verdrießlichkeit nichts anderes sind, als: die leichte Last schwer tragen.

Es gibt in der Sprache ein schönes Wort, das sich auch willig in die Verbindungen fügt, doch nie in eine innige Verbindung außer mit Gutem. Das ist das Wort: Mut; überall wo das Gute ist, ist auch Mut; welches Schicksal auch das Gute trifft, der Mut ist stets auf der Seite des Guten; der Gute ist stets mutig, nur der Böse ist feige und ängstlich, und der Teufel zittert immer. So ist dies starke Wort, das der Gefahr nie den Rücken kehrt, sich ihr immer zuwendet, stolz in sich, und doch so biegsam, wenn es gilt, sich in innige Verbindung mit dem verschiedenen Guten zu fügen: so ist dies starke Wort, daß es alles Böse abstößt und doch treu ist im Zusammenhalt mit dem verschiedenen Guten. Es gibt Mut, der stolz der Gefahr trotzt, es gibt Großmut, der sich stolz über Übervorteilungen erhebt; es gibt Duldermut, der geduldig Leiden trägt: doch der sanfte Mut, der das Schwere leicht trägt, ist die wunderbarste Verbindung. Denn es

Die Sanftmut

ist nicht wunderbar, mit Eisenstärke das Härteste hart anzufassen, aber wunderbar, mit Eisenstärke sanft das Schwächste anfassen zu können, das Schwere leicht zu tragen.

Das ist die Sanftmut, zu der Christus seine Nachfolger auffordert: lernet von mir, denn ich bin sanftmütig und von Herzen demütig. Ja, er war sanftmütig. Er trug die schwere Last leicht, die die Kraft der Menschen, ja die Kraft des Geschlechtes überstieg. Wenn aber einer zu der Zeit, wo er selbst die schwerste Last trägt, noch Zeit und Willigkeit und Teilnahme und Selbstaufopferung hat, sich unaufhörlich um andre zu kümmern, andern zu helfen, Kranke zu heilen, Elende zu besuchen, Verzweifelnde zu retten: trägt er dann die Last nicht leicht? Er trug die schwerste Bekümmernis, die Bekümmernis um das gefallene Geschlecht; aber er trug sie so leicht, daß er keine rauchende Lichtschnuppe auslöschte und kein gebeugtes Rohr knickte.

So wie das Vorbild war, muß auch der Nachfolger sein. Wenn einer eine schwere Last trägt, doch dann anderer Hilfe sucht und ihnen etwas davon aufbürdet; oder wenn er eine schwere Last trägt, aber daran genug hat, zu denken, wie er allein seine schwere Last trage: dann trägt er wohl die Last zum Teil oder ganz, aber er trägt sie nicht leicht. Wenn einer alle seine Kraft zusammennehmen muß, wenn er keinen einzigen Gedanken, keinen einzigen Augenblick an andere zu verschenken hat, wenn er so mit äußerster Anstrengung seine Last trägt: dann trägt er sie wohl, aber er trägt sie nicht leicht; er trägt sie vielleicht mit Duldermut, aber er trägt sie nicht sanftmütig. Denn der Mut lärmt, die Großmut bäumt sich, der Duldermut schweigt; aber Sanftmut trägt das Schwere leicht. Mut kann man sehen und

Großmut; und Duldermut kann man an der Anstrengung sehn; aber Sanftmut macht sich unsichtbar — das sieht so leicht aus, und ist doch so schwer. Daß Mut da drin wohnt, das sieht man im Auge; daß Großmut da ist, sieht man an Gestalt und Blick; daß Duldermut da ist, sieht man am Mund, der doch schweigt: aber Sanftmut kann man nicht sehen.

Was ist also die leichte Last der Sanftmütigkeit? Die schwere, wenn sie leicht getragen wird.

*

Die Tat der Liebe, daß wir eines Verstorbenen gedenken, ist eine Tat der uneigennützigsten, der freisten und treusten Liebe. Gehe hin und übe sie aus; gedenke des Verstorbenen und lerne dadurch, die Lebenden uneigennützig, frei und treu zu lieben.

WAHRHEIT UND LEBEN
MÜSSEN SICH DECKEN

Geist ist: welche Macht die Erkenntnis eines Menschen über sein Leben hat.

*

Das Ethische ist das, worin die Skeptiker eigentlich gefangen werden sollen. Seit Descartes haben alle geglaubt, daß sie, solange sie zweifelten, nichts Bestimmtes über das Wissen aussagen dürften, doch handeln dürften sie wohl, weil man hierbei sich mit Wahrscheinlichkeit begnügen könne. Welch ungeheurer Widerspruch! Als wäre es nicht weit schlimmer, etwas zu tun, worüber man im Zweifel ist (man zieht sich ja damit eine Verantwortung zu), als etwas zu behaupten. Oder kam das daher, weil das Ethische an sich sicher war? Dann gab es also doch etwas, das der Zweifel nicht erreichen konnte.

*

Die Unendlichkeit und das Ewige ist das einzig Gewisse, doch weil es im Subjekt ist, ist es im Dasein; und die erste Art, das auszudrücken, ist das Hinterlistige, der ungeheure Widerspruch: daß das Ewige wird, daß es entsteht.

*

Wenn objektiv nach der Wahrheit gefragt wird, so wird damit objektiv auf die Wahrheit als einen Gegenstand gezielt, zu dem der Erkennende sich verhält. Es wird nicht auf das Verhältnis gezielt, sondern darauf, daß das die Wahrheit, das Wahre sei, wozu er sich verhält. Wenn nur das, wozu er sich verhält, die Wahrheit, das Wahre ist, dann ist das Subjekt in der Wahrheit. Wenn subjektiv nach der Wahrheit gefragt wird, so wird damit subjektiv auf das Verhältnis des Individuums gezielt; wenn nur das Wie dieses Verhältnisses in Wahrheit ist, dann ist das Individuum in Wahrheit, selbst wenn es sich so zur Unwahrheit verhielte.

*

Wenn die Subjektivität die Wahrheit ist, muß die Wahrheitsbestimmung zugleich einen Ausdruck für den Gegensatz zur Objektivität enthalten, ein Erinnern an jene Wegscheide, und dieser Ausdruck kennzeichnet dann zugleich die Elastizität der Innerlichkeit. Hier ist eine solche Definition der Wahrheit: Die objektive Ungewißheit bei der Aneignung der leidenschaftlichsten Innerlichkeit ist die Wahrheit, die höchste Wahrheit, die es für einen Existierenden gibt. Da, wo der Weg abbiegt (wo das ist, läßt sich objektiv nicht sagen, weil das gerade die Subjektivität ist), bleibt das objektive Wissen auf sich beruhen. Objektiv hat man dann nur die Ungewißheit; das spannt aber gerade die unendliche Leidenschaft der Innerlichkeit an, und die Wahrheit ist gerade das Wagnis, mit der Leidenschaft der Unendlichkeit das objektiv Ungewisse zu wählen. Betrachte ich die Natur, um Gott zu finden, so sehe ich zwar auch Allmacht und Weisheit, aber zugleich auch vieles andere, was mich ängstigt und stört. Die summa summarum daraus ist die objektive Ungewißheit; aber gerade deshalb ist die Innerlichkeit so groß, weil die Innerlichkeit die objektive Ungewißheit mit der ganzen Leidenschaft der Unendlichkeit umfaßt. Bei einem mathematischen Satz ist die Objektivität gegeben, deshalb ist seine Wahrheit aber auch gleichgültig.

Solche Bestimmung der Wahrheit jedoch ist eine Umschreibung des Glaubens. Ohne Risiko kein Glaube. Glaube ist gerade der Gegensatz zwischen der unendlichen Leidenschaft der Innerlichkeit und der objektiven Ungewißheit. Kann ich Gott objektiv erfassen, dann glaube ich nicht, aber gerade weil ich das nicht kann, darum muß ich glauben; und will ich mich im Glauben bewahren, so muß ich immer darauf achten, daß ich die objektive Ungewißheit festhalte, daß ich in der objektiven Ungewißheit „70 000 Faden tief" bin und doch glaube.

In dem Satz, daß die Subjektivität, die Innerlichkeit, die Wahrheit sei, ist die sokratische Weisheit enthalten, deren unsterbliches Verdienst gerade darin besteht: auf die wesentliche Bedeutung der Existenz, dessen, daß der Erkennende ein Existierender ist, geachtet zu haben. Weshalb er innerhalb des Heidentums mit seiner Unwissenheit im tiefsten Sinne in der Wahrheit war.

*

In der Welt des Geistes heißt: den Ort verändern: selbst verändert zu werden, und deshalb ist jede direkte Versicherung, da- und dahingekommen zu sein, ein Unterfangen à la Münchhausen.

*

Das Individuum gewinnt erst durch das Wagnis die Unendlichkeit; es ist nicht dasselbe Individuum, und das Wagnis nicht ein Unternehmen unter vielen andern, ein Prädikat mehr zu ein und demselben Individuum; nein, durch das Wagnis wird es selbst ein anderes.

*

Wenn es einen Menschen gäbe, zu dem du dich so stark hingezogen fühltest, daß du den Mut hättest, zu sagen: ich glaube ihm, nicht wahr, wenn dann alles nach Wunsch ginge, oder, wenn auch nicht ganz nach Wunsch, doch so, daß du es leicht mit deinen Vorstellungen in Übereinstimmung bringen könntest, dann glaubtest du ihm so, wie ihm auch andre glaubten; doch als das Unerklärliche geschah, das Unbegreifliche, da wurden die andern abtrünnig oder richtiger (wir wollen die Sprache nicht verwirren) da zeigte sich, daß sie ihm nie geglaubt hatten. Nicht so mit dir. Du fühltest, daß du deinen Glauben nicht darauf gegründet hattest, erklären zu können, was geschah, denn dann wäre er ja auf deiner Einsicht gegründet und weit entfernt, Hingebung zu sein, eher Selbstvertrauen. Du fandest, es wäre eine Schande für dich, wenn du ihn fallen ließest; denn wie du gemeint hattest, daß die Worte „ich glaube ihm" in deinem Munde etwas anderes zu bedeuten hatten als wenn die andern sie sagten, so fühltest du jetzt, daß die Veränderung dich unmöglich dazu bringen könne, dasselbe zu tun wie die andern, es sei denn, daß dein Glaube ursprünglich auch nicht mehr zu bedeuten gehabt. Du glaubtest weiter. Doch handeltest du vielleicht damit unrichtig; nicht damit, zu glauben, nicht damit, so zu glauben, sondern damit: einem Menschen so zu glauben. Vielleicht war das Unerklärliche leicht erklärt, vielleicht war eine traurige Tatsache da, die so deutlich bezeugte, daß dein Glaube nur eine schöne Einbildung war, die du lieber aufgeben solltest. Wir wissen es nicht. Doch das wissen wir: daß, wenn du über diesem Glauben vergaßest, daß ein höherer Glaube da war, er trotz seiner Schönheit nur zu deinem Verderben war. Wenn du aber Gott glaubtest, wie sollte dann jemals dein Glaube in eine schöne Einbildung sich verwandeln können, die du lieber aufgeben solltest? Sollte Er sich denn wandeln können, Er, bei dem kein Wandel noch Wechsel ist des Lichtes und der Finsternis? Sollte Er nicht treu sein, durch den jeder Mensch, der treu ist, erst die Treue hat? Sollte Er nicht ohne Trug sein, Er, durch den du selbst erst deinen Glauben hast? Sollte da jemals eine Erklärung kommen können, die anders erklären könnte, als daß er wahrhaftig ist und seine Versprechungen hält? Und doch sehen wir, daß Menschen das vergessen.

*

Während dem objektiven Denken das denkende Subjekt und dessen Existenz gleichgültig ist, hat der subjektive Denker als existierender an seinem eigenen Denken wesentliches Interesse, existiert in ihm. Darum hat sein Denken eine andre Art von Reflexion, nämlich die der Innerlichkeit, des Besitzes, wodurch sie dem Subjekt und keinem anderen gehört. Während das objektive Denken das Resultat alles sein läßt und der ganzen Menschheit behilflich ist, zu betrügen, durch Abschreiben und Ableiern des Resultats und des Fazits, läßt das subjektive Denken alles auf das Werden ankommen und läßt das Resultat aus, teils weil das gerade dem Denker gehört, indem er den Weg geht, teils weil er als existierender beständig im Werden ist, was doch jeder Mensch ist, der sich nicht verführen ließ, objektiv zu werden, unmenschlich zu Spekulation zu werden.

*

Ein Ausrufer der Innerlichkeit ist ein sehenswertes Tier. Gesetzt, es wollte jemand mitteilen, daß nicht die Wahrheit die Wahrheit ist, sondern daß der Weg die Wahrheit ist, d. h.: daß die Wahrheit nur im Werden ist, im Prozeß der Aneignung, daß es somit kein Resultat gibt; gesetzt, er wäre ein Menschenfreund, der unbedingt alle Menschen davon unterrichten müßte; gesetzt, er schlüge den trefflichen geraden Weg ein, es direkt im Lokalanzeiger anzuzeigen, wodurch er eine Menge von Anhängern gewönne, während es der künstlerische Weg, trotz seiner äußersten Anstrengungen, unentschieden ließe, ob er einem einzigen Menschen damit half: was dann? Ja dann wäre seine Aussage gerade ein Resultat.

*

Wäre man auch imstande, den ganzen Inhalt des Glaubens in die Form des Begriffs umzusetzen, so folgt daraus nicht, daß man den Glauben begriffen hat, begriffen, wie ich in ihn hineinkam, oder wie er in mich hineinkam.

*

Wenn der, der handeln soll, sich nach dem Erfolge beurteilen will, wird er nie zum Anfangen kommen. Wenn auch der Erfolg die ganze Welt erfreuen kann, dem Helden kann er nicht helfen; denn den Erfolg bekam er erst zu wissen, als alles vorbei war; und nicht dadurch wurde er ein Held, sondern dadurch, daß er anfing.

*

Wenn man einen einfachen gegebenen Maßstab hätte, wonach man mit unbedingter Wahrheit jeden Menschen beurteilen könnte, so wäre das Gottesverhältnis wesentlich abgeschafft . . .

Erst mit dem ergo, mit dem Glauben, fängt das Leben des Einzelnen an.

*

Die Aneignung ist das Geheimnis

In der Welt des Geistes wird nur der getäuscht, der sich selber täuscht.

*

Ein Mensch wird täglich immer magerer, verzehrt sich; was mag das sein? Er leidet doch keine Not. „Nein gewiß nicht", sagt der Arzt, „davon kommt's nicht, es kommt gerade von seinem Essen, davon, daß er zur Unzeit ißt, ohne hungrig zu sein, Reizmittel braucht, um etwas Appetit zu erzeugen; so verdirbt er seine Verdauung, schwindet hin, als litte er Not."

Ebenso in der Religion. Das Verderblichste ist, wenn man etwas befriedigen will, was noch nicht Bedürfnis ist, nicht abwartet, bis das Bedürfnis da ist, sondern ihm zuvorkommt, etwa gar mit Reizmitteln zu erzeugen sucht, was Bedürfnis heißen und deshalb befriedigt werden soll. Das ist empörend! Und doch tut man das gerade auf religiösem Gebiet, betrügt damit die Menschen um die wahre Bedeutung des Lebens und hilft ihnen das Leben verspielen.

*

Die Sünde hat eigentlich in keiner Wissenschaft ihre Stelle. Sie ist Gegenstand der Predigt, wo der Einzelne als Einzelner zum Einzelnen spricht. In unsrer Zeit hat die wissenschaftliche Wichtigtuerei die Pfarrer dazu verführt, eine Art Küster der Professoren zu werden, die auch der Wissenschaft dienen und es für unter ihrer Würde halten, zu predigen. Insofern ist es kein Wunder, daß das Predigen für eine sehr geringe Kunst angesehen wurde. Das Predigen ist jedoch die schwierigste von allen Künsten, ja, es ist die Kunst, die Sokrates preist: ein Gespräch führen zu können. Es ist selbstverständlich, daß niemand in der Gemeinde zu antworten braucht, und daß es nichts nützen würde, beständig jemand als Mitredner einzuführen. Was Sokrates eigentlich an den Sophisten tadelte, mit der Distinktion, daß sie wohl sprechen könnten, aber kein Gespräch führen, war, daß sie über eine jede Sache viel reden konnten, daß ihnen aber das Moment der persönlichen Aneignung fehle. Die Aneignung ist eben das Geheimnis des Gesprächs.

*

Das Zukünftige voraussagen (prophezeien) und die Notwendigkeit des Vergangenen verstehen zu wollen ist ein und dasselbe, und es ist nur Modesache, daß einem Geschlecht das eine plausibler erscheint als das andre.

*

Sollte das Vergangene durch die Auffassung notwendig werden, so würde das Vergangene gewinnen, was die Auffassung verlöre, weil sie etwas anderes auffaßte, und das ist eine törichte Auffassung. Wenn das Aufgefaßte sich in der Auffassung verändert, dann verändert sich die Auffassung zu einem Mißverständnis.

*

Laß es dir eingehn, als hörtest du die Geschichte von seiner Erniedrigung zum erstenmal. Oder glaubst du, du kannst es nicht, gut, dann müssen wir uns anders helfen: laß uns ein Kind zu Hilfe nehmen, ein Kind, das noch nicht Jesu Christi Leiden und Tod wie eine gewöhnliche Schulaufgabe gelernt hat und dadurch verpfuscht ist, sondern ein Kind, das jetzt zum erstenmal die Erzählung hört, laß uns sehn, welche Wirkung es hat, wenn sie nur einigermaßen erzählt wird.

Siehe den Erniedrigten!

Denke dir also ein Kind, und mache dem Kinde eine Freude, indem du ihm ein paar Bilder zeigst, wie man sie im Kramladen kauft, die künstlerisch unbedeutend, doch für Kinder wertvoll sind. — Sieh: der hier auf dem schnaubenden Roß, mit den wallenden Federn, mit der Herrschermiene, an der Spitze von Tausenden und aber Tausenden, die du nicht siehst, die Hand zum Befehl ausgestreckt, „Vorwärts", vorwärts über die Gipfel der Berge, die du vor dir liegen siehst, vorwärts zum Siege: das ist der Kaiser, der einzige, Napoleon; und nun erzählst du dem Kinde etwas von Napoleon. — Der hier ist wie ein Jäger angezogen; er stützt sich auf seinen Bogen und sieht vor sich hin mit einem Blick, so durchdringend, so sicher und doch so bekümmert. Das ist Wilhelm Tell; nun erzählst du dem Kinde etwas von ihm und von dem merkwürdigen Blick, daß er mit demselben Blick ein Auge hat für das geliebte Kind, damit er's nicht trifft, und mit demselben Blick ein Auge für den Apfel auf dem Haupt des Knaben, damit er ihn trifft. — So zeigst du dem Kinde mehrere Bilder, zur unbeschreiblichen Freude des Kindes; da kommst du zu einem, das mit Absicht dazwischengelegt war: es stellt den Gekreuzigten dar. Das Kind wird das Bild nicht gleich, nicht unmittelbar verstehn, es wird fragen, was es bedeuten soll, warum er auf so einem Baume hängt. Du erklärst dann dem Kinde, daß das ein Kreuz ist und daß daran hängen gekreuzigt sein bedeutet, und daß die Kreuzigung in diesem Lande die qualvollste Todesstrafe war, und dabei eine entehrende Todesstrafe, die nur bei den schlimmsten Verbrechern angewendet wurde. Wie wird das alles auf das Kind wirken? Dem Kinde wird seltsam zumute; es wird sich darüber wundern, wie es dir einfallen kann, ein so häßliches

Bild zwischen all die andern schönen Bilder zu legen, das Bild eines schlimmen Verbrechers zwischen alle Helden und Herrlichen. Denn wie den Juden zum Trotz über seinem Kreuze stand „König der Juden", so ist dies Bild, das beständig in jedem Jahr erscheint, dem Geschlecht zum Trotz eine Erinnerung, die es niemals loswerden kann und niemals loswerden soll, er soll nicht anders dargestellt werden, und es soll so sein, als wäre es dieses Geschlecht, das ihn kreuzigte, jedesmal wenn dieses Geschlecht dem Kinde des neuen Geschlechts zum erstenmal dies Bild zeigt, ihm zum erstenmal erklärt, wie es in der Welt zugeht; und wenn das Kind zum erstenmal davon hört, soll ihm angst und bange werden vor dem Älteren und der Welt und sich selbst; und die andern Bilder, ja, die sollen sich alle, wie es im Liede heißt[1], umwenden, so anders ist das Bild. Jedoch — wir sind ja noch nicht zum Entscheidenden gekommen, das Kind hat ja noch nicht erfahren, wer dieser schlimme Verbrecher war — wird das Kind, wißbegierig wie ein Kind ist, doch fragen, wer er ist und was er getan hat, was? Erzähle nun dem Kinde, daß dieser Gekreuzigte der Erlöser der Welt ist. Doch daran wird das Kind keine bestimmte Vorstellung knüpfen, erzähle ihm deshalb nur, daß dieser Gekreuzigte der liebevollste Mensch war, der je gelebt hat, wahrhaftig, es müßte doch ein seltsamer Mensch oder vielmehr ein Unmensch sein, der nicht unwillkürlich dabei die Augen niederschlägt und fast wie ein armer Sünder in dem Augenblick dasteht, wo er einem Kinde zum ersten Male davon erzählen soll, einem Kinde, das nie davon gehört hat und natürlich auch nie so etwas ahnte. Doch dann steht ja der Ältere in dem Augenblick wie ein Ankläger

[1] Im Liede von Agnete und dem Meermann.

da, der sich selbst und das ganze Geschlecht anklagt. —
Was für einen Eindruck, glaubst du, wird es auf das
Kind machen, das natürlich fragen wird, warum man
dennoch so schlecht gegen ihn war, warum? ...

Also welche Wirkung, glaubst du, wird diese Geschichte bei dem Kinde hervorrufen? Vor allen Dingen
wohl die, daß es die andern Bilder, die du ihm zeigtest,
ganz vergessen hat; denn jetzt dachte es an etwas ganz
anderes. Und dann würde das Kind wohl aufs tiefste
verwundert sein, daß Gott im Himmel nicht alles getan
hat, um zu verhindern, daß das geschah ...

Nach und nach aber, wenn das Kind länger über die
Geschichte nachdenkt, wird es immer leidenschaftlicher
werden; es wird nur noch an Waffen und Krieg denken
und davon sprechen — denn das hatte sich das Kind fest
vorgenommen, wenn es groß würde, dann wollte es alle
diese gottlosen Menschen totschlagen, die so mit dem
Liebevollen gehandelt hatten; das hatte sich das Kind
vorgenommen, kindlich, ohne daran zu denken, daß
die vor 1800 Jahren lebten.

Wenn dann das Kind zu einem Jüngling herangewachsen ist, hat es den Kindheitseindruck zwar nicht
vergessen, doch nun wird es ihn anders verstehn, wird
wissen, daß das nicht möglich sei, was sich das Kind
vornahm, ohne an die 1800 Jahre zu denken; doch wird
er sich mit derselben Leidenschaft vornehmen, mit der
Welt zu streiten, die den Heiligen anspeit, mit der Welt,
die die Liebe kreuzigt und für den Schächer bittet ..

Wenn er dann älter und reifer geworden ist, hat er den
Kindheitseindruck zwar nicht vergessen, doch versteht
er ihn anders. Er wünscht nun nicht mehr zu schlagen,
denn, so sagt er, dann gleiche ich ihm nicht, dem Erniedrigten, der nicht schlug, nicht einmal, als er geschla-

gen ward. Nein, er wünscht jetzt nur eins: annähernd so
zu leiden, wie Er in der Welt litt . . .

So kann der Anblick dieses Erniedrigten bewegen;
kann er dich nicht auch so bewegen? So bewegte er die
Apostel, die nichts anderes wußten und wissen wollten
als Christus den Gekreuzigten — kann er dich nicht
auch so bewegen? Wenn dieser Anblick dich nicht
so bewegt, dann wohl, weil du ihn nicht liebst. Laß ihn
darum aber nicht los, vielleicht könnte doch der Anblick
dieses Erniedrigten in seinen Leiden dich dazu bewegen,
ihn zu lieben. Wenn es so ist, dann wirst du zum zweitenmal diesen Anblick zu sehen bekommen, und dann wird
er dich auch dazu bewegen, ähnlich wie er zu leiden —
der von der Hoffart alle zu sich ziehen will.

*

Die Zeiten sind verschieden; und wenn es auch oft mit
den Zeiten geht wie mit einem Menschen; er verändert
sich zwar völlig, — doch er wird genau so schlecht, bloß
ein neues Muster: so ist es doch wahr, daß die Zeiten
verschieden sind; und verschiedene Zeiten fordern Ver-
schiedenes.

Es gab eine Zeit, wo das Evangelium, „die Gnade“,
in ein neues Gesetz umgewandelt war, das noch strenger
war gegen die Menschen als das alte. Alles war zu etwas
Gequältem, Geknechtetem, Unlustigem geworden, fast
als ob es — dem Gesang der Engel am Anfang des Christentums zum Trotz — keine Freude mehr gäbe, weder
im Himmel noch auf Erden. In kleinlicher Selbstquälerei
hatte man — so rächt sich das! — Gott ebenso kleinlich
gemacht. Man ging ins Kloster, man blieb da — ja, wahrhaftig: freiwillig, und doch war es Knechtschaft, denn
es war nicht in Wahrheit freiwillig, man war nicht ganz

mit sich selbst einig, nicht froh, drin zu sein, nicht frei, und doch hatte man ebensowenig Freimut, es sein zu lassen oder das Kloster wieder zu verlassen und frei zu werden. Alles war zu Werken geworden. Und wie kranke Auswüchse auf Bäumen, waren diese Werke verdorben von kranken Auswüchsen, waren oft nur Heuchelei, Eingebildetheit auf eignes Verdienst, Müßiggang. Darin lag der Fehler, nicht so sehr in den Werken. Denn wir wollen nicht übertreiben, nicht die Verirrung einer vergangenen Zeit zu neuer Verirrung benutzen. Nein, laßt dies Kranke und Unwahre an den Werken beiseite und laßt uns nur die Werke der Aufrichtigkeit, der Demut, des nützlichen Wirkens behalten. Denn so sollte es mit diesen Werken sein: etwa wie sich ein kriegerischer Jüngling, wo es ein gefahrvolles Unternehmen gilt, freiwillig stellt und den Befehlshaber bittet: „Ach, darf ich nicht mitmachen!" Wenn ein Mensch so zu Gott sagte: „Ach, darf ich nicht alle meine Habe den Armen geben; nicht, daß das etwas Verdienstliches sein soll, nein, nein, ich erkenne tief gedemütigt, daß, wenn ich einmal selig werde, ich es genau nur aus Gnade werde wie der Schächer am Kreuz, aber darf ich's nicht tun, damit ich ganz für die Ausbreitung des Reiches Gottes unter meinen Mitmenschen wirken kann", — dann, ja dann ist das trotz Satan, den Zeitungen, dem verehrten Publikum (denn die Zeit des Papstes ist vorbei), trotz aller verständigen geistlichen oder weltlichen Einsprüche von klugen Männern und Frauen, dann ist das Gott wohlgefällig. Doch so war es nicht zu der Zeit, von der wir sprechen.

Da trat ein Mann auf, Martin Luther, von Gott und mit Glauben; mit Glauben (denn es gehörte wirklich Glaube dazu) oder durch den Glauben setzte er den

Glauben wieder in seine Rechte. Sein Leben war der Ausdruck für Werke, laßt uns das nie vergessen, doch er sagte: der Mensch wird gerettet allein durch den Glauben. Die Gefahr war groß. Wie groß sie in Luthers Augen war, dafür weiß ich keinen stärkeren Ausdruck als den, daß er beschloß: um Ordnung in die Sache zu bringen, muß man den Apostel Jacobus beiseiteschieben. Denke dir die Ehrfurcht Luthers vor einem Apostel — und dann dies wagen müssen, um den Glauben wieder in seine Rechte setzen zu können.

Doch was geschah? Es gibt immer eine Weltlichkeit, die sich wohl den Namen Christ beilegt, es aber so billig wie möglich werden will. Diese Weltlichkeit wurde auf Luther aufmerksam. Sie hörte es, aus Vorsicht hörte sie noch einmal, damit sie sich ja nicht verhöre, dann sagte sie: „Ausgezeichnet, das ist was für uns; Luther sagt: es ist allein der Glaube, worauf es ankommt; daß sein Leben die Werke ausdrückt, das sagt er nicht selbst, und da er nun tot ist, so ist das keine Wirklichkeit mehr. Also nehmen wir sein Wort, seine Lehren an — und wir sind befreit von allen Werken, es lebe Luther: wer nicht liebt Weib, Wein, Gesang, der bleibt ein Narr sein Leben lang. Das ist die Bedeutung von Luthers Leben, diesem Mann Gottes, der das Christentum zeitgemäß reformierte." Und wenn auch nicht alle Leute Luther so weltlich eitel auffaßten — so hat doch jeder Mensch einen Zug dazu: entweder, wenn es auf die Werke ankommt, etwas Verdienstliches geleistet zu haben, oder, wenn Glaube und Gnade betont werden, möglichst von Werken ganz frei zu sein. Der Mensch, diese vernünftige Schöpfung Gottes, läßt sich wahrhaftig nicht zum besten halten, er ist kein Bauer, der zum erstenmal zum Markt kommt, er sieht sich vor. „Nein, eins von beiden", sagt der Mensch, „sollen's die Werke sein, so darf ich wohl auch um den mir rechtlich zustehenden Profit der Werke bitten, daß sie verdienstlich sind. Soll's Gnade sein, so darf ich wohl auch darum bitten, daß ich von den Werken befreit werde, sonst ist es ja keine Gnade. Sollen's die Werke sein und trotzdem Gnade, das ist ja Wahnsinn."

Ja, natürlich ist es Wahnsinn, das war das wahre Lutherische auch, es war ja Christentum. Die Forderung des Christentums ist: dein Leben soll so angestrengt wie möglich die Werke ausdrücken; und dann wird noch eins gefordert, daß du dich demütigst und eingestehst: es ist aber trotzdem Gnade, daß ich erlöst werde. Man verabscheute den Irrtum des Mittelalters: das Verdienst. Wenn man tiefer in die Dinge hineinsieht, wird man leicht sehen, daß man vielleicht eine noch größere Vorstellung davon hatte, daß die Werke verdienstlich sind, als das Mittelalter; aber man räumte der Gnade einen solchen Platz ein, daß man sich von den Werken befreite. Wie man so die Werke abgeschafft hatte, konnte man sich doch nun nicht gut dazu verführen lassen, die Werke, die man nicht tut, als etwas Verdienstliches anzusehn. Luther wollte den Werken die „Verdienstlichkeit" nehmen und den Werken einen andern Platz einräumen, nämlich mit dem Ziel: für die Wahrheit zu zeugen; die Weltlichkeit, die Luther von Grund aus verstand, nahm die Verdienstlichkeit ganz fort — samt den Werken.

Und wo sind wir nun? Ich bin „ohne Vollmacht", es sei ferne von mir, einen einzigen zu verurteilen. Doch da ich diese Sache aufklären möchte, will ich von mir selber sprechen und einen Augenblick nur mein Leben prüfen nach einer lutherischen Bestimmung des Glaubens: der Glaube ist ein unruhig Ding. Ich nehme also an, daß Luther aus seinem Grabe auferstanden ist; schon mehrere Jahre hat er unter uns gelebt, doch unerkannt, hat das Leben beobachtet, das von uns geführt wird, gab acht auf alle andern, auch auf mich. Ich nehme nun an, daß er eines Tages zu mir spricht und sagt: „Bist du ein Gläubiger, hast du den Glauben?" Jeder, der mich als Verfasser kennt, wird sehen, daß ich vielleicht der war, der bei einer solchen Prüfung von allen am besten wegkommen könnte; denn ich habe ja stets gesagt: „Ich habe den Glauben nicht", — wie die ängstliche Flucht eines Vogels vor dem Unwetter, so habe ich ausgedrückt: hier ist etwas Verdächtiges. „Ich habe den Glauben nicht." Ich könnte also zu Luther sagen: „Nein, lieber Luther, ich habe doch die Ehrerbietung, zu sagen: ich habe den Glauben nicht." Doch das will ich nicht geltend machen; sondern wie sich alle andern Christen und Gläubige nennen, so will ich auch sagen: „ich bin ein Gläubiger", denn sonst kann ich das nicht klarmachen, was ich aufgeklärt wünsche. Ich antworte also: „Ja, ich bin ein Gläubiger." „Wie", antwortet Luther, „ich habe doch nichts an dir bemerkt und habe doch auf dein Leben geachtet, und du weißt, der Glaube ist ein unruhig Ding. Wozu hat dich der Glaube, von dem du sagst, daß du ihn hast, durch seine Unruhe bewegt, wo hast du für die Wahrheit gezeugt, und wo gegen die Unwahrheit, welche Opfer hast du gebracht, was hast du an Verfolgung für dein Christentum gelitten; und zu Hause, im häuslichen Leben, wo war eine Selbstverleugnung und Entsagung zu merken?" „Ja, aber lieber Luther, ich kann dir versichern, ich habe den Glauben." „Versichern, versichern, was ist das für eine Rede? Wo es sich darum handelt, den Glauben zu haben, ist keine

Versicherung nötig, wenn man ihn hat (denn der Glaube ist ein unruhig Ding, das merkt man gleich); und keine Versicherung kann helfen, wenn man ihn nicht hat." „Ja, aber glaube mir doch nur, ich kann dir so feierlich wie möglich versichern . . ." „Ach, höre auf mit deinem Geschwätz, was kann deine Versicherung helfen!" „Ja, aber wenn du auch nur eine von meinen Schriften lesen wolltest, so würdest du sehen, wie ich den Glauben schildern kann, dadurch weiß ich doch, daß ich ihn haben muß!" „Ich glaube, der Mensch ist verrückt! Wenn es so ist, daß du den Glauben schildern kannst, dann beweist das bloß, daß du ein Dichter bist, und wenn du es gut machst, daß du ein guter Dichter bist, aber nichts weniger, als daß du ein Gläubiger bist. Vielleicht kannst du auch weinen, wenn du den Glauben schilderst, das bewiese dann, daß du ein guter Schauspieler bist."

*

Der Einfältige, der demütig bekennt, ein Sünder zu sein, persönlich, (der Einzelne) braucht gar nichts von all den Schwierigkeiten zu wissen, die sich ergeben, wenn man weder einfältig noch demütig ist. Wo aber dies demütige Bewußtsein fehlt, persönlich ein Sünder zu sein (der Einzelne), — ja, wenn in solchem Menschen im übrigen auch alle menschliche Weisheit und Klugheit und alle menschlichen Gaben vereinigt wären, es würde ihm doch nur wenig helfen. Das Christentum würde sich ebenso schrecklich gegen ihn erheben und sich in Wahnsinn oder Schrecken wandeln, bis er es lernt: entweder das Christentum aufzugeben, oder durch etwas, das mit wissenschaftlicher Propädeutik, Apologetik usw. gar keine Ähnlichkeit hat: durch die Qualen eines zerknirschten Gewissens — alles, so sehr er dessen bedarf —, auf dem schmalen Weg durch das Bewußtsein der Sünden ins Christentum einzugehn.

*

Jeder Mensch hat in höherem oder geringerem Grade eine Gabe, die man Einbildungskraft nennt, die Kraft, die die erste Bedingung dafür ist, was aus einem Menschen wird; der Wille ist erst die zweite und im letzten Sinne entscheidende. Das Gedächtnis ist am stärksten in der Kindheit und nimmt dann ab mit den Jahren; die Einbildungskraft ist am stärksten im Jünglingsalter und nimmt dann ab mit den Jahren. Wir wollen uns nun einen Jüngling denken; mit seiner Einbildungskraft erfaßt er das eine oder andere Bild der Vollkommenheit (Ideal), es sei nun ein historisch überliefertes, also aus einer vergangenen Zeit, so daß es wirklich gewesen ist, die Wirklichkeit des Daseins gehabt hat, oder es sei eins, von der Einbildungskraft selbst geformt, so daß es in keinem Verhältnis weder zu Zeit noch Ort steht und nicht dadurch bestimmt wird, sondern nur Gedankenwirklichkeit hat. Zu diesem Bilde (das, da es für den Jüngling nur in seiner Einbildung, d. h. in unendlicher Ferne von der Wirklichkeit, existiert, das der vollendeten Vollkommenheit, nicht das der leidenden und streitenden Vollkommenheit ist) wird nun der Jüngling hingezogen durch seine Einbildungskraft, oder seine Einbildungskraft zieht das Bild zu ihm hin; er verliebt sich in das Bild, oder das Bild wird seine Liebe, seine Begeisterung, wird ihm sein vollkommeneres (idealeres) Selbst; er läßt es nicht los, selbst im Schlafe nicht, das Bild, das ihn schlaflos machte, wie es bei dem Jüngling der Fall war, der den Schlaf verlor, bis er selber ein ebenso großer Sieger wurde wie der, dessen berühmtes und bewundertes Bild ihn schlaflos gemacht hatte. Im Verhältnis zu diesem Bilde der Vollkommenheit steht also die Einbildungskraft: und selbst wenn es das Bild des Vollkommenen wäre, dessen Vollkommenheit gerade darin bestand, nicht nur schreckliche Leiden ausgehalten zu haben, sondern sogar, was der Vollkommenheit (Idealität) am meisten entgegengesetzt ist, tägliche Kränkungen, Mißhandlungen, Verdrießlichkeiten ein langes Leben hindurch ausgehalten zu haben: — so, wie die Einbildung das Bild wiedergibt, sieht das so leicht aus: man sieht nur die Vollkommenheit, selbst die streitende Vollkommenheit nur vollendet. Denn die Einbildungskraft ist in sich selbst vollkommener als das Leiden der Wirklichkeit, sie steht zeitlos über dem Leiden der Wirklichkeit, sie kann die Vollkommenheit vortrefflich wiedergeben, sie hat alle die prächtigen Farben, sie zu schildern; aber das Leiden kann die Einbildungskraft nicht wiedergeben, es sei denn in einer Wiedergabe, die vervollkommner (idealisiert), d. h. gemildert, abgeschwächt und verkürzt ist. Denn das Einbildungsbild oder das Bild, das die Einbildungskraft wiedergibt oder festhält, ist doch in einem Sinne Unwirklichkeit, es fehlt ihm die Wirklichkeit der Zeit und der Zeitlichkeit und die Wirklichkeit des Erlebens in bezug auf die Beschwerlichkeiten und Leiden. Die wahre Vollkommenheit aber ist die, — daß diese Vollkommenheit nicht existiert hat (denn das geht ja nur ihn, den Vollendeten, nicht mich an), doch tagaus, tagein existiert, versucht in den wirklichen Leiden dieser Wirklichkeit. Doch dies letzte kann die Einbildungskraft nicht wiedergeben — es kann überhaupt nicht wiedergegeben werden, es kann nur sein —, und darum sieht das Bild der

Vollkommenheit, wie es die Einbildung darstellt, immer so leicht aus, so überredend.

Gewöhnlich hat ein Jüngling nur eine blasse Vorstellung von der Wirklichkeit, von ihren Leiden, und was es heißt, wenn sie zur Wirklichkeit werden; aber selbst wenn es so wäre, oder (da es nun einmal nicht so sein kann) selbst wenn ein Älterer ihm mit seiner ganzen Erfahrung zur Seite stünde, wenn ein Dichter sich Mühe gäbe, wie noch nie ein Dichter, und wenn es ihm glückte, wie noch nie einem Dichter, bei der Wiedergabe des Bildes der Vollkommenheit auch die Leiden zu zeichnen: im wesentlichen läßt sich's doch nicht machen, weil die Einbildungskraft, wie gesagt, im Verhältnis zur Wiedergabe der Vollkommenheit steht; und so genau auch das Leiden gegeben würde, allein dadurch, daß es innerhalb oder in der Einbildungskraft ist — denn es existiert doch durch die Einbildungskraft —, ist es schon leicht gemacht. Ein Schauspieler in Lumpen: und wenn auch seine Kleidung, den gewöhnlichen Forderungen des Schauplatzes fast zum Trotz, wirkliche Lumpen wären: dieser Betrug einer Stunde ist doch etwas ganz anderes als in der Wirklichkeit des täglichen Lebens einer in Lumpen zu sein.

Nein, so große Anstrengungen die Einbildungskraft auch macht, um das Bild der Einbildung zur Wirklichkeit werden zu lassen, sie kann es nicht. Könnte sie es, könnte also ein Mensch mit Hilfe seiner Einbildungskraft ganz genau dasselbe erleben wie in der Wirklichkeit, es auf ganz genau dieselbe Weise erleben, als ob er's in Wirklichkeit erlebte, sich selbst ebenso genau und gründlich kennenlernen wie durch die Erfahrung der Wirklichkeit: ja, dann wäre doch kein Sinn im Leben, dann hätte die Weltlenkung das Leben doch verkehrt angelegt; denn wozu die Wirklichkeit, wenn man sie mit Hilfe der Einbildungskraft im voraus schon ganz wirklich in Anspruch nehmen könnte; wozu dann die siebzig Jahre, wenn man im zweiundzwanzigsten alles erlebt haben könnte! Doch so ist's ja auch nicht; und darum ist wiederum das Bild, das die Einbildungskraft erzeugt, nicht das der wahren Vollkommenheit, es fehlt etwas daran: das Leiden der Wirklichkeit oder die Wirklichkeit des Leidens. Die wahre Vollkommenheit ist: daß es diese Vollkommenheit ist, — (denn das Leiden ist wirklich), also daß es diese Vollkommenheit ist, die Tag für Tag, Jahr für Jahr im Leiden der Wirklichkeit existiert, dieser furchtbare Widerspruch, daß die Vollkommenheit nicht in dem Vollkommeneren existiere, sondern daß die Vollkommenheit in dem unendlich Unvollkommeneren existiert. Und gerade das ist die Unvollkommenheit im Bilde der Einbildung, daß in ihm das Unvollkommene nicht wiedergegeben ist; ach, und das ist das Traurige, daß in der Wirklichkeit, der einzigen Stelle, wo die wahre Vollkommenheit in Wahrheit dasein kann, die Vollkommenheit so selten ist, weil es so schwer und anstrengend ist, es da zu sein, — so schwer —, ja, so schwer, daß es gerade die wahre Vollkommenheit ist, es zu sein.

Nun zurück zum Jüngling. Dies Bild der Vollkommenheit ist also seine Liebe, man sieht es ihm an, sein Auge sieht nichts von dem, was ihm am nächsten liegt, es sucht nur das Bild; er geht umher wie ein Träumer, und doch ist er ganz wach, das sieht man am Feuer und dem Flammen seiner Augen; er geht umher wie ein Fremder, und doch fühlt er sich wie zu Hause, denn bei dem Bilde, dem er zu gleichen wünscht, ist er durch die Einbildungskraft immer zu Hause. Und wie es den Liebenden so schön ergeht, daß sie sich ähnlich werden, so wird auch der Jüngling zu einer Ähnlichkeit mit dem Bilde gewandelt, das sich in all seinem Denken und in jeder seiner Äußerungen abprägt oder ausprägt, während er, wie gesagt, die Augen auf das Bild gerichtet, nicht auf seine Füße geachtet, sich nicht umgesehen hat, wo er ist. Er will diesem Bilde gleichen, er fängt schon an, ihm zu gleichen, und nun entdeckt er plötzlich eine Umgebung in der Wirklichkeit, in der er steht, und das Verhältnis dieser Umgebung zu ihm.

Wenn die Macht, die das Leben der Menschen lenkt, eine verführerische Macht wäre, so würde sie jetzt voll Spott von dem Jüngling sagen: sieh da, nun ist er gefangen — ungefähr wie die Welt, die ihn umgibt, von ihm sagt: sieh da, ein Jüngling, der sich von seiner Einbildungskraft verlocken ließ, zu weit zu gehen, so daß er überspannt und lächerlich wurde, und nicht mehr in die Wirklichkeit paßt. Doch die Macht, die das Leben der Menschen lenkt, ist die Liebe, und wenn die Rede davon sein könnte, daß sie eine Vorliebe hätte, dann hat sie eine Vorliebe für diesen Jüngling, wie wir ja lesen, daß Christus Wohlgefallen fand an jenem reichen Jüngling, nicht weil er weltlich klug wurde und abbog, sondern weil er so weit gegangen war, daß Christus angefangen hatte, auf ihn zu hoffen. Die liebevolle Weltlenkung urteilt also nicht lieblos über diesen Jüngling, wie die Welt urteilt, sondern sie sagt: wohl dir, nun beginnt der Ernst des Lebens für dich, du bist nun so weit gegangen, daß es für dich Ernst wird, daß das Leben bedeutet: examiniert werden. Denn der Ernst des Lebens sind ja nicht all diese Geschäftigkeiten der Endlichkeit, die Geschäftigkeit mit Gewerbe, Versorgung, Stellung, Kindererzeugung, sondern der Ernst des Le-

Nicht Bewunderung, sondern Nachfolge!

bens ist: die Vollkommenheit (die Idealität) sein zu wollen, ausdrücken zu wollen in der Alltäglichkeit der Wirklichkeit, es zu wollen, so daß man nicht zu seinem eignen Verderben ein für allemal eilig einen Strich durch macht, noch weniger, es aufgeblasen wie einen Traum mißbraucht — ach, welch ein trauriger Mangel an Ernst in beiden Fällen! —, sondern es demütig in der Wirklichkeit will.

In einem gewissen Sinne hat die Einbildungskraft den Jüngling betrogen, doch wahrlich, wenn er selbst will, hat sie ihn nicht zu seinem Schaden betrogen, sie hat ihn in das Wahre hineinbetrogen, durch einen Betrug ihn gleichsam in Gottes Hand gespielt; wenn der Jüngling will — wartet Gott im Himmel auf ihn, willig zu helfen, wie man bei einem Examen helfen kann, das den Ernst des höchsten Examens doch haben soll. Die Einbildungskraft hat den Jüngling betrogen, hat ihn durch sein Bild von der Vollkommenheit vergessen lassen, daß er noch in der Wirklichkeit ist: und nun steht er da — ganz richtig gestellt.

Es ist wahr, vielleicht schaudert es ihn einen Augenblick, wenn er nun die Dinge ansieht; doch das Bild loslassen, nein, dazu kann er sich nicht verstehn.

Andererseits kann er ebensowenig dem Leiden entgehen, falls er sich nicht dazu verstehn kann, das Bild aufzugeben; denn das Bild, dem er gleichen will, ist das der Vollkommenheit, und die Wirklichkeit, in der er ist und in der er die Ähnlichkeit ausdrücken will, ist nichts weniger als die Vollkommenheit; so ist ihm das Leiden auferlegt und nicht zu umgehen. Er ist also, Gott sei gelobt! — denn fort mit feigen Reden, und der Spott der Erbärmlichkeit sei hier verflucht, wo wahrhaftig nur von einer Beglückwünschung die Rede sein kann —, er ist also, Gott sei gelobt, in der Klemme. Auf der Weltlenkung beruht es nun — doch laßt uns nie vergessen, daß sie die Liebe ist —, wie viel sie ihm, wenn ich so sagen darf, Schrauben der Folter anlegen will, wie stark sie ihm, wenn ich so sagen darf, den Ofen heizen will, worin er, dem Golde gleich, erprobt werden soll; er ist vielleicht noch weit entfernt, den wahren Zusammenhang der Sache zu überblicken; denn die Weltlenkung ist die Liebe, und wenn es auch Ernst ist mit seiner Prüfung, so ist doch nichts Grausames in diesem Ernst, sie verfährt glimpflich mit dem Menschen und führt nie über Vermögen in Versuchung. Er hat gesehn, daß er leiden muß, er hat gesehn, was diese Liebe ihn kosten wird, doch, wer weiß, sagt er, es können ja bessere Zeiten kommen, es wird noch Hilfe kommen, und es wird noch gut werden. So läßt er das Bild nicht los, sondern geht freudig in das Leiden, in das er geführt wird. Denn die Lenkung ist die Liebe, aus Schonung für den begeisterten Jüngling kann sie es nicht übers Herz bringen, ihn gleich verstehen zu lassen, daß hier eine Täuschung vorliegt, daß er die Rechnung ohne den Wirt macht, das zu verstehen könnte er noch nicht ertragen, und darum — unendliche Fürsorge der Liebe! —, darum kann er's auch noch nicht verstehen. Er hält aus; und dadurch, daß er so aushält, wird er gestärkt, wie man im Leiden gestärkt wird, — er liebt nun jenes Bild der Vollkommenheit noch einmal so sehr, denn das, wofür man gelitten hat, liebt man immer mehr. Herrlich! Dagegen ist ihm etwas entgangen: es kam keine Hilfe, wie er gehofft hatte; nur in einem ganz anderen Sinne wurde ihm geholfen: er ist stärker geworden.

So verfährt nun die Weltlenkung wiederholt mit ihm und hilft ihm jedesmal weiter und immer weiter ins Lei-

den hinein, weil er das Bild nicht lassen will, dem er zu
gleichen wünscht. Dann kommt ein Augenblick, wo
ihm alles klar wird; er versteht, daß jene Hoffnung die
der Jugend war, er versteht nun, daß das Leiden nicht
zu umgehen ist und daß es zunehmen wird mit jedem
Schritt, den er vorwärts macht. Das Dasein hat ihn nun
soweit emporgeschraubt, wie es einen Menschen empor-
schrauben kann; unter diesem Druck zu leben oder das
Leben auszuhalten nennt man mit Nachdruck: als
Mensch existieren; wenn das Dasein es gleich so gemacht
hätte, so hätte es ihn zerdrückt. Jetzt kann er's wohl
aushalten — ja, er muß es können, wo die Lenkung so
mit ihm umgeht, die Lenkung, die ja die Liebe ist. Doch
trotzdem schaudert ihn; der Verführer flüstert ihm zu,
daß er sein Bild aufgeben soll. Doch er kann sich nicht
dazu verstehn, es aufzugeben, und da bricht es aus ihm
heraus: ich kann nicht anders, Gott helfe mir. Laßt uns
nun annehmen, daß er bis zu seinem Tode aushält: dann
bestand er seine Probe. Er wurde selbst zu dem Bilde der
Vollkommenheit, das er liebte, und die Einbildungskraft hat ihn wahrhaftig nicht betrogen, ebensowenig wie
die Lenkung. Um in das himmlische Reich einzugehen,
muß man wieder Kind werden; doch damit das eigene
Leben ausdrücken kann, daß man in das himmlische
Reich eingegangen ist, muß man zum zweitenmal ein
Jüngling werden. Kind sein und Jüngling sein ist
leicht genug, wenn man's ist; aber zum zweitenmal,
— das zweitemal ist das Entscheidende. Wieder Kind
werden, zu nichts werden, ohne alle Selbstsucht, wieder
ein Jüngling werden, obgleich man klug geworden ist,
durch Erfahrung klug, weltklug, es verachten, klug zu
handeln, wieder ein Jüngling sein wollen, die Begeisterung des Jünglings in all ihrer Ursprünglichkeit

gerettet bewahren wollen, sie durchkämpfen wollen, bei Feilschen und Dingen und dem Gewinn irdischer Vorteile, was dasselbe ist, ängstlicher und schüchterner als das ehrbare Mädchen bei einer Zweideutigkeit — das ist die Aufgabe.

*

Der Unterschied zwischen einem Bewunderer und einem Nachfolger ist der, daß der Nachfolger das ethisch ist, was der Bewunderer nur ästhetisch ist. Der Bewunderer lebt in einer andern Sphäre als das Bewunderte, der Nachfolger ist selbst das Bewunderte. Und das ist die einzige wahre Bewunderung. Die Wahrheit der Bewunderung beruht darauf oder ist dementsprechend, welche Macht sie über den Bewundernden ausübt. Das Maximum dieser Macht ist: selbst das Bewunderte zu sein oder ihm zu gleichen. Unwahr ist es dagegen, etwas wahrhaft zu bewundern, was keinen Einfluß oder keine Macht hat, den Betreffenden zur Gleichheit mit dem Bewunderten zu verwandeln. Solche Bewunderung ist ein Betrug, sie kann zwar zur Not das Bewunderte oder das, was sie daran bewundert, verstehen, sich selbst aber versteht sie nicht, oder sie versteht sich doch in ihrer Bewunderung nicht. Verstünde sie sich, so verstünde sie, daß die eigne Unverändertheit eine Art Satire auf die Bewunderung ist und sie jeden Augenblick lauter Lügen straft. Doch daran denkt so ein Bewunderer nicht. Er deklamiert immer lauter, das Bravo und Bravissimo der Bewunderung steigt mit der Heftigkeit des Ausdrucks — jetzt weiß ich, zum Henker, daß er wahrhaftig bewundert — und nur um so schärfer ist die Satire auf seine eigne Bewunderung.

Überhaupt scheinen die Menschen darüber in Unkenntnis zu sein, daß das Pathos der Versicherung eine Grenze hat und daß diese Grenze da liegt, wo das Pathos der Tat anfangen sollte. Fehlt das, so wird das wortreiche Pathos der Versicherung, je heftiger und lauter es ist, um so mehr ein Zeichen dafür, daß es — mit Respekt — in den Hals hineingelogen ist.

*

Das eine ist: bewundert werden, ein anderes: ein Leitstern werden, der den Geängstigten rettet.

*

Was für unsere Zeit als Pendant zu Don Quichote am besten paßte, wäre ein Asket im alten Sinne, ein fastender und betender Asket, der sich beim geringsten sündigen Gedanken anklagt und straft — und doch sind wir alle Christen!

*

Einstmals, in längst entschwundener Zeit, verstand man die Sache so: von dem, der Lehrer des Christentums sein wollte, verlangte man, daß sein Leben für seine Lehre Garantie bot.

Das ist ein längst überwundener Standpunkt; die Welt ist klüger, ernster geworden, hat gelernt, all das Kleinliche und Krankhafte mit dem Persönlichen geringzuschätzen und allein das Objektive zu begehren. — Jetzt verlangt man, daß das Leben des Lehrers Garantie dafür biete, daß das, was er sagt, Spaß, dramatisches Fest, Unterhaltung, rein objektiv sei.

Einige Beispiele. Willst du z. B. darüber sprechen, daß das Christentum, das Christentum des Neuen Testaments, eine Vorliebe für den ehelosen Stand hat, und du bist selbst unverheiratet: mein Lieber, dann bist du nicht der rechte, darüber zu sprechen: die Gemeinde könnte ja glauben, es wäre dein Ernst, könnte unruhig werden oder sich beleidigt fühlen, daß du in so unpassender Weise deine Person hineinmischst. Nein, es wird noch lange Zeit vergehn, bis du mit Ernst so darüber sprechen kannst, daß du wirklich die Gemeinde befriedigst. Warte, bis deine erste Frau unter der Erde liegt und du geraume Zeit mit der zweiten gelebt hast: dann ist die Zeit gekommen, nun kannst du vor die Gemeinde hintreten, lehren und „zeugen", daß das Christentum eine Vorliebe für den ehelosen Stand hat — und du wirst sie voll befriedigen; denn dein Leben bietet Garantie dafür, daß es Tand und Spaß ist, und daß deine Rede interessant ist. Wie interessant! Denn wie in einer Ehe, wenn sie vor Langeweile sicher, interessant sein soll, der Mann die Frau und die Frau den Mann betrügen muß: so wird das Wahre erst dadurch interessant, ungeheuer interessant, daß man sich in gehobener Stimmung davon ergreifen, hinreißen, bezaubern läßt — aber natürlich gerade das Entgegengesetzte tut und hinterlistig sich damit beruhigt, daß es dabei bleibt.

Oder willst du darüber sprechen, daß das Christentum Verachtung von Titeln, Orden und allem Humbug der Ehre lehrt — und du bist selbst keine Person von Rang und nichts derartiges: mein Lieber, dann bist du nicht der rechte, darüber zu sprechen: die Gemeinde könnte ja glauben, es sei Ernst, oder über diesen Mangel an Bildung beleidigt sein, daß du deine Person so hervortreten läßt. Nein, warte, bis du dir selbst eine Reihe Orden erworben hast, je mehr, desto besser, warte, bis du selbst eine Litanei von Titeln mit dir herumschleppst, so daß du vor der Menge von Titeln kaum weißt, wie du heißt: dann ist es Zeit, dann kannst du auftreten, predigen und „zeugen" — und du wirst zweifellos die Gemeinde befriedigen; denn dein Leben bietet Garantie dafür, daß es eine dramatische Belustigung, eine interessante Vormittagsunterhaltung ist.

Oder willst du darüber sprechen: das Christentum in Armut zu verkündigen sei die wahre christliche Verkündigung — und du bist selbst buchstäblich ein armer Teufel, mein Lieber, dann bist du nicht der rechte, darüber zu sprechen: die Gemeinde könnte ja glauben, es sei ernst, könnte angst und bange werden, ganz außer Stimmung geraten und höchst unheimlich davon berührt sein, daß die Armut einem so nahe zu Leibe rückt. Nein, schaffe dir erst eine fette Stelle mit gutem Einkommen, und wenn du sie so lange gehabt hast, daß du bald in eine noch fettere aufrückst, dann ist der günstige Moment gekommen, dann kannst du vor die Gemeinde hintreten, predigen und „zeugen" — und du wirst sie voll befriedigen, denn dein Leben bietet Garantie dafür, daß das alles nur auf einen Spaß hinausläuft, wie ihn ernste Männer ab und zu wünschen, im Theater oder in der Kirche, als eine Erfrischung, die neue Kräfte gibt — Geld zu verdienen.

*

Jeder Denker, der die Dialektik seines Denkens nicht redupliziert, verursacht ständig Täuschungen der Sinne.

*

Das genaue, deutliche, entscheidende, leidenschaftliche Verstehen ist von großer Wichtigkeit; denn es macht zum Handeln bereit. Doch sind die Menschen in dieser Beziehung sehr verschieden, fast wie die Vögel in der

Geschwindigkeit des Auffliegens. Manche lassen leicht und im Augenblick entschlossen den Zweig los, auf dem sie sitzen, und steigen im Fluge stolz, kühn, himmelwärts. Andre (die schwerfälligeren, trägeren, z. B. die Krähen) machen erst ein langes Hin und Her, wenn das Fliegen losgehn soll: lassen mit dem einen Fuß den Zweig los, greifen aber gleich wieder danach, und es kommt nicht zum Fluge; dann arbeiten sie mit den Flügeln, halten sich mit den Füßen aber immer noch fest, lassen also den Zweig nicht los, sondern hängen wie ein Klumpen an ihm, bis es ihnen endlich gelingt, soviel Fahrt zu gewinnen, daß eine Art Flug entsteht.

So geht es auf mancherlei Weise bei den Menschen, wenn es darauf ankommt, vom Verstehen in die Fahrt der Handlung überzugehn. Ein scharfsinniger Psychologe hätte sein ganzes Leben zu tun, wenn er auf Grund der Beobachtungen die abnormen Bewegungen genau beschreiben wollte, die hier gemacht werden. Denn das Leben der meisten Menschen ist und bleibt doch ein fingierter Ausfall aus dem bloß sinnlichen Dasein. Einige bringen es zum richtigen Verständnis dessen, was sie tun sollten — und dort biegen sie ab.

*

Das eine ist: zu leiden, ein anderes: Professor dafür zu werden, daß ein anderer litt. Das erste ist „der Weg"; das zweite ist: den Ort zu umgehen.

*

Arthur Schopenhauer ist kein ordentlicher Pessimist. Schopenhauer ist kein Mensch, der es in der Macht hatte, sein Glück zu machen und Anerkennung zu gewinnen — und es verwarf. Nein, er ist vielleicht gegen seinen Willen dazu gezwungen, die zeitliche und irdische Anerkennung entbehren zu müssen. Aber dann ist die Wahl des Pessimismus leicht eine Art Optimismus — das zeitlich Klügste, das man tun kann. — Er unternimmt es ferner, der Askese usw. einen Platz im System anzuweisen. Hier zeigt sich nun, daß er ein bedenkliches Zeichen der Zeit ist. Nicht ohne große Selbstzufriedenheit sagt er, daß er der erste sei, der der Askese einen Platz im System angewiesen habe. Ja, das ist durchaus das Professorengerede: „Ich bin der erste, der ihr einen Platz im System angewiesen hat." Und weiter: daß die Askese nun ihren Platz im System findet, ist das nicht ein indirektes Zeichen dafür, daß ihre Zeit vorbei ist? Es gab eine Zeit, wo man ein Asket im Charakter war. Dann kam eine Zeit, wo man die ganze Sache mit der Askese der Vergessenheit übergab. Jetzt prahlt einer damit, der erste zu sein, der ihr einen Platz im System anweist. Doch gerade diese Art, sich mit der Askese zu beschäftigen, zeigt ja, daß sie nicht mehr in wahrerem Sinn für ihn da ist, ungefähr so wie das Judentum nicht mehr Religion ist für die vielen, die in unsrer Zeit das altorthodoxe jüdische häusliche Leben in Novellen darstellen. So weit entfernt Schopenhauer ist, eigentlicher Pessimist zu sein, so repräsentiert er höchstens: das Interessante; er macht gewissermaßen die Askese interessant — das Allergefährlichste für eine genußsüchtige Zeit, die den größten Schaden daran erleiden wird, daß man Genuß herausdestilliert — aus der Askese, nämlich durch das charakterlose Betrachten der Askese, indem man ihr im System ihren Platz anweist.

*

Denke dir ein Land. Der König läßt ein Gebot ergehn an alle Beamten, Untertanen, kurzum an die ganze Bevölkerung. Was geschieht? Es geht mit allen eine merkwürdige Verwandlung vor, alle verwandeln sich in Ausleger, die Beamten werden Verfasser; täglich erscheint eine Auslegung, scharfsinniger, gelehrter, geschmackvoller, tiefsinniger, geistreicher, wunderbarer, entzükkender und wunderbar-entzückender als die andere; die Kritik, die den Überblick über diese ungeheure Literatur behalten soll, kann den Überblick kaum mehr behalten, ja selbst die Kritik wird zu einer weitläufigen Literatur, so daß es nicht mehr möglich ist, einen Überblick über die Kritik zu behalten. Alles ist Auslegung, aber niemand las das Gebot des Königs so, daß er danach handelte. Und nicht nur, daß alles zur Auslegung wurde, nein: man verschob zugleich den Blickpunkt dafür, was Ernst ist, und machte die Beschäftigung mit der Auslegung zum eigentlichen Ernst. Denke dir nun, der König wäre kein menschlicher König — ein solcher würde wohl auch merken, daß man ihn eigentlich zum Narren hielt, indem man die Sache so wendete; doch ein menschlicher König ist abhängig, besonders von sämtlichen Beamten und Untertanen, so daß er sich vielleicht genötigt sähe, gute Miene zum bösen Spiel zu machen und so zu tun, als ob alles seine Ordnung hätte: der geschmackvollste Ausleger würde zur Belohnung in den Adelstand erhoben, der tiefsinnigste mit einem Orden dekoriert usw. — Denke dir, der König wäre ein Allmächtiger, der also nicht in Verlegenheit kommt, auch wenn alle Beamten und Untertanen falsches Spiel gegen ihn spielten. Was, glaubst du nun, wird dieser allmächtige König darüber denken? Ob er nicht sagte: daß das Gebot nicht befolgt wird, könnte ich zur Not verzeihen;

Der barmherzige Samariter

und ferner, wenn sie deshalb gemeinsam in einer Bittschrift an mich um Geduld oder gar Erlaß des Gebotes einkämen, das ihnen so schwer fiel: auch das könnte ich ihnen verzeihen. Aber das kann ich nicht verzeihen, daß man sogar den Blickpunkt dafür, was Ernst ist, verrückt.

*

Es war einmal ein Mensch, der ging von Jerusalem nach Jericho und fiel unter die Räuber, die zogen ihn aus und schlugen ihn und gingen fort und ließen ihn halbtot liegen, — wenn du nun liest: „doch zufällig zog ein Priester desselben Weges, und als er ihn sah, da ging er vorüber", dann sollst du zu dir selber sagen: „das bin ich". Du sollst keine Ausflüchte machen, noch weniger witzig werden (denn in der weltlichen Welt kann man zwar die größte Niederträchtigkeit mit einem Witze verbrämen, doch nicht, wenn du Gottes Wort liest), sollst nicht sagen, „das bin ich nicht, es war ja ein Priester, und ich bin kein Priester, während ich es ausgezeichnet finde vom Evangelium, es einen Priester sein zu lassen, denn die Priester sind ja immer die schlimmsten". Nein, wenn du Gottes Wort liest, dann soll es Ernst sein, und du sollst zu dir selber sagen: „dieser Priester, das bin ich". Ach, daß ich so unbarmherzig sein konnte, gerade ich, der ich mich doch Christ nenne — und insofern bin ich ja auch Priester, wenigstens verstehn wir's sonst gut, das anzuführen, wenn es darum geht, uns von den Priestern frei zu machen, denn dann sagen wir: christlich genommen sind wir alle Priester. Ach, daß ich so unbarmherzig sein, daß ich so etwas mit ansehn konnte (und ich sah es, es steht im Evangelium, „als er ihn sah, ging er vorüber"), ohne Mitleid mit ansehn konnte! — „Desgleichen auch ein Levit; als er an die Stätte kam, ging er zu ihm, sah ihn und ging vorüber". Hier sollst du sagen: „das bin ich, o, daß ich so hartherzig sein konnte, daß mir das, wo es mir früher schon einmal passiert ist, nun noch einmal passieren kann, daß ich nicht besser geworden bin!" — Und dann kam ein praktischer Mann desselben Weges; als er in die Nähe kam, sprach er zu sich selber: „was ist das, da liegt ja ein halbtoter Mensch, es empfiehlt sich nicht, den Weg zu gehen, es könnte leicht eine Polizeisache daraus werden, oder die Polizei könnte im Augenblick dazu kommen und mich als Täter verhaften", — dann sollst du zu dir selber sagen: „das bin ich, o, daß ich so schäbig klug sein konnte, und nicht nur das, nein, mich hinterher noch darüber freuen konnte, mich, als ich es einem Bekannten erzählte, noch darüber freuen konnte, daß er's als klug und praktisch pries!" — Und es kam einer vorbei, tief in Gedanken, in Gedanken an gar nichts denkend, der kam denselben Weg, sah gar nichts und ging vorüber, — da sollst du zu dir selber sprechen: „das war ich, ich Schaf, wie ein Dummkopf herumzugehn und nicht zu sehn, daß da ein halbtoter Mensch liegt"; denn so sprächest du doch zu dir selber, hätte ein großer Schatz auf dem Wege gelegen, und wärst du vorübergegangen, ohne ihn zu sehn. —

„Aber ein Samariter war auf der Reise und trat zu ihm." Um nicht müde zu werden vom ständigen: „das bin ich", kannst du hier zur Abwechslung sagen, „das war ich nicht, ach nein, so bin ich nicht!" —

Wenn hier nun das Gleichnis endet und Christus zu dem Pharisäer spricht: „gehe hin und tue desgleichen", so sollst du dir selber sagen: „das bin ich, zu dem gesprochen wird, mach schnell, daß du vom Fleck kommst". Du sollst keine Ausflüchte suchen, noch weni-

Der Geist und das Einkommen

ger dich in Witzen versuchen (denn göttlich verstanden kann ein Witz in der Tat nichts gut machen, sondern verschärft nur das Urteil), sollst nicht sagen: „ich kann auf Ehre versichern, dieser Fall ist in meinem Leben nie passiert, daß ich eines Wegs kam, auf dem ein halbtoter Mensch lag, der unter die Räuber gefallen war; überhaupt sind Räuber eine Seltenheit bei uns". Nein, so darfst du nicht sprechen, du sollst sagen: „ich bin's, zu dem das Wort gesagt ist: gehe hin und tue desgleichen." Denn du verstehst das Wort recht gut. Und wenn du auf deinem Wege auch niemals einen trafest, der unter die Räuber gefallen war: auf deinem wie auf meinem Wege sind Elende genug. Oder um ein Beispiel zu nehmen, das immerhin Ähnlichkeit hätte mit dem im Evangelium: kamst du nie eines Weges, wo, wenn auch nicht buchstäblich, so doch in Wahrheit einer lag, den Klatsch und üble Nachrede überfallen und ausgezogen hatte und halbtot liegen gelassen? Und es kam ein Priester desselben Weges, und er ging vorüber — d. h. erst hörte er, was die üble Nachrede sagte von dem Menschen, und dann ging er weiter — und erzählte die Geschichte weiter; und dieser Priester, sollst du zu dir selber sagen, selbst wenn du Bischof oder Propst wärest, trotzdem: dieser Priester, das war ich! Und es kam ein Levit desselben Weges, und er ging vorüber — d. h. nachdem er im Vorübergehen die Neuigkeit erfahren hatte, ging er vorüber und nahm die Neuigkeit mit; und dieser Levit, sollst du zu dir selber sagen, das war ich! Und dann kam ein Bürgersmann vorüber; der hörte die Geschichte auch, und dann ging er mit ihr fort und sagte: „es ist wirklich eine Schande, daß man — was ich jetzt tue! — das über den Mann erzählt"; und dieser Bürgersmann, sollst du zu dir selber sagen, das war ich! Das war ich, ach, das ist ja schlimmer als die Geschichte im Evangelium, denn weder der Priester noch Levit waren daran beteiligt, den Mann halbtot zu schlagen, doch hier sind sie Mitschuldige der Räuber.

*

In Blättern und Büchern, auf Kanzeln und Kathedern, in Versammlungen herrscht eine Feierlichkeit, eine Wichtigtuerei, ein Ernst, als drehe sich alles nur um Geist, um Wahrheit, um Gedanken. Vielleicht ist es auch so, vielleicht. Vielleicht aber dreht sich alles um das Einkommen, um die Karriere, vielleicht. Ist es das Einkommen, die Karriere, die den Kandidaten der Theologie begeistert, oder ist es das Christentum? Wer weiß das! Er nimmt das Einkommen, er versichert, es sei das Christentum. Ist es das Einkommen, die Karriere, die den Kandidaten begeistert, oder ist es die Wissenschaft? Wer weiß das! Er nimmt das Einkommen, wird Professor und versichert, es sei die Wissenschaft. Ist es die Zahl der Subskribenten, die den Zeitungsschreiber begeistert, oder ist es die Sache? Wer weiß das! Er sammelt die Abonnenten auf einen Stoß und versichert, es sei die Sache. Ist es die Liebe zum Volke, die einen dazu bewegt, sich an die Spitze der Menge zu stellen? Wer weiß das! Er zieht den Vorteil aus seiner Stellung an der Spitze der Menge, das sieht man, und versichert, es sei aus Liebe.

*

Eins kann ich, eins soll ich, und das eine will ich: ich will mich wenigstens davon fernhalten, mir durch „Versicherungen" etwas zu erlügen, oder euch, ihr Herrlichen, um euer rechtmäßiges Guthaben zu betrügen: um

Der Geist und das Einkommen

den Lohn der Bewunderung und der Dankbarkeit für euer Leben, eure Tat, für das, was ihr dem Menschengeschlecht hinterließet, nicht damit es ein paar Gescheite betrügerisch zu Geld und dergleichen machen, sondern auf daß es uns Spätere zur Nachahmung sporne. Kein „Versichern" hilft. Tauge ich nicht — was ich gewiß keineswegs tue — zum Helden: gut, dann will ich jedenfalls auch nicht versichern, „daß, wenn . .", d. h. dann darf ich auch nicht den Anschein erwecken, daß die Umstände (weil es nicht von mir gefordert wird) daran schuld seien, daß ich mich nicht als den Helden zeige, der ich bin; darf nicht den Anschein erwecken, daß ich im Grunde doch ein Held bin, aber nur auf die Gelegenheit warte, während doch mein Leben ausdrückt, wie ich bin: daß es mir nur allzugut gelingt, ebenso geldgierig, ebenso ehrgeizig zu sein wie jeder andere. Nein, wie gesagt, tauge ich nicht zum Helden, dann soll es klar erkennbar sein, daß ich nicht dazu tauge, daß die Wahrheit die ist, daß ich nicht dazu tauge, und daß es ein leeres Geschwätz ist mit diesem „wenn es gefordert wird", zumal wo die Welt in einem Zustand sittlicher Auflösung ist, wie sie nicht einmal das Altertum sah, wie sie nicht einmal existierte, als das Christentum in die Welt trat. Deshalb, will es kein andrer sagen, so will ich, im Namen des Christentums, im Namen Gottes es wagen, jedem, der versichert „daß wenn . .", zu sagen: hindert dich nichts andres, in deinem wahren Charakter als Held aufzutreten, als deine Annahme, es würde nicht verlangt, — o teurer, verehrtester Freund: es wird nicht bloß verlangt, nein, es ist die allerhöchste Zeit, wenn es nicht zu spät sein soll; eile, eile!

*

Ach, es gibt etwas, das noch trauriger ist als das, was Menschen gewöhnlich für das Traurigste ansehn, was einem Menschen geschehn kann: den Verstand verlieren; es gibt noch etwas Traurigeres! Es gibt einen Stumpfsinn da, wo Charakter sein sollte, eine Abgestumpftheit der Charakterlosigkeit, die schlimmer und vielleicht unheilbarer ist als die des Verstandes. Und das Traurigste, was vielleicht von einem Menschen gesagt werden kann, ist: er kann nicht erhoben werden, sein eignes Wissen kann ihn nicht erheben. Wie das Kind, das seinen Drachen steigen läßt, so läßt er sein Wissen steigen; er findet es interessant, ungeheuer interessant, ihm mit dem Blick zu folgen, aber — er wird nicht erhoben, er bleibt im Sumpf, immer mehr nach dem Interessanten begierig.

Deshalb, wer du auch bist, wenn das in irgendeiner Weise auf dich paßt: schäme dich, schäme dich, schäme dich!

*

Wie der Mensch sich — ganz natürlich — wünscht, was die Lebenslust nähren und beleben kann: so braucht der, der für das ewige Leben leben soll, ständig eine Dosis Lebensüberdruß, damit er sich nicht in die Welt vergaffe, sondern vielmehr recht lerne, sich an der Torheit und Lüge dieser erbärmlichen Welt zu widern, zu langweilen und zu ekeln. Hier ist eine solche Dosis.

Der Gottmensch wird verraten, verhöhnt, verlassen von allen, allen, allen; nicht ein einziger, ganz buchstäblich: nicht ein einziger bleibt ihm treu, — und hinterher, hinterher, hinterher gibt es Millionen, die auf ihren Knien zu den Stätten gewallfahrt sind, wo vielleicht vor vielen Jahren sein Fuß eine Spur hinterließ;

hinterher, hinterher, hinterher haben Millionen einen Splitter von dem Kreuz angebetet, an dem er gekreuzigt wurde.

Und so geht es gewissermaßen immer in der Mitwelt; aber hinterher, hinterher, hinterher!

Muß man sich da nicht ekeln, ein Mensch zu sein!

Noch einmal: muß man sich da nicht ekeln, ein Mensch zu sein! Denn diese Millionen, die auf ihren Knien zu seinem Grabe wallfahrteten, dieses Menschengedränge, das keine Macht zerstückeln konnte, — Christus brauchte nur wiederzukehren — und all diese Millionen bekämen flugs Beine und ergriffen das Hasenpanier, das ganze Gedränge wäre wie weggeblasen, oder sie stürzten sich als Masse aufrecht auf Christus und schlügen ihn tot.

*

Was ist das Ethische? Ja, wenn ich so frage, frage ich unethisch nach dem Ethischen, frage, wie die Verwirrung der ganzen modernen Zeit fragt, und dann hat es kein Ende. Das Ethische setzt voraus, daß jeder Mensch weiß, was das Ethische ist. Und warum? Weil ja das Ethische verlangt, daß es jeder Mensch jeden Augenblick realisiere, doch dazu muß er's ja wissen. Das Ethische fängt nicht mit Unwissenheit an, die in Wissen verwandelt werden soll, es fängt mit Wissen an, das Realisierung verlangt. Es kommt hier darauf an, unbedingt konsequent zu sein; eine einzige Unsicherheit in der Haltung, und die moderne Verwirrung hat uns in ihrer Macht. Wenn jemand sagte: ich muß ja erst wissen, was das Ethische ist — wie bestechend! zumal wir von Kindheit an gewöhnt sind, so zu räsonieren. Doch das Ethische antwortet ganz konsequent: Du Schlingel, willst du Ausflüchte machen, Ausflüchte suchen?! Wenn jemand sagt: es gibt ja ganz verschiedene Auffassungen des Ethischen in den verschiedenen Ländern und zu den verschiedenen Zeiten. Wie wird diesem Zweifel ein Ende gemacht? Wissenschaftlich wird er zu Folianten und nimmt doch kein Ende. Doch ethisch konsequent ergreift das Ethische den Zweifler und sagt: was geht's dich an, du sollst jeden Augenblick das Ethische tun und bist ethisch verantwortlich für jeden Augenblick, den du vergeudest.

*

Keine Arbeit und Anstrengung ist schwieriger, als sich aus den Versuchungen der Reflexion herauszuarbeiten.

*

Sittlichkeit ist Charakter. Charakter ist das Eingegrabene; doch hat das Meer keinen Charakter, und der Sand auch nicht und abstrakte Verständigkeit auch nicht; denn der Charakter ist gerade die Innerlichkeit. Unsittlichkeit ist als Energie auch Charakter. Dagegen ist es Zweideutigkeit, wenn man weder das eine noch das andre ist; und Zweideutigkeit im Dasein ist es, wenn die qualitative Disjunktion der Qualitäten durch nagende Reflexion geschwächt wird. Der Aufruhr der Leidenschaft ist elementarisch, die Auflösung der Zweideutigkeit ein ruhiger, Tag und Nacht tätiger Kettenschluß. Der Unterschied zwischen Gut und Böse wird durch eine leichtfertige, vornehme, theoretische Kenntnis vom Bösen entnervt, durch eine hochmütige Klugheit, die da weiß, daß das Gute in der Welt weder Anerkennung noch Belohnung findet — so daß es fast Torheit ist. Niemand wird vom Guten zu großen Taten hingerissen, niemand in himmelschreiender Sünde vom Bösen ereilt; so sollte einer zum andern auch nichts darüber tönen, und doch wird deshalb gerade viel mehr darüber hin und her geredet; denn die Zweideutigkeit ist ein Reiz, und viel wortreicher als die Freude über das Gute und der Abscheu vor dem Bösen.

*

Ganz nüchtern ist nach der Meinung des Christentums nur der, dessen Verstehen Handeln ist. So sollte es sein. Dein Verstehen soll sofort in Handeln umgesetzt werden. Sofort! Ach, so ist es nicht bei uns Menschen. Wenn wir etwas verstanden haben, so dauert es doch eine Ewigkeit, bevor eine Handlung folgt oder bevor das Verstehen durch Handeln wiedergegeben wird. Ist aber das Verhältnis ganz richtig, dann folgt die Handlung sofort, und gerade darum ist jetzt die Wiedergabe des Verstehens genau und das Verstehen voll und ganz. Folgt die Handlung nicht sofort, dann wird die Handlung eine verfälschte Wiedergabe deines Verstehens. Ach, so ist es mit unseren Handlungen! Wie gleichen sie unserm Verstehen? Wie die Klangfigur, die du durch den Strich des Bogens hervorbringst? Wie der treue Abdruck eines Bildes? Nein, wie das Löschpapier der Schrift gleicht, auf der es lag.

*

Im Leben des Geistes gibt es keinen Stillstand (eigentlich auch keinen Zustand, alles ist Aktualität); wenn also ein Mensch nicht in der Sekunde, wo er das Rechte erkennt, es auch tut — ja dann hört erstens das Erkennen zu kochen auf. Und zweitens kommt die Frage: wie gefällt das Erkannte dem Willen. Der Wille ist etwas

Dialektisches, unter ihm steht die ganze niedrigere Natur im Menschen. Gefällt ihm das Erkannte nicht, so folgt daraus wohl nicht, daß der Wille nun hingeht, das Entgegengesetzte von dem zu tun, was die Erkenntnis einsah — so große Gegensätze kommen gewiß seltener vor; doch dann läßt der Wille einige Zeit hingehn, ein Interim, es heißt: wir wollen es bis morgen ansehn. Unterdessen wird die Erkenntnis immer dunkler und das Niedrigere siegt immer mehr. Ach, denn das Gute muß gleich getan werden, gleich, wenn es erkannt ist . . Doch das Niedrige hat seine Kraft im Aufschieben.

*

Was der moderne Philosoph unter Glauben versteht, ist eigentlich, was man eine Meinung nennt, oder was man so in der Umgangssprache „glauben" nennt. Man macht aus dem Christentum eine Lehre; die Lehre verkündet man dann einem Menschen, und nun glaubt er, es sei so, wie diese Lehre sagt. Das nächste Stadium ist darum, diese Lehre zu „begreifen": das tut die Philosophie. Das alles ist ganz richtig, wenn das Christentum eine Lehre wäre. Aber das ist es nicht, und darum ist es gänzlich falsch. Glaube im prägnanten Sinne bezieht sich auf den Gottmenschen. Der Gottmensch, das Zeichen des Widerspruchs, verweigert aber diese direkte Mitteilung und verlangt Glauben.

*

Sie v e r t e i d i g t e n das Christentum; von seiner Macht war nie die Rede, noch machte man Gebrauch davon; sein „Du sollst" war nie zu hören, damit kein Gelächter entstünde; sie verteidigten das Christentum und sagten: „verschmäht das Christentum nicht, es ist doch eine milde Lehre, es enthält alle die milden Trostgründe, die jeder Mensch im Leben leicht noch einmal nötig haben kann. Ach Gott, das Leben lächelt uns ja nicht immer, wir haben alle einen Freund nötig, und so ein Freund ist Christus; verschmäht ihn nicht, er meint es so gut mit euch." Und es gelang; man hörte wirklich aufmerksam auf diese Rede, man schenkte wirklich diesem Bettler Herrn Jesus Christus Gehör (denn wenn er auch nicht selbst der Bettler war, so doch der, in dessen Namen gebettelt wurde); man fand, daß etwas dran sei; es kitzelte die Ohren der herrschsüchtigen Christenheit, daß es ja beinahe war, als solle abgestimmt werden — gut, unter der Bedingung nehmen wir das Christentum an. Gerechter Gott, und die Szene war die Christenheit, wo alle Christen sind, und da wurde das Christentum unter der Bedingung von Christen angenommen!

So ging es mit dem Christentum abwärts; und nun lebt in der heutigen Christenheit, wo freilich von Strenge nie die Rede ist, ein verwöhntes, stolzes und doch feiges, trotziges und doch weichliches Geschlecht, das manchmal diese milden Trostgründe vortragen hört, aber kaum weiß, ob es Gebrauch davon machen will, selbst wenn das Leben am schönsten lächelt, und das sich in der Stunde der Not, wo man sehn kann, daß sie doch eigentlich nicht so milde sind, ärgert. Gerechter Gott, und die Szene ist die Christenheit!

*

Im Verhältnis zum Absoluten existiert nur eine Zeit: die gegenwärtige; für den, der nicht gleichzeitig mit dem Absoluten ist, existiert es gar nicht. Da Christus das Absolute ist, kann man leicht sehn, daß es im Verhältnis zu ihm nur eine Situation gibt: die der Gleichzeitigkeit;

die drei-, sieben-, fünfzehn-, siebzehn-, achtzehnhundert Jahre spielen gar keine Rolle; sie verändern ihn auch nicht, offenbaren auch nicht, wer er war; denn wer er ist, das ist nur dem Glauben offenbar.

*

Ist die Wahrheit etwas Derartiges, daß es denkbar ist, der eine könne sie sich ohne weiteres mit Hilfe des andern aneignen? Ohne weiteres, d. h.: ohne selbst ähnlich wie der, der die Wahrheit erwarb, entwickelt und versucht zu werden, zu kämpfen und zu leiden wie er? ist es nicht ebenso unmöglich, wie die Wahrheit im Schlafe oder Traume zu bekommen: sie sich ohne weiteres anzueignen, so wach man auch sei? ist man wirklich ganz wach, ist es nicht nur eine Einbildung, wenn man nicht versteht oder nicht verstehn will, daß es gegenüber der Wahrheit keine Abkürzung gibt, die das Erwerben wegläßt, daß es beim Erwerbe von Geschlecht zu Geschlecht keine wesentliche Abkürzung gibt, so daß jedes Geschlecht und jeder im Geschlecht wesentlich von vorn anfangen muß?..

Christus ist die Wahrheit in dem Sinne: die Wahrheit sein ist die einzige wahre Erklärung der Wahrheit. Man kann einen Apostel, man kann einen Christen fragen, was Wahrheit ist, und als Antwort auf die Frage zeigen der Apostel und der Christ auf Christus hin und sagen: lerne von ihm, er war die Wahrheit. Das heißt: die Wahrheit in dem Sinne, wie Christus die Wahrheit ist, ist keine Reihe von Sätzen, keine Begriffsbestimmung oder dergleichen, sondern ein Leben..

Die Wahrheit sein ist dasselbe wie die Wahrheit kennen, und Christus hätte nie die Wahrheit gekannt, wenn er nicht die Wahrheit gewesen wäre; und kein Mensch

Christentum ist Nachfolge 247

kennt mehr von der Wahrheit, als er von der Wahrheit ist . .

Was das Christentum völlig verwirrt hat und vorzugsweise den Anlaß gab zu der Einbildung von einer triumphierenden Kirche, ist, daß man das Christentum als Wahrheit im Sinne von Resultat verstanden hat, statt als Wahrheit im Sinne von „Weg".

*

Indem man das Christentum als Lehre auffaßt, wurde alles in der Christenheit eitel Verwirrung, und die Auffassung, was es heißt, Christ zu sein, fast unkenntlich. Dann soll Christus als „das Vorbild" geltend gemacht werden, aber nicht um zu ängstigen — doch das ist vielleicht eine ganz überflüssige Sorge, daß man heute noch jemand mit dem Christentum ängstigen könne; doch jedenfalls nicht, um zu ängstigen, — das muß man aus der Erfahrung früherer Zeiten gelernt haben — nein: „das Vorbild" soll geltend gemacht werden, um dem Christentum wenigstens einigen Respekt zu schaffen, um einigermaßen klar zu machen, was es heißt, ein Christ zu sein, um das Christentum von der Wissenschaft, dem Zweifel und dem Geschwätz (dem Objektiven) ins Subjektive zu übertragen, wo es zuhause hat; so gewiß der Heiland der Welt, unser Herr Jesus Christus, keine Lehre in die Welt gebracht und nie doziert, sondern als „das Vorbild" „die Nachfolge" gefordert hat, indem er durch seine „Versöhnung" möglichst alle Angst aus der Seele des Menschen vertrieb.

*

Es gibt über das Christentum zwei entscheidende Mißverständnisse:

1. Das Christentum ist keine Lehre. (Aus dieser Voraussetzung entstand das ganze Unwesen der Orthodoxie mit dem Streit über das und jenes, während die Existenz ganz unverändert bleibt, so daß man darüber, was das Christliche sei, ebenso streitet wie darüber, was platonische Philosophie und dergl. ist). Das Christentum ist Existenz-Mitteilung. Deshalb muß mit jeder Generation von vorn angefangen werden; all diese Gelehrtenweisheit über frühere Generationen ist wesentlich überflüssig, doch nicht zu verachten, wenn sie sich selbst und ihre Grenze kennt, dagegen äußerst gefährlich, wenn sie das nicht tut.

2. Weil das Christentum keine Lehre ist, ist es nicht wie bei einer Lehre gleichgültig, wer es darstellt, wenn er nur (objektiv) das Richtige sagt. Nein, Christus hat nicht Dozenten angestellt, sondern Nachfolger. Wenn das Christentum (gerade weil es keine Lehre ist) sich nicht in dem Darsteller redupliziert, dann stellt er nicht das Christentum dar; denn das Christentum ist Existenz-Mitteilung und kann nur durch die Existenz dargestellt werden. Überhaupt dies „in ihm existieren", „es existierend ausdrücken" usw., das ist ja: es reduplizieren.

*

In den ersten Zeiten des Christentums, als es in die Welt eingeführt wurde, war es freilich mehr die Lehre, die Anlaß zu Streit gab. In der Christenheit ist die Lehre eigentlich so annähernd angenommen, und hier wird leicht nur eine sektiererische Bewegung entstehen, wenn über die Lehre gestritten wird. Das, worüber in der Christenheit gestritten werden soll, ist: der Lehre die ethische Macht über das Leben zu geben, die das Christentum verlangt. Es hat nämlich etwas auf sich, daß wir alle Christen sind, d. h.: die Lehre des Christentums steht uns nicht so fremd gegenüber wie den Heiden. Das Unglück ist aber, daß die Lehre den meisten wie eine Trivialität geworden ist, von den meisten wie eine Trivialität angenommen. Deshalb kommt es auf die Verinnerlichung der Lehre an.

*

Ein Prediger soll gleichsam so sein, daß die Zuhörer sagen müssen: wo soll ich vor diesem Menschen hinfliehn, seine Rede holt mich in jedem Versteck ein; wie soll ich ihn loswerden, denn in jedem Augenblick ist er über mir!

Die meisten Menschen . . denken über das Religiöse nach, hören davon sprechen, verkehren in Phantasiebildern mit ihm, haben es in Gestalt des Wunsches und der Sehnsucht, der Ahnung, des illusorischen Entschlusses, des Vorsatzes; den Eindruck aber vom Religiösen, daß es jetzt, jetzt gleich, jetzt in diesem Augenblick angewendet werden muß, bekommen sie nicht . .

Wenn solche Distanz-Religiöse vom Religiösen sprechen (und Pfarrer dieser Güte sind natürlich nicht ganz selten, sind sogar noch von der bessern Sorte . .), merkt man sofort ihrer Rede an, daß sie sich selbst dabei nicht präsent sind, ganz so wie sie existentiell es nicht sind . .

Man merkt es der Rede an, daß der frische Zustrom aus dem Reichtum des Erlebten fehlt, der im Augenblick der Rede zu gegenwärtigem Leben erwacht, man hat nicht den Eindruck, als müßte sich der Redner gegen diesen Reichtum fast wehren, gegen die Gewalt des Gegenwärtigen; man hat vielmehr den Eindruck, als ginge er jedesmal, wenn er sich den Schweiß abtrocknet, nach Hause, um sich ein neues Moment zu holen.

Das Unbedingte ist das Einzige, das einen Menschen ganz nüchtern machen kann. Laß mich es dir unter einem Bilde darstellen, und laß es dich nicht stören, wenn die Rede nicht feierlich genug scheint; es ist mit Fleiß so gemacht, damit du einen wahrheitsgetreueren Eindruck des Dargestellten bekommst. Wenn du einen Torfbauern, einen Droschkenkutscher, einen Postkutscher, jemanden, der Pferde vermietet, fragtest: wozu braucht der Kutscher die Peitsche? so wirst du hören, sie werden alle antworten: natürlich, um das Pferd zum Laufen zu bringen. Frage den königlichen Kutscher, wozu braucht der Kutscher die Peitsche? und du wirst hören, er antwortet: „Hauptsächlich braucht man sie, um die Pferde zum Stehn zu bringen". Das ist der Unterschied zwischen gewöhnlichem und gutem Fahren. Nun weiter. Hast du gesehn, wie der königliche Kutscher es macht; oder wenn du es nicht geseh'n hast, dann will ich es dir beschreiben. Er sitzt hoch oben auf seinem Bock, und grade weil er so hoch sitzt, hat er die Pferde um so mehr in seiner Macht. Jedoch dabei genügt ihm das nicht. Er erhebt sich im Sitz, sammelt seine ganze Körperkraft im starken Arm, der die Peitsche hebt — dann knallt der Schlag, das war fürchterlich. Gewöhnlich genügt ein Schlag, doch manchmal macht das Pferd vielleicht einen verzweifelten Sprung — noch einen Schlag. Das genügt. Er setzt sich. Doch das Pferd? Erst zittert es am ganzen Leibe; das feurige, kraftvolle Geschöpf scheint wirklich nicht auf den Beinen stehn zu können; das ist das erste, es ist weniger der Schmerz, der es zittern läßt, als das, daß der Kutscher — es kann das auch nur der königliche Kutscher — seine ganze Kraft darin gesammelt hat, dem Schlag solchen Nachdruck zu geben, ganz in dem Schlage ist, so daß das

Die Welt ist Halbheit

Pferd nicht so sehr am Schmerz als an etwas anderem spürt, wer es schlägt. Dann nimmt das Zittern ab, jetzt ist's nur noch schwaches Beben, doch ist's, als bebe jeder Muskel, jede Faser. Nun ist's überstanden — nun steht das Pferd still, unbedingt still. Was geschah? Es bekam den Eindruck des Unbedingten; deshalb stand es unbedingt still.

*

Wenn das Menschengeschlecht oder viele Einzelne im Menschengeschlecht dem kindlichen, Standpunkt entwachsen sind, daß ein anderer Mensch für sie der Repräsentant des Unbedingten sei: gut, darum kann man doch das Unbedingte nicht entbehren; im Gegenteil, um so viel weniger kann man es entbehren, dann muß „der Einzelne" selbst im Verhältnis zum Unbedingten stehn.

*

Wer nie die Wahrscheinlichkeit fahren ließ, ließ sich nie mit Gott ein. Jedes religiöse, geschweige denn jeder christliche Wagen liegt jenseits der Wahrscheinlichkeits da wo man die Wahrscheinlichkeit fahren läßt.

*

Wenn die Menschen nicht lernen, das Klug-Handeln ebenso tief zu verachten wie das Stehlen und falsch Zeugnis abzulegen, dann schafft man zuletzt das Ewige und damit alles, was heilig und ehrenwert ist, ganz ab — denn klug Handeln ist eben: mit seinem ganzen Leben falsch Zeugnis gegen das Ewige ablegen, ist eben: sein Dasein von Gott stehlen. Das Klug-Handeln ist nämlich Halbheit, womit man unleugbar in der Welt am weitesten kommt, der Welt Güter und Vorteile gewinnt, weltliche Ehre, weil die Welt und ihre Vorteile im ewigen Sinne Halbheit sind.

*

Dem Unbedingten gegenüber ist nur das „Entweder-Oder" die wirkliche Umarmung; jedes „bis zu einem gewissen Grade" ist theatralisch, ist ein Griff ins Leere, eine Einbildung.

*

Staatsrat Heibergs „Herr Zierlich" hat bekanntlich ein so fein entwickeltes Anstandsgefühl, daß er es sogar unanständig findet, wenn Frauen- mit Männerkleidung zusammen in einem Schrank hängt.[1]

Das überlassen wir Herrn Zierlich. Was aber in unserer charakterlosen Zeit notwendig eingeübt werden muß, das ist die Trennung, die Unterscheidung zwischen dem Unendlichen und dem Endlichen, zwischen einem Streben nach dem Unendlichen und dem Endlichen, zwischen dem für etwas leben und dem von etwas leben, was unsre Zeit höchst unanständig — in einen Schrank gehängt hat, auf ein und dasselbe hat hinauslaufen lassen, was dagegen das Christentum mit der Leidenschaft der Ewigkeit, mit dem schrecklichsten „Entweder-Oder", durch eine gähnende Kluft auseinandergehalten hat.

*

Es gibt nur eine These: Das Christentum des Neuen Testaments ist gar nicht da.

*

[1] In Heibergs „Aprilnarren" hat Fräulein Trumfmeier sich in dem Schrank versteckt, wo Herrn Zierlichs Frack hängt.

Gehorche Gott mehr als den Menschen!

Jede Reformation, die nicht aufmerksam darauf achtet, daß das zu Reformierende im Grunde jeder Einzelne ist, ist eo ipso Sinnenbetrug.

*

Das Böse in unsrer Zeit ist nicht das Bestehende mit seinen vielen Fehlern; nein, das Böse in unsrer Zeit ist gerade die böse Lust, dies Liebäugeln mit dem Reformieren-Wollen.

*

In der Apostelgeschichte lesen wir die Worte: man muß Gott mehr gehorchen denn den Menschen. Es gibt also Fälle, wo das Bestehende derartig sein kann, daß ein Christ sich nicht darein finden soll, nicht sagen soll, das Christentum bedeute gerade diese Gleichgültigkeit dem Äußeren gegenüber.

Doch laß uns nun sehn, wie sich die Apostel — nicht benahmen — denn wie sich diese ehrwürdigen Erscheinungen benahmen, das weiß wohl jeder.

Die Apostel gingen nicht so im Gespräch miteinander und sagten: „Es ist doch unausstehlich, daß der Hohe Rat Strafe auf die Verkündigung des Wortes setzt, das ist Gewissenszwang. Doch was machen wir? Sollen wir nicht versuchen, eine kleine Gruppe zu bilden, und eine Eingabe an den Hohen Rat machen oder versuchen, zu einer Synode zu kommen; es wäre nicht unmöglich, daß wir durch Zusammenhalten mit Menschen, die sonst unsre Feinde sind, bei einer Abstimmung die Majorität bekämen und auf die Weise Gewissensfreiheit zur Verkündung des Wortes erhielten." Allmächtiger Gott! Ehrwürdige Erscheinungen, verzeiht, daß ich so sprechen mußte, es war notwendig.

Doch wie benahmen sie sich — denn viele haben es sicherlich doch vergessen. „Der Apostel" ist wesentlich ein einsamer Mann; unter Aposteln gibt es kein parteiliches Zusammenhalten, es ist nicht einmal denkbar; der eine sieht dem andern nicht ab, was er tun soll, jeder ist als Einzelner an Gott gefesselt. So berät sich der Apostel mit Gott und mit seinem Gewissen. Dann macht er sozusagen eine Tür auf, die Tür seiner einsamen Zelle, und geht mir nichts dir nichts, aber doch mit Gott auf die Straße — das Wort zu verkündigen. Nehmen wir an, daß ihm einer begegnet, der da sagt: Weißt du, daß der Hohe Rat Geißelung als Strafe auf die Verkündigung des Wortes gesetzt hat? Der Apostel antwortet: Hat der Hohe Rat das getan! ich werde also gegeißelt. Morgen setzt der Hohe Rat Todesstrafe darauf. Der Apostel antwortet: Hat der Hohe Rat das getan! ich werde also hingerichtet. Er läßt das Bestehende bestehen; kein Wort, keine Silbe, keinen Laut über die Veränderung des Äußeren, nicht der flüchtigste Gedanke, nicht ein Blinzeln des Auges, keine Bewegung einer Miene in der Richtung. „Nein", sagt der Apostel, „laß es nur unerschütterlich feststehn, dies Bestehende; denn das steht mit Gottes Hilfe auch unerschütterlich fest, heute werde ich gegeißelt, morgen hingerichtet, oder, was dasselbe ist: heute verkündige ich das Wort und morgen, Amen". O, Dank sei dir, Dank, daß du dich so benahmest; hättest du dich wie die modernen Christen benommen, so wäre das Christentum niemals in die Welt gekommen.

*

Denke dir, die Gänse könnten sprechen — und hätten es nun so eingerichtet, daß sie auch ihren Gottesdienst, ihre Gottanbetung hätten. Jeden Sonntag kämen sie zusammen, und ein Gänserich predigte.

Der wesentliche Inhalt der Predigt war der: welch hohe Bestimmung die der Gans sei, zu welchem hohen Ziel der Schöpfer — und jedesmal bei Nennung dieses Wortes verneigten sich alle Gänse und Gänseriche — die Gans bestimmt habe; mit Hilfe der Flügel könne sie zu fernen Gegenden, seligen Gegenden, wo ihre eigentliche Heimat wäre, fortfliegen; denn hier sei sie nur als Ausländer.

So war es jeden Sonntag. Und danach trennte sich die Versammlung, und jeder watschelte nach Hause, und dann den nächsten Sonntag wieder zum Gottesdienst und wieder nach Hause — dabei blieb es, sie gediehen und wurden fett und drall und delikat — und dann wurden sie am Martinstag gegessen — dabei blieb es.

Dabei blieb es. Denn während die Rede am Sonntag so hochgestimmt war, wußten die Gänse sich am Montag zu erzählen, wie es einer Gans ergangen war, die Ernst damit machen wollte, die Flügel zu benutzen, die der Schöpfer ihr gegeben hatte, für das hohe Ziel bestimmt, das ihr gesetzt war; wie es ihr erging, welche Schrecken sie leiden mußte. So klug waren die Gänse, daß sie das unter sich wußten. Aber selbstverständlich: Sonntags darüber zu sprechen, das wäre ja unpassend, denn, sagten sie, dann wäre es ja deutlich, daß unser Gottesdienst eigentlich bedeutet, Gott und uns selber zum Narren zu halten.

Dann fanden sich unter den Gänsen auch einige, die leidend aussahen, mager wurden. Von denen ging unter den Gänsen das Gerede: da sieht man, wozu es führt, Ernst mit dem Fliegen zu machen. Denn weil sie in ihrem stillen Sinn mit dem Gedanken umgingen, fliegen zu wollen, wurden sie mager, konnten nicht gedeihen, hatten die Gnade Gottes nicht, wie wir sie haben, wir, die wir daher drall, fett und delikat werden; denn durch Gottes Gnade wird man drall, fett und delikat.

Und den nächsten Sonntag kamen sie wieder zum Gottesdienst, und der alte Gänserich predigte von dem hohen Ziel, wozu der Schöpfer (hier knicksten wieder die Gänse und die Gänseriche verbeugten sich) die Gans bestimmt habe, wozu die Flügel bestimmt seien.

Ebenso mit dem Gottesdienst der Christenheit. Auch der Mensch hat Flügel, er hat die Phantasie . .

*

In dem prachtvollen Dom erscheint der hochwohlgeborene, hochehrwürdige Geheime General-Oberhofprediger, der erwählte Liebling der vornehmen Welt; er erscheint vor einem erwählten Kreise von Auserwählten und predigt gerührt über den von ihm selbst auserwählten Text: „Gott hat das in der Welt Geringe und Verachtete auserwählt" — und niemand lacht.

*

„Hatte der Apostel Paulus eine amtliche Stellung?" Nein, Paulus hatte keine amtliche Stellung. „Verdiente er denn auf andre Weise viel Geld?" Nein, er verdiente auf keine Weise Geld. „War er denn wenigstens verheiratet?" Nein, Paulus war nicht verheiratet. „Dann ist Paulus ja aber kein ernsthafter Mann." Nein, Paulus ist kein ernsthafter Mann.

*

Von einem schwedischen Pfarrer erzählt man, daß er, erschüttert über den Eindruck, den seine Rede auf die Zuhörer hinterließ, die in Tränen flossen, — man erzählt, daß er beruhigend sagte: weinet nicht, Kinder, es könnte alles Lüge sein.

Warum sagt der Pfarrer das jetzt nicht mehr? Es ist nicht mehr nötig; wir wissen es, — wir sind ja alle Priester.

Doch wir können wohl weinen; seine wie unsre Tränen seien durchaus nicht geheuchelt, sondern ernst gemeint, wahr — wie im Theater.

*

Wenn ein Mann Zahnschmerzen hat, sagt die Welt „armer Mann"; wenn einem Mann die Frau untreu wird, sagt die Welt „armer Mann"; wenn ein Mann in Geldverlegenheit ist, sagt die Welt „armer Mann". — Wenn es Gott gefällt, in der Gestalt eines geringen Knechts in dieser Welt leiden zu wollen, sagt die Welt „armer Mensch"; wenn ein Apostel aus göttlichem Beruf die Ehre hat, für die Wahrheit zu leiden, sagt die Welt „armer Mensch": — arme Welt!

*

Laß mich meine Meinung durch ein Bild anschaulich machen. Denke dir eine Schule und darin, so können wir uns ja denken, eine Klasse mit hundert gleichaltrigen Schülern, die dasselbe lernen sollen und nach demselben Maßstab beurteilt werden sollen. Nummer 70 oder darüber sein heißt weit unten in der Klasse sitzen. Wie, wenn nun die dreißig Schüler von Nummer 70 an darauf kämen, ob es ihnen nicht erlaubt werden könne, eine Klasse für sich zu bilden!? Geschähe das, dann würde also Nummer 70 Nummer 1 in der Klasse. Das hieße aufrücken — ja vielleicht; doch nach meinen Begriffen wäre es ein Hinunterrücken, ein Hinuntersinken in erbärmliche, lügenhafte Selbstzufriedenheit . .

Denken wir uns eine christliche Stadt. Der Jünger, der Nachfolger, ist der christliche Maßstab. Nun gut, es findet sich aber dort niemand, der dem Maßstab genügen kann. Dagegen findet sich z. B. Pastor Jensen. Er ist ein begabter, ein kluger Mann, und viel Gutes läßt sich von ihm sagen. Laßt uns ihn zu Nummer 1 machen und uns danach einrichten, das hat einen Sinn, da kann man es doch zu etwas bringen in der Welt. „Ja, aber am Ideal gemessen ist Herr Jensen, wenn wir an unser Bild denken, nur Nummer 70 in der Klasse." Ach, geht mir mit den Idealen; wenn man die mit dabei haben soll, wird ja den Menschen die Lust am Leben genommen. Und was denkt Herr Jensen? Er denkt — ach, daran sieht man, daß er nicht einmal Nummer 70 ist — er denkt, daß er einen passenden Maßstab und ein Muster abgeben könne, es sei Phantasterei mit diesen übertriebenen Forderungen. Und so spielt man Christentum in dieser Stadt: Pastor Jensen, ein Gesellschaftsmann, für dieses Gesellschaftsspiel wie geschaffen, wird im Spiel der wahre Christ, Apostel sogar, wird in den Zeitungen als Apostel besungen, wird als Apostel (vortrefflich!) mit allen Behaglichkeiten des Lebens überschüttet, die er auch — als Apostel — zu schätzen weiß.

*

Erst das Reich Gottes
(Eine Art Novelle)

Cand. theol. Ludwig Fromm — sucht. Und wenn man hört, daß ein „theologischer" Kandidat sucht, bedarf es keiner großen Phantasie, um zu wissen, was er sucht: natürlich das Reich Gottes, das man ja zuerst suchen soll.

Nein, das ist es nicht; was er sucht, ist: eine königliche Anstellung als Pfarrer mit gutem Einkommen; auch ist, was ich in kurzen Zügen angeben will, erst mancherlei geschehen, bis er so weit war.

Zuerst ist er ins Gymnasium gegangen, von dem er sodann mit der Abiturientenprüfung entlassen wurde. Danach hat er erst zwei Examina gemacht, und nach vierjährigem Studium erst das Amtsexamen gemacht.

Jetzt ist er also theologischer Kandidat, und man möchte nun vielleicht meinen, daß er, nachdem er erst das alles zurückgelegt, endlich imstande ist, für das Christentum zu wirken. Ja, das glaubst du. Nein, erst muß er ein halbes Jahr ins Predigerseminar gehn; und wenn er damit fertig ist, kann in den ersten acht Jahren nicht davon die Rede sein, daß er sucht, die müssen also erst zurückgelegt werden.

Und jetzt stehn wir am Anfang der Novelle. Die acht Jahre sind verflossen, er sucht.

Sein Leben, von dem man nicht sagen kann, daß es bisher in irgendeiner Beziehung zum Unbedingten gestanden hat, nimmt plötzlich eine solche Beziehung an: er sucht unbedingt alles, schreibt einen Bogen Stempelpapier nach dem andern voll, läuft von Herodes zu Pilatus, empfiehlt sich sowohl dem Minister wie dem Portier, kurz, er ist ganz im Dienste des Unbedingten. Ja, einer seiner Bekannten, der ihn in den letzten paar Jahren nicht gesehn hat, glaubt mit Staunen feststellen zu können, daß er abgenommen hat, was sich vielleicht daraus erklären läßt, daß es ihm wie Münchhausens

Hund ging, der ein Windhund war, durch das viele Laufen sich aber in einen Dachshund verwandelte.

So vergehn drei Jahre. Unser theologischer Kandidat bedarf wirklich der Ruhe, um nach einer so ungeheuer anstrengenden Wirksamkeit außer Wirksamkeit gesetzt zu werden oder in einem Amt Ruhe zu finden und von seiner künftigen Gattin — denn er hat sich inzwischen erst verlobt — gepflegt zu werden.

Endlich — wie Pernille zu Magdelone sagt [1] — schlägt die Stunde seiner „Erlösung", so daß er mit der ganzen Macht der Überzeugung aus eigner Erfahrung vor der Gemeinde „Zeugnis" ablegen kann, daß im Christentum Heil und Erlösung ist: er bekommt ein Amt.

Was geschieht? Bei einer genaueren Untersuchung der Einnahmen des Amtes entdeckt er, daß sie rund 150 Taler weniger sind als er geglaubt hatte. Da hört doch alles auf. Der unglückliche Mensch verzweifelt beinah. Er hat schon Stempelpapier gekauft, um dem Minister ein Gesuch einzureichen, seine Berufung rückgängig zu machen — und wieder von vorn anzufangen: doch bewegt ihn ein Bekannter dazu, diese Absicht aufzugeben. Es bleibt also dabei, er behält das Amt.

Er ist ordiniert — und der Sonntag kommt, wo er der Gemeinde vorgestellt werden soll. Der Superintendent, durch den es geschieht, ist ein außergewöhnlicher Mann, er hat nicht bloß was die meisten Geistlichen haben, je höher im Rang, um so mehr) einen unbefangenen Blick für den irdischen Profit, sondern zugleich einen spekulativen Blick für die Weltgeschichte, was er nicht für sich selbst behält, sondern der Gemeinde zugute kom-

---

[1] In einem Schauspiel „den Stundeslöse" (dem „geschäftigen Nichtstuer") von Holberg.

men läßt. Er hat — wie genial! — zum Text die Worte des Apostels Petrus gewählt: „Siehe, wir haben alles verlassen und sind dir nachgefolget", und nun erklärt er der Gemeinde, daß gerade Zeiten wie die unsren solcher Männer als Lehrer bedürfen, und in dieser Verbindung empfiehlt er den jungen Mann, von dem der Superintendent weiß, wie nahe er daran war, der 150 Taler wegen zurückzutreten.

Der junge Mann besteigt nun selbst die Kanzel — und das Evangelium des Tages ist (wie sonderbar): Trachtet zuerst nach dem Reich Gottes.

Er hält seine Predigt. „Eine sehr gute Predigt", sagt der Generalsuperintendent, der mit anwesend war, „eine sehr gute Predigt, und welche Wirkung machte doch der ganze Passus von dem: ,zuerst das Reich Gottes', die Art und Weise, wie dieses Zuerst hervorgehoben wurde". „Hochwürden meinen doch, daß die wünschenswerte Übereinstimmung zwischen Wort und Leben bestehe; auf mich machte es fast einen satirischen Eindruck, dieses Zuerst." „Wie ungereimt; er ist ja zur Verkündigung der Lehre berufen, der gesunden, unverfälschten Lehre, daß man zuerst nach dem Reiche Gottes trachten soll, und das tat er sehr gut."

PERSÖNLICHES

Als Swift ein alter Mann geworden war, wurde er in das Irrenhaus aufgenommen, das er selbst in seiner Jugend gegründet hatte. Hier stand er, so erzählt man, oft vor einem Spiegel mit der Ausdauer eines eitlen und wollüstigen Weibes, wenn auch nicht gerade mit ihren Gedanken. Er betrachtete sich selbst und sagte: armer alter Mann!

Es war einmal ein Vater und ein Sohn. Ein Sohn ist wie ein Spiegel, in dem der Vater sich selbst sieht, und für den Sohn wiederum ist der Vater wie ein Spiegel, in dem er sich selbst in Zukunft sieht. Jedoch betrachteten sie sich selten so; denn die Heiterkeit eines munteren lebhaften Gesprächs war ihr täglicher Umgang. Nur wenige Male geschah es, daß der Vater vor dem Sohne stillstand, ihn mit seinem betrübten Gesicht ansah und sagte: armes Kind, du gehst in einer stillen Verzweiflung. Weiter wurde nie darüber gesprochen, wie man dies verstehen sollte, so wahr es auch war. Und der Vater glaubte, daß er an des Sohnes Schwermut schuld sei, und der Sohn glaubte, daß er es wäre, der dem Vater Sorge mache — doch wurde nie ein Wort darüber gewechselt.

Dann starb der Vater. Und der Sohn sah viel, hörte viel, erlebte viel, und wurde in mancherlei Anfechtungen versucht, aber nur nach einem sehnte er sich, nur eins bewegte ihn, das war das Wort und die Stimme, mit der der Vater es sagte.

*

Salomos Urteil ist bekannt genug, er wußte die Wahrheit vom Betrug zu scheiden und den Richter als weisen

Fürsten berühmt zu machen; sein Traum ist weniger bekannt.

Gibt es eine Qual der Sympathie, dann ist es die, sich seines Vaters schämen zu müssen, des Menschen, den man am meisten liebt und dem man am meisten verdankt, sich ihm rückwärts nähern zu müssen mit abgewandtem Antlitz, um seine Schande nicht sehn zu müssen. Aber welche größere Sympathie der Seligkeit gibt es als die, lieben zu dürfen, wie es der Wunsch des Sohnes ist, und daß das Glück hinzutritt, stolz auf ihn sein zu dürfen, weil er der eine Auserwählte ist, der eine Ausgezeichnete, die Stärke eines Volkes, der Stolz eines Landes, Gottes Freund, die Verheißung der Zukunft, im Leben gepriesen, löblich durch sein Andenken! Glücklicher Salomo, dies war dein Los! Im auserwählten Volk (schon herrlich, ihm anzugehören!) war er der Sohn des Königs (beneidenswertes Los), der Sohn des Königs, der unter Königen der Auserwählte war!

So lebte Salomo glücklich bei dem Propheten Nathan. Die Kraft des Vaters und die großen Taten des Vaters begeisterten ihn nicht zur Tat, denn dazu wurde ihm keine Gelegenheit gelassen, doch begeisterten sie ihn zur Bewunderung, und die Bewunderung machte ihn zum Dichter. Wenn jedoch der Dichter fast neidisch war auf seinen Helden, so war der Sohn selig in seiner Hingebung für den Vater.

Da besuchte einmal der Jüngling seinen königlichen Vater. In der Nacht erwachte er durch ein Geräusch da, wo der Vater schlief. Schrecken ergreift ihn, er fürchtet, daß es ein Schurke ist, der David ermorden will. Er schleicht heran, — da sieht er David in der Zerknirschung des Herzens, hört den Schrei der Verzweiflung aus der Seele des Bereuenden.

Die stille Verzweiflung

Ohnmächtig sucht er sein Lager wieder auf, schlummert ein, doch er ruht nicht, er träumt; er träumt, daß David ein Gottloser ist, von Gott verworfen, daß die königliche Majestät Gottes Zorn über ihn ist, daß er den Purpur zur Strafe tragen muß, daß er verurteilt ist zu herrschen, verurteilt, die Segnungen des Volkes zu hören, während die Gerechtigkeit des Herrn heimlich und verborgen über den Schuldigen Gericht hält; und der Traum ahnt, daß Gott nicht der Gott der Frommen ist, sondern der der Gottlosen, und daß man ein Gottloser sein muß, um der Auserwählte Gottes zu werden, und dieser Widerspruch ist der Schrecken des Traumes.

So wie David am Boden lag mit zerknirschtem Herzen, so stand Salomo auf von seinem Lager, doch sein Verstand war zerknirscht. Schrecken ergriff ihn, wenn er daran dachte, was das heißt, Gottes Auserwählter zu sein. Er ahnte, daß die Vertrautheit des Heiligen mit Gott, die Aufrichtigkeit des Reinen vor dem Herrn nicht die Erklärung war, sondern daß heimliche Schuld das Geheimnis war, das alles erklärte.

Und Salomo wurde weise, aber er wurde kein Held; und er wurde ein Denker, aber er wurde kein Beter; und er wurde ein Prediger, aber er wurde kein Gläubiger; und er konnte vielen helfen, aber er konnte sich selber nicht helfen: und er wurde wollüstig, aber nicht reuevoll; und er wurde zerknitscht, aber nicht aufgerichtet, denn die Kraft des Willens hatte sich überhoben an dem, was über die Kräfte des Jünglings ging. Und er taumelte durch's Leben, vom Leben umtaumelt; stark, übernatürlich stark, das heißt: in den kühnen Betörungen und wunderbaren Erfindungen der Einbildung reich an weiblicher Schwäche, sinnreich in den Erklärungen des Gedankens. Es war jedoch Zwiespalt in sein Wesen gekommen, und Salomo war wie der Geschwächte, der seinen eignen Körper nicht tragen kann. Wie ein entkräfteter Greis saß er in seinem Harem, bis die Lust erwachte und er rief: „Schlagt die Tamburine, tanzt vor mir, Weiber". Doch als die Königin des Ostens kam, um von seiner Weisheit angezogen ihn zu besuchen, da war seine Seele reich, und die weisen Antworten flossen von seinen Lippen wie die köstliche Myrrhe, die von Arabiens Bäumen fließt.

*

Da geschah es, daß das große Erdbeben eintrat, die fürchterliche Umwälzung, die mir plötzlich ein neues unfehlbares Auslegungsgesetz von sämtlichen Phänomenen aufzwang. Da ahnte ich, daß meines Vaters hohes Alter nicht ein göttlicher Segen, sondern eher ein Fluch war, daß die hervorragenden geistigen Gaben unserer Familie nur da waren, um einander gegenseitig aufzureiben; da fühlte ich die Stille des Todes um mich herum zunehmen, als ich in meinem Vater einen Unglücklichen sah, der uns alle überleben sollte, ein Grabkreuz auf dem Grabe aller seiner eignen Hoffnungen. Eine Schuld mußte auf der ganzen Familie liegen, eine Strafe Gottes mußte über ihr sein; sie sollte verschwinden, gestrichen von Gottes gewaltiger Hand, ausgelöscht als ein mißglückter Versuch, und nur zuweilen fand ich ein wenig Linderung in dem Gedanken, daß mein Vater die schwere Pflicht bekommen hatte, uns mit dem Trost der Religion zu beruhigen, uns alle vorzubereiten, so daß uns eine bessere Welt offenstünde, wenn wir auch alles in dieser verlören, wenn die Strafe uns treffen sollte, die die Juden allzeit ihren Feinden wünschten: daß unser Gedächtnis ganz und gar ausgelöscht sein, daß man uns nicht mehr finden sollte.

*

Ich lernte von ihm, was Vaterliebe ist, und dadurch bekam ich einen Begriff von der göttlichen Vaterliebe, dem einzigen Unerschütterlichen im Leben, dem wahren archimedischen Punkt.

*

Jeder Mensch hofft doch etwas, wenn er in die Welt hinausgeht — und will „über dem wenigen treu sein". Wer aber in die Welt hinausging und nichts besaß, nur eine teure Erinnerung, nichts erwartete, sondern dem Andenken treu war, er war ja doch auch treu über dem wenigen, und er wird über mehr gesetzt werden; denn eine solche Erinnerung wird ihm zum Ewigen werden.

*

Es gibt eine unbeschreibliche Freude, die uns ebenso unerklärlich durchglüht, wie der Ausbruch des Apostels unmotiviert hervortritt: „Freuet euch, und abermals sage ich: freuet euch" — nicht eine Freude über das oder jenes, sondern der Seele voller Ausruf „mit Zung' und Mund und von Herzensgrund": „Ich freue mich an meiner Freude von, in, mit, bei, auf, an und mit meiner Freude, ein himmlischer Kehrreim, der gleichsam plötzlich unser übriges Singen abschneidet; eine Freude, die einem Windhauch gleich kühlt und erfrischt, ein Stoß des Passats, der vom Haine Mamre weht zu den ewigen Wohnungen.

(19. Mai 1838, vormittags 10 $^1/_2$ Uhr)

*

Hier am Fuße des Altars sucht eine stufenweise fortschreitende Schriftsteller-Wirksamkeit, die mit „Entweder-Oder" begann, einen Ruhepunkt von entscheidender Bedeutung, am Fuße des Altars, wo der Schriftsteller, persönlich am besten von seiner eignen Unvollkommenheit und Schuld überzeugt, sich keineswegs einen Wahrheitszeugen nennt, sondern nur einen Dichter und Denker eigner Art, der „ohne Autorität" ist und nichts Neues gebracht hat, aber „die Urschrift der individuellen humanen Existenzverhältnisse, das Alte, Bekannte und von den Vätern Überlieferte, noch einmal lesen wollte, womöglich auf eine mehr innerliche Weise".

Hier vor dem Altar habe ich nichts weiter hinzuzufügen. Doch laß mich nur das aussprechen, was mir in gewissem Sinne das Leben ist, der Inhalt meines Lebens, dessen Fülle, dessen Glück, dessen Friede und Zufriedenheit; — laß mich die Lebensanschauung aussprechen, die den Gedanken der Menschlichkeit und der Gleichheit der Menschen enthält: christlich verstanden ist jeder Mensch (der Einzelne), unbedingt jeder Mensch, nochmals: unbedingt jeder Mensch Gott gleich nahe. Und inwiefern nahe und gleich nahe? — Von ihm geliebt. Also die Gleichheit, die unendliche Gleichheit zwischen Menschen ist da. Ist irgendein Unterschied da, ach dieser Unterschied, wenn er da ist, der ist wie die Friedfertigkeit selbst, ungestört stört sie die Gleichheit nicht im geringsten; der Unterschied ist der: einer denkt daran, daß er geliebt wird, denkt daran tagaus, tagein, vielleicht siebzig Jahre lang tagaus, tagein, vielleicht nur mit einer Sehnsucht, der nach der Ewigkeit, um mit dieser Arbeit recht anfangen und fortfahren zu können, er geht in dieser seligen Beschäftigung auf, daran zu denken, daß er — ach, und nicht um seiner Tugend willen —

geliebt wird; ein anderer denkt vielleicht nicht daran,
daß er geliebt wird, vielleicht geht ein Jahr nach dem
andern hin, ein Tag nach dem andern, und er denkt
nicht daran, daß er geliebt wird, oder vielleicht ist er
froh darüber und dankbar dafür, von seiner Gattin,
seinen Kindern, seinen Freunden, von der Mitwelt geliebt zu werden, aber daran denkt er nicht, daß Gott ihn
liebt, oder er seufzt vielleicht darüber, von niemandem
geliebt zu sein, und denkt nicht daran, daß er von Gott
geliebt wird. „Aber", so würde wohl der erste sagen,
„ich bin unschuldig, ich kann ja nichts dafür, wenn ein
anderer die Liebe, die ebenso reichlich für ihn wie für
mich verschwendet wird, übersieht und verschmäht".
O unendliche, göttliche Liebe, die keinen Unterschied
macht! Ach — menschliche Undankbarkeit! — vielleicht wäre das die Gleichheit zwischen uns Menschen,
daß wir uns ganz gleich darin sind, daß niemand von
uns recht daran denkt, daß er geliebt wird!

Und indem ich mich von dem Altar abkehre und mich
der andern Seite zuwende, möchte ich wünschen, möchte
ich mir erlauben (indem ich für die Teilnahme danke
und für das Wohlwollen, das mir erwiesen sein mag),
meine Schriften dem Volke gleichsam zu überreichen
und zu empfehlen, dem Volke, dessen Sprache mit kind-
licher Hingabe und beinah mit der Verliebtheit einer
Frau zu schreiben mein Stolz und meine Ehre war, indem ich darauf vertraue, daß, was ich geschrieben habe,
ihm keine Schande machen soll.

*

Ich will aushalten und mich an den Ausblick ins Weite
halten. Wenn ich durch eine Inkonsequenz und durch
Nachgeben gewönne, laß uns annehmen, den Beifall

aller Menschen gewönne, so daß sie alle auf meine Seite übergingen: ach, grade dann habe ich meine Idee verfehlt, alles ist verspielt. Wenn ich dagegen unbedingt allein gestanden habe, mit fortwährender Aufopferung alle von mir gestoßen habe und dann sterbe, dann ist alles in Ordnung. Je mehr die Bogensehne gespannt wird, um so größeren Schwung bekommt der Pfeil, und aus je größerer Entfernung der Schwung, um so besser. Deshalb soll mein ganzes Leben einzig und allein dazu dienen, der Idee Schwung in die Zukunft zu geben. Ich darf mich nicht zerstückeln und einige Jahre dazu verwenden, der Idee Schwung zu geben, und dann andere Jahre mit ihrer Verwirklichung gleichzeitig werden. Die Kategorie „der Einzelheit" ist viel zu entscheidend, als daß hier gepfuscht werden dürfte. Wenn ich dann tot bin, dann können ja die Anhänger kommen, aber der Eindruck von mir ist unverändert. Die Kategorie „der Einzelheit" ist die Kategorie der Ewigkeit, und darum die in der Zeitlichkeit am meisten anstrengende und am meisten aufopfernde. Es hat weites Feld, bevor sie einige Macht in der Zeitlichkeit bekommt, wo die Michelei floriert.

*

Wenn eine Frau an einer Decke zu heiligem Brauche arbeitet, wirkt sie jede Blume möglichst schön wie die liebreizende auf dem Felde, jeden einzelnen Stern möglichst funkelnd wie die Sterne der Nacht, dann spart sie nichts, sondern bringt das Köstlichste an, was sie besitzt; dann gibt sie jeden andern Anspruch an's Leben weg, um die ununterbrochene günstige Zeit tags und nachts für ihre einzige, ihre geliebte Arbeit dafür zu erhalten. Aber wenn dann die Decke fertig ist und den

Bekenntnis zur „Einzelheit"

Platz ihrer heiligen Bestimmung gefunden hat: dann betrübte es sie tief, wenn man fälschlich auf ihre Kunst sähe, statt auf die Bedeutung der Decke, oder fälschlich einen Fehler sähe, statt der Bedeutung der Decke. Denn die heilige Bestimmung konnte sie nicht in das Tuch hineinwirken, auch nicht als besonderen Schmuck hineinnähn. Denn diese Bestimmung liegt im Betrachter und seinem Verständnis, wenn er in der unendlichen Ferne, getrennt davon, über sich selbst und über seinem eignen Selbst die Näherin und das Ihre schon unendlich lange vergessen hat. Es wäre zulässig, schicklich, wäre Pflicht, eine liebe Pflicht, es wäre die höchste Freude der Näherin, alles zu tun, um das Ihre zu tun; es wäre aber ein Vergehen gegen Gott, ein verletzendes Mißverständnis der armen Näherin gegenüber, wenn jemand das falsch ansähe, was nur dazu dasein kann, übersehn zu werden; was nur dazu dasein kann, nicht die Aufmerksamkeit auf sich zu ziehn, sondern im Gegenteil: nicht störend dadurch die Aufmerksamkeit auf sich zu ziehn, daß es nicht da ist.

Nachweise

Die Werke (Samlede Värker, redigiert von A.B. Drachmann, J. L. Heiberg und H. O. Lange, 1901—1906) werden mit römischer Bandziffer und Seitenzahl, die neue Ausgabe der Papiere mit römischer Bandziffer, großen lateinischen Abteilungsbuchstaben (A, B, C) und arabischer Nummer zitiert; die ältere Ausgabe der Papiere mit E. P. vor der römischen Bandziffer und der Seitenzahl. Nach der Seitenzahl ist der Titel der Schrift angegeben.

S. 3: Über meine Wirksamkeit als Schriftsteller (XIII 499); Die Reinheit des Herzens (VIII 193) — S. 4: Der Gesichtspunkt für meine Wirksamkeit als Schriftsteller (XIII 592 ff.) — S. 6: Einübung im Christentum (XII 84) — S. 7: Nachgelassene Papiere (IX B 10 ff., E. P. III 484 f.) — S. 10: Tagebücher (E. P. VIII 47) Ebd. (E. P. VIII 83) — S. 11: Der Augenblick (XIV 153); Tagebücher (IX A 282); Der Begriff der Angst (IV 306); Furcht und Zittern (III 112) — S. 13: Achtzehn erbauliche Reden (unübersetzt) (IV 151) — S. 14: Der Gesichtspunkt für meine Wirksamkeit als Schriftsteller (XIII 529 ff.); Ebd. (XIII 529 ff.) — S. 17: Entweder — Oder I (I 3); Ebd. II (II 189) — S. 18: Ebd. I (I 41); — S. 19: Die Reinheit des Herzens (VIII 130 f.) — S. 21: Leben und Walten der Liebe (IX 65); Stadien auf dem Lebenswege (VI 23); Entweder — Oder II (II 167 ff.) — S. 26: Ebd. I (I 9); Ebd. I (I 17) — S. 27. Ebd. I (I 4); Ebd. I (I 13); Ebd. I (I 26) — S. 28: Ebd. I (I 27); Ebd. I (I 26) — S. 29: Ebd. I (I 16); Ebd. I (I 189); Ebd. I (I 64); Ebd. I (I 260) — S. 30: Ebd. I (I 261); Ebd. I (I 268) — S. 31: Der Begriff der Angst (IV 337) — S. 32: Ebd. (IV 335) — S. 32: Entweder — Oder I (I 395 f.) — S. 34: Ebd. I (I 303); Ebd. I (I 71) — S. 35: Ebd. I (I 386); Ebd. I (I 383) — S. 37: Stadien auf dem Lebenswege (VI 58) — S. 38: Ebd. (VI 59); Entweder — Oder II (II 17); Ebd. I (I 283) — S. 40: Leben und Walten der Liebe (IX 294 f.) — S. 41: Die Wiederholung (III 188) — S. 43: Entweder — Oder II (II 294) — S. 45: Stadien auf dem Lebenswege (VI 112) — S. 47: Entweder — Oder II (II 122); Ebd. II (II 9) — S. 48: Ebd. II (II 106); Ebd. II (II 125); Ebd. II (II 30); — S. 49: Ebd. II (II 68) — S. 50: Ebd. II (II 83); Ebd. II (II 290 f.) — S. 52: Ebd. II (II 79); Furcht und Zittern (III 113); Entweder — Oder II (II 240) — S. 53: Ebd. II

(II 96); Ebd. II (II 230); Ebd. II (II 18) — S. 54: Die Reinheit des Herzens (VIII 201 f.) — S. 55: Die Wiederholung (III 231 f.) — S. 58: Furcht und Zittern (95) III; — S. 59: Ebd. (III 98) — S. 60: Ebd. (III 162) — S. 61: Ebd. (III 147); Achtzehn erbauliche Reden (Zeitschrift für systematische Theologie 1923) (V 90) — S. 73: Tagebücher (IX A 169); Einübung im Christentum (XII 75); Die Krankheit zum Tode (XI 139); Ebd. (XI 133) — S. 74: Ebd. (XI 132); Ebd. (XI 140); Ebd. (XI 140) — S. 76: Ebd. (XI 193 f.) — S. 77: Der Begriff der Angst (IV 331); Ebd. (IV 314) — S. 78: Ebd. (IV 323); Ebd. (IV 393); Die Krankheit zum Tode (XI 51); Ebd. (XI 154) — S. 79: Einübung im Christentum (XII 110); Die Krankheit zum Tode (XI 209) — S. 80: Tagebücher (II A 454); Ebd. (V A 68); Ebd. (V A 90); Ebd. (IV A 164) — S. 81: Ebd. (VIII A 11); Leben und Walten der Liebe (IX 273) — S. 83: Ebd (IX 232); Nachgelassene Papiere (VIII ^{2} B 89 S. 187 f.) — S. 84: Tagebücher (E. P. IX 20); Ebd. (VIII A 92) — S. 85: Ebd. (IX A 117); Stadien auf dem Lebenswege (VI 410); Tagebücher (VII A 33) — S. 86: Ebd. (IV A 6); Der Augenblick (XIV 186); Leben und Walten der Liebe (IX 259) — S. 87: Der Begriff der Angst (IV 407) — S. 88: Ebd. (IV 321); Entweder — Oder II (II 318); Leben und Walten der Liebe (IX 263); Eine literarische Besprechung (unübersetzt) (VIII 95); — S. 89: Tagebücher (III A 145); Ebd. (X ^{2} A 207); Der Augenblick (XIV 192).

S. 93: Nachgelassene Papiere (I A 75); Tagebücher (VIII A 158); Leben und Walten der Liebe (IX 134); Entweder — Oder II (II 160) — S. 94: Ebd. II (II 153); Ebd. II (II 218); Ebd. I (I 123) — S. 95: Tagebücher (E. P. IX 167); Leben und Walten der Liebe (IX 357) — S. 96: Ebd. (IX 89) — S. 97: Einübung im Christentum (XII 141) — S. 97: Tagebücher (E. P. IX 177); Achtzehn erbauliche Reden (unübersetzt) (III 302 f.) — S. 100: Der Begriff der Angst (IV 423) — S. 101: Tagebücher (IX A 115) — S. 102: Die Lilie auf dem Felde und der Vogel unter dem Himmel (unüber setzt) (XI 15); Einübung im Christentum (XII 237) — S. 105: Achtzehn erbauliche Reden (unübersetzt) (V 149, 166) — S. 107: (XI 19 f.) — S. 109: Die Lilie auf dem Felde und der Vogel unter dem Himmel (unübersetzt) (XI 27) — S. 110: Ebd. (XI 38 ff.) — S. 122: Vorworte (V 36) — S. 123: Die Reinheit des Herzens (VIII 216 f.) — S. 125: Furcht und Zittern (III 127 f.) — S. 126: Ebd. (III 123); Die Reinheit des Herzens (VIII 221 f.) — S. 128: Der Augenblick (XIV 189); Furcht und Zittern

(III 123); Der Augenblick (XIV 195 f.) — S. 129: Furcht und Zittern (III 135 f.); Entweder — Oder I (I, V) — S. 130: Die Reinheit des Herzens (VIII 155) — S. 131: Ebd. (VIII 157) — S. 134: Ebd. (VIII 185 f.) — S. 135: Ebd. (VIII 192) — S. 137: Ebd. (VIII 214 f.) — S. 138: Die Wiederholung (III 182 ; Furcht und Zittern (III 146); Entweder — Oder II (II 213); Zwei erbauliche Reden (IV 94); Der Begriff der Angst (IV 377) — S. 139: Stadien auf dem Lebenswege III (VI 296); Entweder — Oder II (II 195); Die Reinheit des Herzens (VIII 129) — S. 140: Ebd. (VIII 127 f.) — S. 141: Philosophische Brocken (IV 194 f.) — S. 143: Vier erbauliche Reden: Der Pfahl im Fleisch (V 121) —S. 144: Entweder — Oder II (II 213); (VII A 182); (V A 59); Einübung im Christentum (XII 13 f.) — S. 146: (E. P. IX 410) Taten der Liebe (IX 359); Ebd. (IX 241); Die Reinheit des Herzens (VIII 119) — S. 148: (X^1 A 59) — S. 149: (X^2 A 207).

S. 153: Der Begriff der Angst (IV 374) — S. 154: Philosophische Brocken (IV 202) — S. 155: Zur Selbstprüfung (XII 368) — S. 157: Die Wiederholung (III 174 f.) — S. 158: Taten der Liebe (IX 239); Ebd. (IX 239) — S. 159: Furcht und Zittern (III 71); Taten der Liebe (IX 242 f.) — S. 160: Furcht und Zittern (III 89 f.) — S. 164: Taten der Liebe (IX 9 f.) — S. 165: Ebd. (IX 12 f.) — S. 167: Ebd. (IX 125); Ebd. (IX 172) — S. 168: Ebd. (IX 275 f.) — S. 169: Ebd. (IX 151) — S. 170: Zwei ethisch-religiöse kleine Abhandlungen (XI 90); Taten der Liebe (IX 71 ff.) — S. 175: Ebd. (IX 131) — S. 176: Ebd. (IX 253 f.) — S. 178: Ebd. (IX 311); — S. 179: Erbauliche Reden in verschiedenem Geiste II: Was wir von den Lilien des Feldes und den Vögeln unter dem Himmel lernen [1]. (VIII, 256 ff.) — S. 182: Taten der Liebe (IX 307 f.) — S. 183: Richtet selbst (XII 474) — S. 185: Taten der Liebe (IX 105); Zur Selbstprüfung (XII 333ff.) — S. 191: (VIII A 128) — S. 192: (III A 232); (III A 181); Christliche Reden II: Stimmungen im Streite der Leiden (X 116); Taten der Liebe (IX 66) — S. 193: Furcht und Zittern (III 165); Erbauliche Reden in verschiedenem Geiste III: Das Evangelium der Leiden (VIII 353) — S. 198: Ebd. (VIII 325 f.) — S. 200: Taten der Liebe (IX 339).

S. 203: (X^3 A 736); (IV A 72); Abschließende unwissenschaftliche Nachschrift zu den philosophischen Brocken (VII 63); Ebd. (VII 166) — S. 204: Ebd. (VII 170) — S. 205: Ebd. (VII 240); Ebd. (VII 367) — S. 206: Zwei erbauliche Reden (III 30 f.) — S. 207: Abschließende unwissenschaftliche Nachschrift ... (VII 55); Ebd. (VII

59) — S. 208: Furcht und Zittern (III 59); Ebd. (III 112); Taten der Liebe (IX 220) — S. 209: Furcht und Zittern (III 147); Der Augenblick (XIV 171); Begriff der Angst (IV 288) — S. 210: Philosophische Brocken (IV 241); Ebd. (IV 243); Einübung im Christentum (XII 162 f.) — S. 214: Zur Selbstprüfung (XII 306) — S. 219: Einübung im Christentum (XII 65) — S. 220: Ebd . (XII 173 ff.) — S. 228: (IX A 372) — S. 229: Furcht und Zittern (III 73); (X⁴ A 150); Der Augenblick (XIV 208) — S. 231: (VIII A 91); (IX A 365) — S. 232: (E. P. IX 208); (E. P. 191) — S. 234: Zur Selbstprüfung (XII 322 f.) — S. 235: (XII 328 f.) — S. 238: Richtet selbst (XII 402); Ebd. (XII 413) — S. 240: Der Augenblick (XIV 274); Ebd. (XIV 328) — S. 241: (VIII B 81, 10) — S. 242: Eine literarische Besprechung (VIII 72); Ebd. (VIII 73) — S. 243: Richtet selbst (XII 399); Die Krankheit zum Tode (XI 205) — S. 244: Einübung im Christentum (XII 131); Ebd. (XII 211) — S. 245: Ebd. (XII 60) — S. 246: Ebd. (XII 186 f.) — S. 247: Richtet selbst (XII 474); Tagebücher (IX A 207) — S. 248: Ebd. (VIII A 535) — S. 249: (VIII B 2 S. 191 f.) — S. 250: Richtet selbst (XII 389) — S. 251: Über meine Wirksamkeit als Schriftsteller (XIII 509) Richtet selbst (XII 383); Taten der Liebe (IX 248) — S. 252: Der Augenblick (XIV 108); (XIV 174); Zeitschriftenartikel 1854—55 (XIV 45) — S. 253: Tagebücher (VII ² B 235 S. 49); Richtet selbst (XII 479); Zeitschriftenartikel (XIII 441) — S. 254: Tagebücher (E. P. IX 345) — S. 256: Der Augenblick (XIV 217); Ebd. (XIV 218) — S. 257: Ebd. (XIV 218); Ebd. (XIV 217); Richtet selbst (XII 466) — S. 258: Der Augenblick (XIV 248 f.).

S. 265: Stadien auf dem Lebenswege (VI 189); Ebd. (VI 236) — S. 268: Tagebücher (II A 805) — S. 269: Ebd. (III A 73); Ebd. (V A 55); Ebd. (II A 228) — S. 270: Zwei Reden beim heil. Abendmahl am Freitag (XII 267) — S. 271: Tagebücher (VIII A 124) — S. 272: Die Reinheit des Herzens (VIII 117).